区块链金融时代

庞引明　李伯宇　宋智礼
编著

中信出版集团 | 北京

图书在版编目（CIP）数据

区块链金融时代 / 庞引明，李伯宇，宋智礼编著．
-- 北京：中信出版社，2019.12
ISBN 978-7-5217-0961-2

Ⅰ.①区… Ⅱ.①庞…②李…③宋… Ⅲ.①电子商务 – 支付方式 – 应用 – 金融 – 研究 Ⅳ.①F83

中国版本图书馆CIP数据核字（2019）第212690号

区块链金融时代

编　著　者：庞引明　李伯宇　宋智礼
出版发行：中信出版集团股份有限公司
　　　　　（北京市朝阳区惠新东街甲4号富盛大厦2座　邮编　100029）
承　印　者：北京诚信伟业印刷有限公司

开　　本：787mm×1092mm　1/16　　印　　张：17.5　　字　　数：209千字
版　　次：2019年12月第1版　　　　印　　次：2019年12月第1次印刷
广告经营许可证：京朝工商广字第8087号
书　　号：ISBN 978-7-5217-0961-2
定　　价：68.00元

版权所有·侵权必究
如有印刷、装订问题，本公司负责调换。
服务热线：400-600-8099
投稿邮箱：author@citicpub.com

序

这是一个无与伦比的时代,科学之光照耀着世界的每个角落。

我的脑海里常常出现这样的场景:波澜壮阔的大海,海浪激荡,浪花冲击着海岸,输送着无数养料,孕育了勃勃生机。同样地,人类社会发展进入快车道,生命科学、信息技术和量子通信技术迅猛发展,像大海一样,裹挟着各种知识和科学的养分,不停冲刷着每片土地。学海的宝贝是浩如烟海、不断迭新的文化积淀,是闪烁着独特光芒的知识和技术。海边的拾贝人总是追逐着浪花,在激荡的浪涛中捡拾被冲上沙滩的大大小小、斑斓绚丽的贝壳。

当今时代处于技术变革的关键周期,人工智能技术、量子计算和区块链技术得到快速发展。人工智能技术首先以深度学习为突破点,通过机器学习算法,使机器的推理、判断和识别能力在某些方面超越了人类,取得了重要进展,如自动驾驶系统正在走向成熟。量子计算是一种遵循量子力学规律来调控量子信息单元进行计算的新型计算模式。从可计算范围的角度看,量子计算机只能解决传统计算机所能解决的问题;但是从计算效率的角度看,由于量子态叠加的存在,目前一些已知量子算法处理问题的速度大大快于传统的通用计算机,例如,量子计算将为加密解密技术带来颠覆性变革。区块链技术则从分布式存储出发,创造性地结合了共识算法、加密传输和签名验证等核心技术,实现了复杂事务和合约处理的自动化、智能化和确权化,将对传统的金融、行政、法律、贸易等领域的规则带来颠覆和挑战。

了解和掌握技术变革的热点和主要方向是时代赋予我们的重要任务。《区块链金融时代》一书提供了这样一个工具和视角,让读者能够借此了解和学习热点技术和知识,并从跨学科、跨专业的层面洞察多领域知识之间的关系和脉络。

  金融关系着国家经济活动的成败，也关系着每个人的日常生活。大到国家货币的发行，银行间的债券结算和汇率转换，小到每个人的电子支付和日常理财，都是金融活动的组成部分。金融业是信息化程度最高的行业，广泛应用了各种新技术，特别是IT技术。人工智能技术和区块链技术将给金融行业带来重大挑战，这样的挑战可能会导致两种结果：一是新技术被融入传统业务，从而实现信息化水平的升级，进一步提高效率、降低成本；二是新技术彻底颠覆传统业务。区块链技术和人工智能技术能否彻底颠覆传统金融业务，将取决于技术的成熟程度和应用深度，有待进一步观察。希望《区块链金融时代》一书对此进行的深度思考，能使读者获益颇多。

  大浪淘沙，沙粒中蕴含的营养才能传播开来，孕育无限生机。同样，智慧的磨砺也需要激流的冲击。走进书册，我们的心灵将得到净化，思想将得以升华，人生的足履会踏石留印，生命的思考亦日渐辽宽。

  学海拾贝，贝集成山。我们要以发展的眼光、宽阔的视野和敏锐的洞察力观察行业、理解社会、认识环境，理解、吸取和汇聚与我们有着共同方向的科学力量，通过激烈的思想碰撞，放射自身光芒，激荡智慧浪潮，寻找发展机遇，输送科学能量，冲向行业发展的海岸。只有洞察细微，站在历史与时代的高处，才能纳八方来风，收四面精气，才能汇集成河，孕育新的机会和养料。

  这本书精彩的观点，能否给诸位带来汹涌海浪般的激荡和启迪？不妨轻轻地走进它的世界，静静地研读其中内容，细细地品味它的内蕴……

沈荣骏

国防科工委原副主任（中将）、中国载人航天原副总指挥、

北斗卫星导航系统奠基人、中国工程院院士

前言

时维九月，序属三秋。《区块链金融时代》就要问世了。写作班子经过一年的努力，终于迎来了这部与众不同的作品的诞生。

说它与众不同，首先是因为其切入点不同。这本书从区块链技术与人工智能技术的交叉点入手，强调了区块链技术作为海量数据处理的基础性框架，解决了数据正确性、可靠性、完备性的问题；而人工智能，尤其是基于数据处理与分析而形成的数据智能，是我们在解决了数据存证问题之后，在智能合约基础上进行高效精准的业务操作和逻辑组合的最佳工具。可以说"A+B"的组合，是大数据系列技术 ABCDIG（ABCDIG 分别代表人工智能、区块链、云计算、大数据、物联网、5G）中首要的和最值得期待的努力方向。

说它与众不同，还因为这本书的作者们都是长期奋斗在金融、科技、技术服务第一线的实务型专家。他们都具有计算机或金融学的博士学位，先后在一流国内外企业、金融战线、地产行业、民营科技企业工作，有着极为丰富的生产实践和技术实践经历。可以说，他们是一群从学者到码农，到技术精英，再到知名企业管理者的人。他们对于技术，甚至是技术哲学的理解，值得读者阅读、思考、领会、玩味。

说它与众不同，也因为在过去 20 年人类的科技进步中，最激动人心的莫过于信息技术的进步。从个人电脑的普及、小型化，到互联网的出现和普及，到以手机为代表的移动处理工具的迅速壮大，再到大数据、云计算、物联网、5G，以及将来信息技术的不断升级，值得全社会关注。铺天盖地的新理念和新技术，让我们应接不暇，无所适从。这个时候，静下心来，读一读专家的理解和思路，对把握技术的应用方向和发展趋势，很有好处。

这本书关注区块链技术与人工智能技术的交叉领域，有着独有的定位与着力点。本着分享实践、探讨理论、着眼应用的原则，作者们将自己在区块链与智能数据分析领域的项目实践和理论总结汇集成书，与广大读者共享。

区块链技术的目标是底层数据的正确性与完备性，人工智能则利用这些数据深度学习出智能法则，像人类一样思维出合理的逻辑和方法。广而言之，ABCDIG 诸领域间存在交叉促进，共同服务于上层的具体应用。其中，数据是基础，A、B 是两个基础工具，在现有的基础应用中，两者相辅相成，将产生不小的集成优势，改变我们的生活和工作。研究这些技术如何交叉捭阖，共同作用于未来的数字化世界，是一个深入而广阔的话题，希望本书可以作为讨论的一个开始。

这本书对区块链与人工智能的基础知识进行了阐述，并将重点放在了实践性的知识上。随着区块链项目在实践中不断推进，人工智能技术在生活中不断得到应用，人们会不断感受到"A+B"带来的震撼与惊喜。

阅读这本书的人，希望你有一定的 IT 基础，这样便于快速理解书中内容。我们力求在阐述区块链与人工智能知识的基础上，引入实践思考，使广大读者能够从两个角度看问题，不致偏颇。

在编写过程中，我们希望能够给专业技术人员和感兴趣的读者带来裨益。无论你是在校学生、技术工作者，还是对技术感兴趣的其他读者，都适合阅读本书。

在编写过程中，由主编庞引明博士和副主编李伯宇博士统领全书。参与编写的人员还有宋智礼老师和叶楠、郭星、凌霄等，在此对他们表示感谢。同时，感谢焦毅博士，他对本书的成稿和定稿提供了建议和指导。也感谢庞引明博士的几位学生，中国科技大学的金融学硕士薛家云、周逸、马乾、余正伟等。

还要感谢中信出版社的相关编辑，没有她们的努力和严格把关，这本书的出版不会这样顺利。

最后感谢我们的读者，你们的认可才是我们最大的动力。

当然，由于区块链技术与人工智能技术都是前沿技术，本身还处在发展中，这本书的作者虽然都是名校的计算机或金融学博士，也在一线的创新型企业中从事区块链与人工智能的相关实践工作，但学海无涯，永无止境，我们渴望能够以这本书为平台，与各界人士一起探索、总结，为本领域的进步贡献智慧和汗水。

目录

第一章　知识创新是科技浪潮的强劲动力　1
　　人工智能科技浪潮引领时代发展　3
　　区块链：下一次科技浪潮渐行渐近　12

第二章　区块链在银行业的应用　27
　　区块链技术在金融领域的应用现状　29
　　区块链应用带给传统商业银行及投资银行的挑战和机遇　36
　　区块链在银行业务中的应用探索　43

第三章　融合区块链及人工智能方法的用户画像系统　57
　　传统用户画像分析　59
　　区块链数据驱动的人工智能用户画像系统　71
　　核心问题及应对措施　75
　　用户画像系统将更精准　80
　　对接互联网贷款系统以提高风险控制水平　81

第四章　融合区块链及人工智能理论的金融征信模型　99
　　传统征信模型　101
　　大数据驱动的人工智能征信系统　115
　　区块链征信　119
　　人工智能和区块链融合下的征信　124

第五章　智能投顾系统　129

　　智能投顾市场发展概况　131

　　智能投顾核心业务及优势　133

　　智能投顾市场案例分析　140

　　新技术浪潮下的智能投顾　144

第六章　区块链技术变革供应链金融业务　149

　　供应链金融应运而生　151

　　常见的供应链金融的业务模式　156

　　传统供应链金融痛点　161

　　高新技术促进供应链金融发展　163

　　区块链应用于供应链金融的实践分析　173

　　区块链在供应链金融中面临的问题和挑战　191

第七章　区块链与人工智能的融合方式：区块链的智能化和平台化　195

　　区块链与传统数据库的对接探索　197

　　区块链平台上的人工智能模型　201

　　物联网与区块链的结合　206

　　人工智能方法与区块链的结合方式及方向　208

第八章　新一代自主智能合约　213

　　传统区块链智能合约　215

　　智能合约的应用　217

　　实现基于人工智能算法的智能合约　219

　　智能合约给金融业务带来的新变化　222

　　新一代自主智能合约的金融应用场景分析　223

第九章　区块链应用的新发展与反思　227
　　区块链的发展现状　229
　　数字货币与区块链——链克是数字货币吗　231
　　ICO 的未来在何方　237
　　区块链新技术发展，机遇与挑战并存　240
　　大数据与区块链的碰撞　244

第十章　聚焦人工智能，读懂下一个时代　247
　　如何更好、更全面地理解人工智能　249
　　人工智能时代，数据是灵魂　257
　　下一个科技浪潮　261

参考文献　265

第一章

知识创新是科技浪潮的强劲动力

人工智能科技浪潮引领时代发展

人工智能的昨日与今朝

人工智能（Artificial Intelligence，简写为 AI）是一门涉及多个领域知识的综合学科，其主要目标是通过对人类智能的现象、本质以及其产生机理的研究，实现对人类智能的模拟、扩展，最终开发出具有类人智能的新型机器。换言之，它是一门研究如何模拟和扩展高级动物智能方法、技术和相关理论的学科。其主要研究领域包括：语言处理，自动定理证明、推理，智能搜索引擎系统，机器人视觉，复杂问题的分析和求解系统，人工智能方法和编程语言、程序设计的自动化等。

人工智能的研究在很久以前就已经开始，其研究过程起起落落。现在以深度学习为代表的人工智能新技术异军突起，许多国家将其列为重点支柱产业，这些迹象预示着未来几十年内，人工智能技术可能取得实质性的突破，最终研发出具有人类智能或超越人类智能的智能机器。

19 世纪 50 年代，人工智能领域的相关研究刚刚起步。在此过程中，被誉为"人工智能之父"的图灵（Turing）及其他几位科学家，提出了形式推理的概念，图灵不仅创造了非数字计算机模型，还证明了该模型可以以智能方式工作。

1956 年举办的关于如何用机器模拟人类智能的研讨会，标志着人工智能学科的诞生。人工智能的研究进入一个新阶段，大多数列席会议的年轻研究者后来都成为著名的人工智能专家，他们的研究工作奠定了现代人工智能发展的基础，为早期人工智能的发展做出了重要贡献。20 世纪 60

年代的学者在人工智能方面的研究工作主要集中在如何模拟人类智慧。由于条件限制，这一时期的人工智能算法过于简单，难以应对复杂多变的现实环境，且硬件计算处理能力有限，使得刚刚开始的人工智能研究热潮逐渐冷却下来，人工智能研究进入第一个低谷期。

1969年，首届国际人工智能联合会议（International Joint Conference on Artificial Intelligence，简写为IJCAI）召开，再一次推动了人工智能研究的发展。该阶段人工智能研究的主要成就是在近代控制论与计算机科学的影响下，出现了第一批人工智能相关程序。

费根鲍姆（Feigenbaum）领导的研究团队于1968年研究出第一个专家系统，它是该阶段人工智能领域研究结果的典型代表，与后来提出的知识工程一起引领人工智能研究迈入新阶段，人工智能研究迎来了另一个高潮。但是，由于这一时期的硬件条件限制，建造和维护大型系统的工作复杂且成本较高，而且专家的隐性知识也难于捕捉，所以专家系统没有得到广泛应用，随后逐渐淡出人们的视野，相应地，人工智能研究也进入第二个低谷期。

20世纪80年代以来，随着新兴科学技术的蓬勃发展和生产工艺的提高，人工智能研究迅速得以复兴，这一阶段研究的主要成就是计算智能，出现了如基于动物遗传现象提出的遗传算法、基于人脑模型提出的神经网络等一批卓越的智能算法。此外，随着计算机硬件和高速网络等基础设施的不断更新，以及大数据、深度学习、云计算等一批高新技术的不断出现，人工智能领域的相关研究进入迅猛发展的快车道。

人工智能融入人们的日常生活

随着人工智能的迅猛发展，智能手机等具有一定智能的产品逐渐走进我们的日常生活，提高了我们的生活质量。未来，人工智能对社会的影响会越来越大，人工智能的广泛应用会为人们带来各种便利，同时也会进一步促进自身的发展。

第三届世界互联网大会（World Internet Conference）于2016年下半年

在中国成功召开，会上发布了《全球人工智能发展报告》，报告中介绍了人工智能领域的一系列前沿技术与研究热点、人工智能企业的分布与规模、与之相关的投融资情况、人工智能重大研究成果、人工智能应用的细分领域等，并指出人工智能主要的应用领域包括医疗健康、金融、安全防护、智能交通、物流和教育等。

近年来，人工智能技术取得了长足发展，逐渐成为实用、可推广的基础专业技术。例如，在医疗健康领域，人工智能在疾病筛查、辅助诊疗、药物研发等方面发挥着越来越重要的作用。目前，医疗健康领域面临的主要问题是缺乏优质的医疗资源，许多国家和地区已进入老龄化社会，对医生的需求量持续增加。"人工智能 + 医疗健康"为医生资源短缺的问题提供了一个可行的解决方案。如果医疗专家系统能够看病，医生资源短缺的问题将在很大程度上得到缓解。

人工智能技术在交通领域发展迅速，已形成智能交通系统。具体而言，智能交通系统是将先进的数据通信技术、电子和传感器技术、机电数字控制技术和计算机信息处理技术综合应用于交通运输管理系统，实现大范围、全方位的交通运输管理。综合利用各种交通、服务信息和人工智能算法，可以实现自动合理的交通指导，控制事故发生频率，掌握整个交通网络的运行状态。使用人工智能进行合理调度，可以确保交通网络处于最好的状态，改善道路拥堵状况，优化道路网络的通行能力，提高整个交通系统的流动性和安全性。

硬件的不断发展、成本的下降、网络的普及，使云计算、大数据等技术逐渐进入人们的视野，为人工智能技术的发展提供了平台。深度学习的成功，又一次将人工智能研究推向高潮，其中，机器视觉、机器学习、机器嗅觉、机器翻译、智能化机器人等技术得以高速发展。人工智能在一些领域将改变人类的生产模式，劳动密集型的工作可能会由机器人来完成，很多人也许会面临失业。

此外，作为新一轮产业创新的核心，人工智能将带来巨大的动力，再次引领行业的发展，重构生产和交易的各个环节，无论是在技术还是应用上都将带来巨大革新。对于金融领域，人工智能也将产生深刻影响，比如金融服务行业将更加自动化、个性化和智能化。

由于人力资源短缺和自动化程度不高，传统金融机构以往只对一部分客户提供定制服务，而对大多数客户提供大众化的服务。近年来，人工智能技术的迅猛发展使机器具有一定程度的类人智能，它们可以替代部分工作人员或降低工作人员的劳动强度。这类机器可以为客户提供个性化的服务，这将对高端金融服务链产生深远的影响。在人工智能技术的影响下，金融衍生产品、金融产业的服务理念与模式、金融风险监控、信贷融资与决策，将迎来新的变化。在前端，人工智能技术可以为客户提供更多的优质服务；在中端，人工智能与其他技术相结合，可以实现信贷决策以及其他各种财务和金融活动决策的自动化；在后端，人工智能技术可被用于监控或防范各种金融风险。简而言之，人工智能技术将显著改善现有金融行业的服务模式，使其更加自动化、个性化和智能化。

人工智能技术的发展也使金融大数据处理能力得到极大提高。金融行业积累了大量的数据，包括交易信息、客户信息、市场相关信息以及金融风险相关信息。人工智能的深度学习系统，可以通过基于大量金融行业数据的"自我训练"，使机器智能不断提高，基金在该领域内某些方面超过人类智能，特别是在风险管理和交易数据管理方面，人工智能的应用能够大大降低劳动力成本，提高财务风险防控和业务处理能力。这些数据量大而且多种多样，具有宝贵的价值，但遗憾的是，目前还无法将它们有效地转换成可分析的数据。尽管大数据技术已经有所发展，但是在有效的数据处理和利用方面仍然存在困难。

人工智能在金融领域开花结果

基于目前人工智能支持能力和市场应用需求，智能语音识别技术的应用最有可能在金融领域取得重大突破。市场和行业内已有成熟的业务框架和案例，技术实施难度低，可以快速实现商业价值。而其他人工智能技术的商业应用还处于早期阶段，应该继续进行探索验证。根据目前金融行业的发展趋势以及人工智能技术的分类，可能会出现以下应用场景。

语音识别与自然语言处理的应用——智能客户服务

语音识别技术和自然语言处理技术，通过整合金融机构对外客户服务模式（包括网页、短信、电话、微信、应用程序等），使智能服务机器人能够在线提供智能客户服务。智能服务机器人可以为人工服务提供支持，帮助客服人员及时回答客户的问题。同时，它还可以捕捉客户的需求，并通过实时语音识别和语义分析，自动捕捉客户档案信息并更新知识库。基于语音和语义技术，智能服务机器人可以帮助个人理财助理通过个人银行账号、掌上银行、微信公众号等实时收集数据，对手机银行大量的文档进行数据分析并挖掘其内在价值，提供客户服务或为客户营销策略提供决策依据。另外，这些数据也可被用于智能客户服务系统的自动学习，生成知识问答库，为智能服务机器人的自动响应提供参考和依据。

计算机视觉与生物识别技术的应用——人脸识别与安全监控

计算机视觉和生物识别技术，使机器能够更准确地识别客户的身份和行为，有助于金融机构更容易地识别客户并实现安全监控。一是可以使用网点和ATM（自动柜员机）摄像头来进行人脸识别，辨认可疑人员，提示可疑行为，同时也可以自动识别VIP（贵宾）客户。二是可以利用内部摄像头，监控员工并识别其可疑行为，记录和标记疑似非法交易，对其进行提醒，发挥警示作用。三是可以在银行重要区域（如数据存储中心、金库等）增加摄像头，通过人员必须进行面部识别，才能完成进入手续，这样可以实时登记所有进入人员，防止陌生人出现在相关区域，实现安全最大化的目标。

机器学习、神经网络技术的应用——预测分析与智能投顾

机器学习和神经网络技术，可基于交易趋势和法律使机器能够通过数

据处理和分析，自动构建复杂的模型和进行判断，提前做出适当的决策。具体来说，一是使用深度学习技术学习金融数据，发现该类数据的自动模式，进而可以分析信用卡数据，识别欺诈性交易，预测交易趋势并制定相应的对策等。二是基于机器学习技术和大数据的风险控制，整合不同来源的不一致性检测数据，分析上下游企业的关系（合作与竞争、子母公司、投融资等），积极识别风险。三是使用机器学习技术对融资企业和个人信贷信息进行处理。从个人和企业的主页、社交媒体及其他地方提取数据，建立相应的数据模型，再进行数据筛选和预测，从而判断企业或其产品在社会中的影响并进行产品评估，也可以通过数据分析预测投资风险。另外，还可以对借款人在借款过程中偿还贷款的能力进行实时监控，以便及时督促可能无法偿还贷款的人完成还款，从而减少坏账。四是使用人工智能和多级神经网络技术，智能投顾系统可以收集实时数据（包括各种经济指标）进行研究，为大量不同个体提供个性化投顾服务，降低理财与财富管理服务的门槛，使更多的客户受益。

智能机器人技术的应用——机房巡检和网站智能机器人

智能机器人技术，有助于在机房、服务器等核心区域实现24小时机器人监控，以便工作人员及时发现潜在风险。从这方面来看，智能机器人能够协助或直接替代手动操作，完成监控任务。网站可以使用智能机器人，实现客户的分流，进行语音交互，回答客户的标准业务咨询，减少工作的重复性。此外，使用智能机器人技术还可以加强银行业务的技术创新，为银行业务转型升级注入新的动力。

目前，人工智能技术在辅助劳动和提高劳动生产率方面起着积极的作用。中国农业银行已将人工智能技术应用于客户服务、营销、风险控制、信贷等领域，未来还将应用于更多领域，在改善客户体验、内容管理、风险控制等方面，正在进行深入的研究。金融行业应该顺应人工智能发展的潮流，积极尝试在各个领域内进行实践和应用。

人工智能的核心揭秘

人工智能的主要目标是求证各种智能的本质，制造出类人智能的智能机器，其主要技术包括机器视觉、机器学习、自然语言处理、语音识别等，主要应用领域包括智能机器人、人工大脑、人工生命等。

机器视觉是利用机器实现类似高级动物的视觉功能，特别是利用计算机自动识别图像中的物体、场景和活动等。机器视觉技术利用图像处理和其他技术将图像分析任务分解成小的、可管理的任务，例如，从图像中检测出对象的轮廓、颜色分布、纹理等特征的子任务，利用已提取的各类特征进行物体识别的聚类分析的子任务。机器视觉已得到广泛应用，如在医学影像分析领域，可用来改善疾病的预测、诊断和治疗；在安全和监测领域，可用来自动识别人脸照片，进而确定嫌疑人。机器视觉还可以被广泛应用于工业生产领域，实现工业自动化或工厂的可视化管理。

机器学习是指计算机系统利用人类的学习方法，实现机器自身性能的提高，其本质是从经验或数据中发掘有价值的知识或规律。例如，在交易时间、商家、地点、价格等方面建立一个机器学习系统，通过对数据库中的信用卡交易数据等有效信息进行学习，机器可以实现对信用卡欺诈的预测。系统处理的交易数据越多，其预测就越准确。

机器学习有广泛的应用，对于产生庞大数据的活动，它有提高其相关性能的潜力。这类活动除了金融欺诈预测之外，还包括产品销售预测、资源勘探及公共医疗卫生。机器学习技术在其他认知技术中也发挥着特别重要的作用，如机器视觉，通过不断的训练，如使用巨大的图像库，改进视觉模型，提高物体识别的能力。如今，机器学习已经成为最热门的科学研究方向之一，在 2011—2015 年，机器学习相关公司累计获得了 10 亿美元左右的风险投资，如谷歌于 2014 年以 4 亿美元投资了 Deepmind（一家研究机器学习的公司）。

自然语言处理是指使机器拥有处理人类文本的能力。例如，从可读且语法正确的文本中自动提取关键词并理解其中的含义。虽然机器并不理解人类处理语言的方式，但它可以实现对文本的复杂操作。例如，自动识别出文档中所有的人名、地名；自动提取文档文本的摘要；自动将一堆合同或契约中的条款和条件提取出来，并生成相应的表格。

自然语言处理，像机器视觉一样，结合了多种技术来实现其相应的目标。例如，利用建模的方法，建立某一种语言表达的概率模型，实现计算给定语言单位表达某一语义的概率。可以选择某些特征元素，将其组合起来识别一段文字，通过对这些元素的识别，可以把某些单词和其他单词分开，如普通邮件中垃圾邮件的识别分析。

机器人、机器视觉、自动规划等相关技术可以集成到微型设备中来工作。如设计巧妙的高性能传感器，将有助于新一代机器人的产生。这种机器人具有一定的类人智能，可以适应多种未知的环境，这样无人机和智能机器人便可以帮助人类完成一些具体的工作。

语音识别着重于人类语音的自动识别。该技术必然面临一些技术难题，如处理不同的方言、不同的口音、环境噪音，区分同音单词等，以及具备跟上正常说话速度的工作速度。语音识别软件会使用一些自然语言处理技术，并结合其他相关技术，来解决这些技术难题。语音识别技术具有广泛的应用空间，如智能抄录系统、语音交互、语音控制系统等。

这几项技术的产业化是人工智能产业化的重要因素。人工智能将是一个万亿美元，甚至十万亿美元的市场，它将带来一些拥有巨大市场容量的新型产业，如家政服务机器人、新型智能环保家电、智能无人机、云计算环境下的智能医疗等。

未来的智能机器人可以按应用程序级别大致分为以下类别：第一类是工业机器人，以富士康（Foxconn）为例，随着人工费用的提升，劳动力成本越来越高，富士康便引进工业机器人，成功地解决了这个问题。第二类是监护机器人，它可以照顾家庭或医院里的病人，也可实现对老人或儿童的护理。随着人口老龄化和劳动力成本的上升，中国对智能机器人的需求非常迫切，特别是在民用市场。第三类是探索机器人，如它可以被用于采矿，使人类尽可能避免危险。当然，也有用于战斗的军用机器人等其他类别。

网络媒体预测机器人将代替或协助人类完成许多工种的工作，电话服务员、校对员、保险工作人员、维修人员、司机等都可能被替代。在全球劳动力价格不断上升的情况下，机器人的价格却随着科技的发展和机器人技术的成熟不断下降。预计到2020年，机器人将被广泛地应用于许多行业，甚至可能造成一部分人失业。

与此同时，人工智能技术的发展或将为许多"老"行业带来新活力，其中最典型的就是汽车行业。汽车行业已经存在数百年，在此期间虽然变化很大，但一直是由人驾驶车辆。近年来，随着各相关公司的大力投入，如谷歌研制的无人驾驶，汽车行业的规模也将达到万亿美元，这个行业也将带动新能源工业的发展，两者融合在一起，将形成一个"汽车互联网＋电动汽车"的新型产业。

毫无疑问，像互联网一样，智能技术将渗透到几乎所有的"老"行业。华泰证券在《人工智能行业研究报告》中提到9个受智能技术影响的行业：生活O2O（在线离线/线上到线下）、医疗、零售、金融、数字营销、农业、工业、商业和在线教育。事实上，很多"老"行业将会因为人工智能技术而获得新生，如军事、媒体、医疗、生命科学、能源、公共事务，甚至虚拟产业也会受到VR/AR（虚拟现实/增强现实）技术发展的影响。

人工大脑，也被称为人造大脑，旨在从实验数据中设计哺乳动物的大脑。例如，蓝脑计划团队专注于研究皮层单元（哺乳动物的大脑结构，也被称为新大脑皮层）。现在其建立的包含大量神经元的软件模型，可以帮助研究人员通过数字技术来构建一个人工皮质细胞。利用IBM（国际商用机器公司）研发的"蓝色基因"超级电脑，研究人员对人类大脑进行了相关模拟运算，并取得了大量前所未有的科研成果。例如，能够显示脑组织的图像，并实现用仪器监测相关脑组织的电活性。蓝脑计划的负责人亨利·马克拉姆（Henry Markram）2009年宣布，将用10年的时间研究出一种具有类人意识的人工大脑系统。

人工生命，主要是指虚拟生命系统，属于跨学科领域，涉及计算机科学、数学、机械制造等。其主要包括虚拟生命相关研究和合成生物学相关研究。20世纪90年代，相关专家提出用人工生物系统中工程生物系统的概念来整合计算机领域和遗传工程领域的两个概念，涉及合成生物学和系统生物工程技术。其中，神经网络引入机器学习功能，模拟生物的学习过程来表达复杂的函数关系，使机器具有推理和判断能力，为现代人工生命研究奠定了基础。随着人工生命技术的发展，科学家可以在实验中创造出新的物种，造福人类，如制造分解和处理垃圾的细菌，清洁环境。

深度学习为人工智能带来新曙光

作为机器学习领域的一个比较前沿的研究方向，深度学习本质上是一个具有多个隐藏层、复杂的神经网络。自2006年深度学习的概念被提出以来，其相关研究为语音识别、图像分析与理解、文本理解等诸多领域带来了全新的算法设计思想，逐渐形成一种从训练数据出发，经过一个端到端的模型，然后直接输出最终结果的新模式。这不仅使每件事更容易，而且因为每一层都可以根据最终任务调整自己，以实现每一层之间的合作，所以处理的结果准确性更高。随着大数据技术的完善，以及各种硬件设备的更新换代，深度学习能够充分利用互联网海量数据的优势，自动地表达抽象的知识或从原始数据中得到某种知识。

虽然深度学习在语音识别、机器视觉等领域已得到广泛的关注和应用，但深度学习还不是最终解决方案，离前面所讲的类人智能还相去甚远，当然，在不久的将来，也不可能挑战人类智能。

区块链：下一次科技浪潮渐行渐近

区块链技术日渐成熟

区块链（Blockchain）是一种集合分布式数据存储、点对点传输、共识机制、加密算法和其他计算机技术于一体的新应用模式。其中，共识机制实质上是一种数学算法，该算法能够在区块链系统中各节点之间建立信任，获取权益。区块链技术是这个时代非常重要的创新技术之一，它将给我们的生活带来翻天覆地的变化。2008年，中本聪（Satoshi Nakamoto）发表了一篇论文《比特币：一种点对点的电子现金系统》（*Bitcoin: A Peer-to-Peer Electronic Cash System*），首先提出了区块链技术，并详细阐述了如何构建一个新的、去中心化的、不需要信任基础的点到点交易系统的方法。比特币的成功运行间接证明了该技术的可行性及可靠性。

在过去的两年，无论是区块链相关技术的研究还是区块链技术的应用，都呈现出快速增长的趋势，这是人类信用机制发展的重要里程碑。区块链技术有可能彻底改变云计算，并重塑社会活动形式，促进价值互联网的普及。与传统技术相比，区块链技术最大的优点是提供了一种去中心化的信用创造模式，使双方在没有第三方大型金融机构背书的情况下开展经贸活动，从而实现低成本的价值交换。

区块链技术的上述优点可以为许多领域的现有应用带来技术创新。例如，金融领域颠覆式的变革便是数字货币的出现。从理论上讲，由于区块链技术是构建高级金融应用的关键技术，这类变革将不断扩展到债券、信用贷款等领域，未来可能会进一步扩展到政府管理、科学、文化和艺术等领域。

区块链到底是什么

区块链技术也被称为分布式账本技术，是通过共同维护可靠的分布式数据库来实现去中心化的解决方案。在该技术方案中，块是指数据块，链是指链表技术。数据块包含两部分：一部分是块体，即从上一数据块结束，到该数据块产生这段时间内所有的交易数据记录，该部分还包含被用于验证数据信息有效性的数据指纹；另一部分是块头，按顺序连接隔离的数据块，形成一个数据链，记录所有事务。因此，区块链是一种去中心化的总账本。

随着区块链在各个领域的应用，区块链技术的分类越来越明确，目前可划分为以下几类。

（1）公共区块链（Public Blockchains，又称公有链）：意味着世界上的每个人都可以使用该区块链完成交易活动，且该交易活动可以得到各节点的认可，每个人都可以参与该共识过程。公共区块链是最早投入使用的区块链。比特币即基于公共区块链。

（2）联合（行业）区块链（Consortium Blockchains，又称联盟链）：该区块链由某个行业或行业群体共同发起，其记账节点由这些行业群体指定，新区块由这些指定的节点共同参与的共识过程生成。该区块链还有其他接入节点，这部分节点能够利用联合区块链进行交易活动。它们只参与交易活动，不参与记账，可以通过公开的应用接口查询所需的信息。

（3）私有区块链（Private Blockchains，又称私有链）：该区块链由个人或某个公司发起，参与记账的节点由个人或公司指定，它只是利用区块链总账技术来完成记账。目前，金融巨头正在尝试使用私有区块链，虽然像比特币这样的公有区块链应用已经部分实现产业化，但是私有区块链的应用仍处于探索阶段。

区块链的核心探秘

简而言之，区块链技术的核心是一个去中心化的分布式账本，它记录了自区块链诞生以来的所有交易日志数据。这些数据信息以分布存储的方式存储在大量不同的参与节点中，确保区块链数据块难以被篡改或破坏，自然也不会被伪造。

在区块链相关技术的实施中，共识机制起着核心作用，其是通过共识算法来实现的。下面所讲的"拜占庭将军问题"可以帮助大家很好地理解该共识算法的基本原理。

拜占庭将军问题——共识问题

共识问题，是指在分布式节点之间传输信息时，如何保持数据的一致性。分布式区域和这个复杂的世界一样,生活在其中的每个人都有不同的观点,经常产生分歧,无法达成一致。因此,当今世界上最难的问题也是共识问题。

共识问题与莱斯利·兰伯特(Leslie Lamport)提出的对等通信中的基本问题——拜占庭统一问题类似。有一群拜占庭将军想攻打一个城市,他们必须达成共识,在同一时间一同攻击敌营才有机会取得胜利。这些军队散落在敌人的四周,相距甚远,通过中央来指挥是不可行的,这使协同作战变得异常困难。为了让合作成功,军队间需要互派信使。然而在信使身上,可能发生很多事情,例如被抓获、泄露信息、被杀害并替换等。在这种情况下,拜占庭军队的多位将军如何保证在同一时间发起进攻,从而获胜呢?

上述例子对区块链有借鉴意义。把多支军队想象成互联网上多个独立平等的节点,达成共识即对拜占庭将军问题求解。互联网上,计算机是一个个完全相等的节点,没有权威背书或信任,只能靠通信来协调,类似此处的将军联合攻城。区块链就是一个巨型网络,你要如何信任网络上的节点呢?如果你想从钱包里发送4个以太币给某人,你如何确认信息不会被篡改,从4个变成40个?中本聪发明了工作量证明机制来解决拜占庭将军的一致性共识问题。假设被攻打的城市左边的军队想要发送内容为"明天早晨10时发起攻击"的信息给被攻打的城市右边的军队,需要执行如下步骤。

(1)给初始信息(文本)添加一个随机数,这个随机数可以是任意一个十六进制值。

(2)对随机数的信息(文本)进行哈希运算(Hash),得到一个结果。假设联军决定仅当哈希结果前5位都是0的时候才进行信息共享,让信使带着有哈希结果的信息出发(相当于设定一个时间周期)。否则,左边的军队会持续随机改变随机数的值,直到得到想要的结果。这一过程不仅耗时,且要占用大量的算力。

(3)如果敌人抓到了信使,并企图篡改信息,那么根据哈希函数的特性，哈希结果将会剧烈变化。右边的军队看到信息中的哈希结果不是以5个0开头，就会叫停攻击。

（4）敌人有可能拿到信息，将之篡改，并试图穷举随机数值，获得以5个0开头的结果。对于这种情况，将军们可以利用数字的力量来增加复杂度。例如，不只要求一支军队发送信息，而是要求三支军队向右边的军队发送信息。负责发送信息的军队可以制作自己的信息，对累积的信息进行哈希运算，然后给哈希结果添加随机数，并再次进行哈希运算。这样一来，他们都会得到一个以6个0开头的哈希结果。显而易见，敌人想要猜测这些信息，将会非常耗时，甚至历时数年。其间，将军们可能已经完成确认，并实施了攻击。

右边的军队要做的非常简单，只要将事先确定的正确的随机数值添加在信息上，进行哈希运算，然后对照其结果是否匹配即可。从本质上看，区块链工作量证明的共识过程就是一个互相协商并达到一致的过程。

数据垒成块，区块串成链

实现区块链的底层技术，通俗地讲就是"块+链"的技术。将数据分成不同的块，每个数据块都通过特定的信息链接到前一数据块。之前和之后的数据块按时间顺序链接在一起，呈现出一套完整的数据，这也是"区块链"这3个字的含义。

在区块链中，所有交易的数据信息存储在一个个数据块中，这些数据块也就是"区块"（block）。它们是按顺序生成的，记录了从前一数据块的末尾到该数据块产生之间的所有交易。按照时间顺序，将这些区块用链表串接起来形成的集合，便是区块链的主链。

数据块包含两部分——存放交易数据记录的块体部分和存放链接信息的块头部分。其中块头中的链接信息有两大基本作用：一是为该去中心化的数据库提供完整性的保障，二是确定排在其前面的数据块。区块结构有两个重要特征：一是块体部分记录了经过验证的、在该数据块被创建前和前一数据块被创建结束之间发生的所有交易数据；二是一旦当前数据块被创建完成，并链接到区块链，该数据块的所有数据信息就不能被改写或被删除，从而确保信息的安全性。

顾名思义，区块链是按一定的顺序将数据块链接在一起形成的数据库，各节点共同维护该数据库，并共享其中的信息。这些分布在世界各地的节点，可以在遵循一定协议的基础上，使用该去中心化的数据库，在没有第三方背书的情况下，完成交易活动。

每个块头包含前一数据块已保存数据信息的压缩值，使用块头，可以将从创世块（第一个数据块）到当前数据块的所有数据块链接在一起，形成一个长链。当前数据块必须包含前一个数据块引用的结构，允许将现有数据块链接到一个长链数据中。由于在不知道前一个数据块的数据哈希值的情况下无法生成当前数据块，每个数据块必须按照时间顺序链接。

"块+链"技术为数据库中的数据完整性提供了有效保证。从第一个数据块到新创建的数据块，所有数据都存储在该链上。用户在允许的范围内，可以根据需要查找和验证数据库中的每一笔交易数据。"块+链"技术，相当于给每一个数据盖上一个时间戳，从而确保区块链中的数据不会被篡改或伪造。时间戳可以证明谁是一个活动或一项发明的第一个参与者或创造者。由于信息记录和时间戳的存在，这个"存在性"的证明是非常简单的。

在区块链中，所有的数据都以块的形式和分布存储的方式存储在所有参与的网络节点上。这样的好处是即使某些节点失效，也不会造成数据的丢失，从而保证了数据的安全性，同时结合上述时间戳，它还确保了数据的严密性，即数据不会被伪造或篡改。可以说区块链是构建在分布式结构的网络系统之上的，同时，区块链的实现遵循开源的协议，使用去中心化架构意味着没有中央数据库。同样，记账也是通过算法进行分布式记账，选定记账节点后，确定数据信息，经过封装，形成数据块并对其加时间戳后，分发到整个网络中的每个节点，实现数据的分布式存储。整个存储过程中，所有节点都参与记账，根据区块链的一套协议机制，每个节点在参与记账的同时，也完成所要记账数据正确性的验证。只有经过多数节点认可或者获得全部节点认可后，该数据块才能被写入区块链中，完成该次分布式记账。总之，区块链技术通过分布式记账，实现了会计责任多元化，由所有参与节点共同记账。通过分布式传播，将信息由一个节点依据P2P（点对点）网络层协议，直接发送到网络的所有其他节点，通过分布式存储，有效提高了数据信息的安全性和容错性。

严防数据源头造假

区块链在实际社会中被广泛使用的前提是双方可以在没有信任的情况下避免欺诈行为。通常，实际金融交易活动是通过第三方机构进行背书，建立交易各方的信任，成功防止欺诈行为的；区块链则通过数学算法来建立交易各方之间的信任，也就是让数学算法代替第三方机构背书，通俗地讲，就是让算法为交易各方创造信用，在此基础上达成共识。

在区块链中，所有规则都以区块链代码的形式出现，参与交易的各方不需要任何信用机构进行背书，也不需要验证对方的道德与信用，而是把这些全部交于数学算法，让数学算法来保证交易的可靠性、安全性。客户只需要信任这些数学算法，就能相互信任，以达成共识，完成交易活动。

区块链哈希不神奇

哈希算法是区块链技术中一个特别重要的算法。在详细讲哈希算法之前，必须明确一个基本的计算机知识——二进制模式。由于计算机存储的最小单位是比特，每个位只能存储两个状态——真和假，分别以1和0代替。计算机中的所有数据记录都以1和0的形式来存放，这便是所谓的二进制模式。当然，在计算机中也有八进制和十六进制，这里不讨论。在此只需明白一个二进制概念，其他进制与二进制之间的转换关系如图1.1所示。

哈希算法是一种加密算法。如图1.2所示，经哈希算法加密之后得到

进制名称	各进制对应的基数															
十进制	1	2	3	4	5	6	7	8	9	10	11	12	13	14	15	16
八进制	1	2	3	4	5	6	7	10	11	12	13	14	15	16	17	20
十六进制	1	2	3	4	5	6	7	8	9	A	B	C	D	E	F	10
二进制	1	10	11	100	101	110	111	1 000	1 001	1 010	1 011	1 100	1 101	1 110	1 111	10 000

图 1.1　其他进制与二进制之间的转换关系

的字符串，被称为明文的散列值，或者明文对应的密文。哈希算法在区块链中也起着重要作用。

图 1.2　哈希算法

在哈希算法中，如果一段明文发生变化，即使改变其中的一个字母，经过哈希加密也将得到一段不同的密文。找到具有相同散列值的两个不同明文在计算上是不可行的，因此，数据的散列值可以验证数据的完整性。散列算法通常被用于快速搜索和数据加密。再引入一个概念——哈希表。在计算机数据结构中，给定一个二维表 T，表 T 的主键为 mkey，如果有函数 F，对任意给定的主键值 vkey，经过 F（vkey）运算后得到的值为包含 vkey 的记录在表 T 中的地址，则称表 T 为哈希表，如图 1.3 所示。

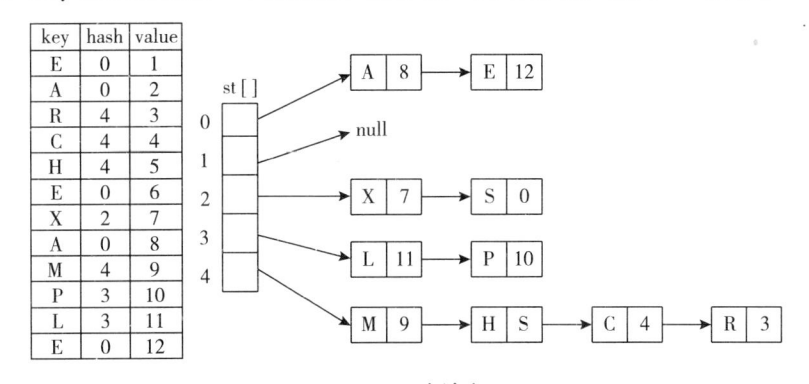

图 1.3　哈希表

哈希算法是一种单向加密算法，加密过程是不可逆的，只有加密过程而没有解密过程。SHA（安全哈希算法）包括 SHA224、SHA256、SHA384、SHA512 等，比特币中使用的是 SHA256。在 2009 年设计比特币时，SHA256 被认为是最安全的算法之一，因此 SHA256 被选中，至今尚未被破解。在散列表中，如果不同的 vkey 在计算后得到相同的位置（地址），则会发生冲突，产生冲突的原因可能与哈希算法中的键有关，下面介绍两种常用的解决冲突的方法。

1. 拉链法

此方法可以完全解决二次冲突的问题，其基本原理是将已散列到同一地址的所有记录用一个链表来存放，如图 1.4 所示。在该种情况下，散列表被定义为指针数据集合，也就是所谓的指针数组 T [0，1，2，…，L-1]，其中 L 是指针数组 T 的长度。每个元素存储头指针。凡是散列值为 i 的冲突记录都保存在 T [i] 中存储的头指针所指向的链表中。

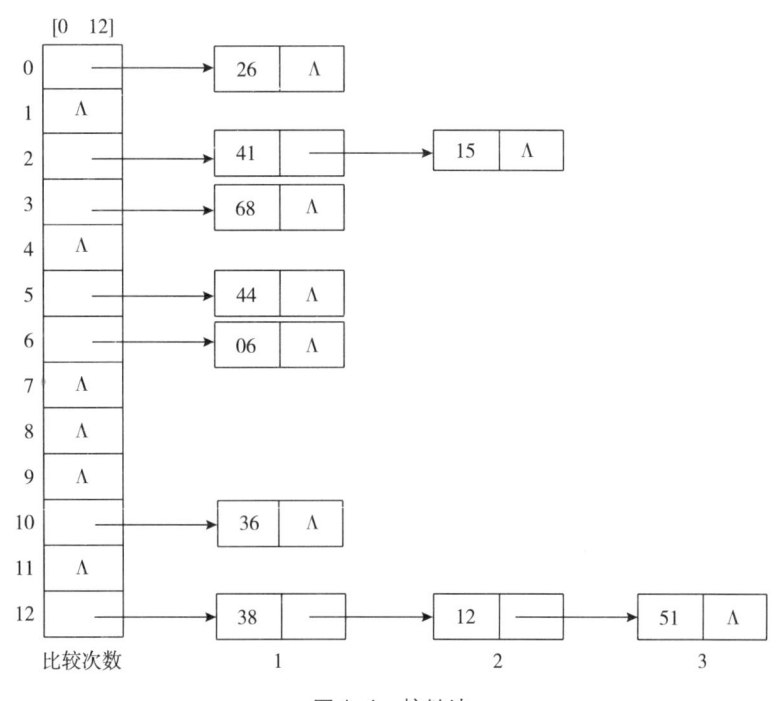

图 1.4　拉链法

2. 多哈希法

设计两个或多个哈希函数来避免冲突，这种方法是不可靠的，但从概率上来讲，多个哈希函数可以减少冲突的发生。

散列函数（哈希函数）用于区块链中的以下位置：（1）计算区块链中节点的地址，以及公钥和私钥生成运算中；（2）区块链中区块头的生成和简单支付验证（Simplified Payment Verification，简写为 SPV）过程中用到的默克尔树（Merkle Tree）；（3）区块中，用于信息快速检索的布隆过滤器（Bloom Filter），布隆过滤器基于哈希函数来实现信息的快速搜索。

智能账本能记账吗

在传统的中央银行模式下，我们在交易时，为什么需要如银行、阿里巴巴、腾讯这些第三方中心化机构？因为人们不信任彼此。例如，A 借给 B 200 元，但 B 不承认，银行可以帮助解决这个问题。A 借给银行 200 元（存），B 从银行取出 200 元（取/借），银行负责记录这笔交易。在现实生活中，依赖第三方中心化公司记账随处可见。例如，网上购物时，我们需要淘宝和京东等；贷款需要可靠的小额贷款公司；发行新书要通过某个出版社……由于人们之间的不信任，或者维持信任的风险太大、成本太高，我们需要这类中心化的可靠的第三方公司背书。但第三方中心化的业务模式会给我们带来低效率的服务、烦琐的流程和价值的分流。例如，银行处理业务效率低下，小额贷款公司放贷流程烦琐，淘宝、京东收租利润分流等。这是我们所处的依靠第三方公司来支持信任的世界。

区块链世界是一个全新的世界，不需要中心化的第三方公司，所有交易信息都是公开的，每个人都可以参与记账。比特币是世界上第一个使用自动结算的可行的区块链应用程序，账务是开放的，信息不会被篡改，随时可以查询，这颠覆了传统的金融模式，绕过了中心化的第三方公司，参与交易的各方可以实现直接交易。这种交易相较于传统交易更加高效，成本更低，更加开放。想象一下区块链技术未来可能的应用：当你需要把大量的钱转移给一个外国朋友时，无须冗长的环节，直接到账；如果你出版一本书，不必担心出现盗版。随着互联网的发展，出行选择滴滴打车或共享单车，点外卖选择饿了么或美团，微信、支付宝这类便捷支付无处不在。当我们在网上支付时，买卖双方需要依靠第三方公司的信任来完成交易。这些第三方公司拥有大量的交易数据和信息，一方面，信息丢失会引起严重后果，另一方面，审查和清理交易数据会造成延误，管理这些大量数据的成本高昂。

那么，区块链技术是如何实现的呢？例如，有一支军队去占领敌人的要塞，每个士兵都戴着特殊的头盔。头盔上有一个红色的按钮，占据一个堡垒，军队总部将给予奖励。首先，士兵A占领了要塞1，并通过头盔向其他士兵宣布他已占领了要塞1，此时，头盔将记录要塞1的坐标，并将其与A的喊话一起发送给所有其他士兵，其他士兵将通过头盔听到A的喊话。然后，其他士兵按红色按钮表示此消息已同步录制。所以，每个人都知道要塞1被A占领了，A获得了奖励。之后，其他士兵就会去占领其他堡垒，以同样的方式传播他们的战绩。这样，在这场战役中，不同士兵占领不同堡垒的信息被存储在每个士兵的头盔中。

在这里，头盔是公共账本（严格来说是一个头盔程序），每个士兵都参与了记账（按红色按钮），每个捕获的信息形成一个区块，并且所有信息按照一定顺序排列以形成区块链。除了簿记（按红色按钮）之外，士兵还必须争取得到打包新数据的权力（占领堡垒）。这种共享记账有如下优点：（1）去中心化，账本是大家共同记录和维护的，谁先记录并不重要，因为有激励（一定量的比特币奖品），就会有人去做，不需要第三方干预。（2）数据不能被篡改，如果要修改数据，必须修改51%以上的节点信息才能成功。想象一下，如果有100万人（区块链节点的数量实际要多得多），修改一半以上的头盔信息几乎是不可能的。（3）信息公开透明，每个人都可以在自己的头盔中找到这个交易信息（所有的堡垒被占领信息都记录在每个人的头盔中）。

区块链浪潮冲击金融行业

区块链技术的出现将促使传统金融业务模式发生翻天覆地的变化。

首先，在金融交易数据方面，存放在区块链系统中的数据的安全性更高，区块链技术本身能够有效地保证交易数据的安全性和真实性。另外，区块链技术去中心化的特征，可以使数据更加透明，更有利于实现数据的共享，从根本上解决大量数据在第三方金融机构集中和形成信息孤岛的问题。其次，区块链技术本身不仅能够实现数据信息的永久性存储，而且能够通过对数据增加附加信息来实现数据信息归属的标识和产权的确认，这种机制能够有效地解决大数据共享与隐私保护之间的内在矛盾。这意味着每个个体都可以拥有自己的数据资产，这些数据资产同样可以带来相应的信用和其他衍生价值。最后，区块链技术依赖程序算法，实现公开透明的交易规则，使所有参与节点能够自动运行，共同维护，共同进行信用支撑，打破传统金融体制中的精英垄断，通过民众广泛参与发展普惠金融。

区块链技术还将促进金融监管模式的创新。将法律和监管条文以程序编码或其他方式写进每个电子交易合同，能够提高监管渗透度，优化监管效率，实现金融监管机构对网络平台（包括P2P网贷、众筹等）的有效监管。区块链用数学算法对传统信任机制进行重构，不再需要第三方的背书，这避免了传统金融活动中的法律和制度风险，并为其应用带来一定的革新。区块链还可以被广泛应用于金融以外的领域。简而言之，它可以被应用于任何需要社会信任的领域。例如，被应用于法院，区块链技术可以简化民事诉讼中的电子证据保存和验真问题。

区块链数字货币

区块链技术在金融领域有着广泛的应用，数字货币便是其中之一，这也是区块链技术非常成功的应用案例。目前，互联网上有多种数字货币，其中最成功的可能就是比特币。

数字货币的优点包括以下几个方面。

（1）数字货币的发行量与流通不会被人为操纵。基于区块链的数字货币具有去中心化特性，货币本身是通过P2P算法来发行的，所以不能被人为操纵。数字货币具有免税、免监管的优点。

（2）数字货币更加稳定。基于区块链的数字货币运行于 P2P 网络，不是由某个固定机构发行的，因此不能被人为关停。

（3）数字货币可以跨越国界。例如，从一个国家汇款到另外一个国家，客户只需输入对方地址并提交，相应的 P2P 网络就能完成汇款操作并给出提示。

数字货币的缺点包括以下几个方面。

（1）数字货币的交易往往是通过网站进行的，而网站容易受到攻击，这无疑给数字货币的稳定性带来了不利的影响，这也显示出数字货币的脆弱性。

（2）基于区块链的数字货币的交易是在 P2P 网络上完成的，根据区块链的规则，有效的交易活动必须经过 P2P 网络节点的确认，这需要一定的时间，从而导致交易过程较长。

（3）由于投机者的介入，基于区块链的数字货币可能会出现较大的价格波动。

区块链支付系统

随着区块链相关技术的发展和成熟，区块链迅速被应用于许多行业，如证券行业等。同时，基于区块链的支付系统也将不断取代传统的支付系统。

与传统的交易系统相比，基于区块链的支付系统可以使交易活动效率更高、成本更低。SWIFT（环球银行金融电信协会）在一项报告中发布了一系列研究成果，其中包括 SWIFT 如何利用区块链技术进行金融结算和数字身份管理，以降低金融活动的成本，从而最大限度地获得利润。利用区块链技术可以降低物联网的运营成本，其中区块链技术提供的共识机制，可以在各节点间建立固定的信用机制，为实现设备的自我维护、管理和节省成本提供了可行的解决方案。此外，基于区块链技术，用户能够以更低的成本完成跨境转账，并且能够实现及时到账。在去中心化的机制下完成跨境转账拥有巨大的市场空间。

区块链征信

平安证券发布的一份报告称，中国征信行业规模将达千亿元。富国银行预计中国个人信贷市场总额将超过 2 000 亿元。无论未来的市场能否达到这个规模，可以肯定信贷市场的空间是巨大的。然而，现在这一产业被划分为一个个孤岛，信息不能共享，数据所包含的价值不能被充分挖掘。

不想共享自己的数据，又想获取第三方数据资源，是信用收集行业的核心问题。传统技术架构无法解决这个问题，而区块链相关技术提供了一条有效途径。把所有参与者的核心业务数据保存到本地数据库服务器，这样各方可利用区块链服务提供的接口，查询所需要的数据，并把数据需求转发给数据供应方，从而既可以查询和利用其他海量数据资源，又能保证自己核心业务数据的安全。

第二章

区块链在银行业的应用

区块链技术在金融领域的应用现状

以更低成本、更便捷的方式为更广泛的人群提供平等有效的金融服务，是发展普惠金融的根本目的。区块链技术在一定程度上能够帮助更好、更快地实现普惠金融的发展目标。我们可以乐观地认为，区块链技术将为普惠金融的发展带来巨大的创新和变革。

国内外关于区块链的主要政策

国内相关政策

2016年10月，工业和信息化部发布《中国区块链技术和应用发展白皮书（2016）》。2016年12月，区块链首次作为战略性前沿技术和颠覆性技术被写入国务院发布的《国务院关于印发"十三五"国家信息化规划的通知》。2017年10月，国务院办公厅对外发布《关于积极推进供应链创新与应用的指导意见》，重点提到"利用区块链、人工智能等新兴技术，建立基于供应链的信用评价机制"。由此可以看出，我国越来越重视区块链的发展。

同时，各地关于区块链的政策指导意见和通知文件也陆续发布。截至2017年年底，浙江、江苏、贵州、福建、广东、山东、江西、内蒙古、重庆9个省、自治区、直辖市发布了指导意见。许多省甚至将区块链技术纳入"十三五"战略发展规划。

国外相关政策

美国：美国总务管理局（GSA）启动了联邦政府区块链项目，支持一些致力于开发区块链技术的机构和公司。财政部门正在进行一项试点项目，以对"区块链技术是否可应用于供应链管理"做出更准确的评估。与此同时，财政部门利用数字货币来改善"反洗钱/打击资助恐怖主义"（AML/CFT）的法律法规，与金融机构建立合作关系以共享信息。根据美国《2018财年国防授权法案》，美国联邦政府及其机构部门仔细研究了分布式账本技术带来的风险并尝试将区块链技术应用在多个领域。美国国土安全部（DHS）也资助了一些企业的创新研究部门，来推进区块链技术在国土安全领域的应用。

欧洲（英国、荷兰、德国）：2016年3月，欧洲央行（ECB）在其咨询报告《欧元体系的愿景——欧洲金融市场基础设施的未来》中公开表示，欧洲央行正在探索如何通过区块链技术优化各行业产业结构。2016年6月，欧洲证券和市场管理局（ESA）发布了一份关于分布式账本技术应用于证券市场的报告，这是欧洲区块链生态系统发展的里程碑。截至2019年9月，在欧洲地区，英国是这个领域中贡献最大的国家。2016年1月19日，英国政府发布了一份88页的白皮书——《分布式账本技术：超越区块链》，文中对区块链技术的潜力进行了积极评估，并考虑利用其减少金融欺诈和降低成本。荷兰和德国也专注于区块链技术探索，希望能够为金融服务等领域的应用落地发挥积极作用。荷兰央行（De Nederlandsche Bank）认为，区块链技术可以在一定程度上提高金融服务的质量，2016年9月，区块链园区应运而生，银行和金融公司积极合作开发区块链技术在支付和广泛金融领域的应用。德国联邦银行于2016年11月与德意志联邦银行和法兰克福金融管理学院紧密合作，组织进行了有关区块链技术机遇和挑战的大会。会议召开的主要目的是研究分布式账本的潜在用途，如跨境支付、跨行转账和贸易数据存储等。

印度：2017年1月，印度央行发布了关于区块链技术在印度银行和金融部门应用的白皮书。在该白皮书中，区块链技术被视为颠覆性创新，许多研究人员在过去两年中一直在研究这项技术。

综上所述，区块链技术受到了国内外的高度重视。其实，区块链并不是一项全新的技术，但随着这项技术被广泛应用，各行各业将获益匪浅。

区块链在国内外金融机构中的应用情况

区块链在国内金融机构中的应用情况

招商银行：招商银行联手永隆银行和永隆深圳分行，成功实现三方间使用区块链技术开展同业间跨境人民币汇款清算业务。未来，招商银行会将所有境外机构纳入全球区块链跨境清算项目，并邀请银行与客户合作，努力搭建应用范围更广泛的跨行区块链清算平台。

中国工商银行：由于贵州省政府的支持，中国工商银行与杭州趣链科技有限公司、贵州省贵民集团达成合作，实现银行金融服务链和政府扶贫资金行政审批链的跨链整合与信息互信。区块链技术因其可追溯和无法篡改的特性，使得扶贫资金的"透明使用"、"精准投放"和"高效管理"成为现实，从而解决了困扰政府的扶贫管理问题。这是业界首个提供精准扶贫服务的区块链平台。

中国民生银行：2017年11月，中国民生银行宣布加入R3区块链联盟，寻求与国际主要金融机构的合作机会，学习和探索区块链分布式账本技术的商业模式。除此之外，该银行还建立了自己的区块链云平台，深入研究区块链共识算法、智能合约、交易核算、数据传输、智能钱包、分散应用等。

中国平安：资产交易和征信是该公司目前主要的两种应用场景。中国平安公开表示公司已开始进行相关研究，未来也将聚焦于此。

中国邮政储蓄银行：中国邮政储蓄银行与IBM合作开展资产托管业务，利用区块链技术缩减中间环节、降低交易成本、提高风险管理水平。2016年11月，该系统上线投入使用，并在真实的商业环境中成功执行了数百笔交易。传统的资产托管业务涉及多方金融机构，如资产管理方、资产托管方、投资顾问等，每一方都有自身的信息系统。区块链降低了各方彼此互信校验的成本，业务环节缩减了60%~80%。

浙商银行：首个基于区块链的移动数字汇票平台在浙商银行的强力推行下发布，该平台为各类客户提供了在移动客户端发行、签收、转账、购买和兑换移动数字汇票的功能。除了降低各参与部门的成本之外，该平台使用区块链技术以数字资产的形式存储和交易票据，避免交易数据丢失或被篡改。从纸币订单、电子货币订单到基于区块链技术的移动货币订单，实现了阶段性的跨越。

中国人民银行：2017年年初，中国人民银行（简称央行）推出的区块链票据交易平台测试成功，中国人民银行数字货币研究所正式上市。这对经济的影响是巨大的。第一，传统纸币在实物交换的流通过程中会受到损毁，且货币当局需要实时回收、清点和销毁纸币。基于区块链技术的数字货币可以通过区块链网络中的数据信息进行非实物流通，以改善货币流通机制和模式。第二，传统纸币交易缺乏信任机制，因此需要用国家信用背书。纸币的发行还将带来一系列成本，如印刷、运输、丢失、回收和防伪等费用。同时，纸币的最终清算需要第三方金融机构的参与和相应的清算费用。发行数字货币不需要任何费用和中介干预，其清算只由交易双方完成。此外，发行数字货币不会产生铸币税。第三，过度发行纸币可能会造成通货膨胀。数字货币的发行基于交易双方的具体需求，集中体现了整个社会对商品材料的需求，真实地反映了实体经济的状况。因此，理论上数字货币不会超发。第四，传统纸币由国家货币当局批准发行，除少数货币（如美元）外，其他国家的货币只能在该国使用，其国际化功能受到了本国综合实力的制约。数字货币的发行基于全球化的数据库技术，货币由来自全球各地的参与者共同认证。其价值交换的范围和领域不受限制和控制，可跨越国家之间的界限，也不存在币种的兑换。

百度金融：2017年5月16日，百度金融与佰仟租赁、华能信托等合作伙伴联合发布了国内首个基于区块链技术的资产证券化（ABS）项目，发行规模为4.24亿元。该项目是私有汽车租赁信贷私募资产证券化，也是国内第一个基于区块链技术的资产证券化实物资产项目。

微众银行：2016年9月23日至24日，微众银行在区块链国际峰会上宣布其与华瑞银行联合开发了一套区块链应用系统，并于 2016 年 9 月进入试运行阶段。该系统可用于两家银行小额信贷的结算和清算业务。

中国银联：IBM 与中国银联于 2016 年 9 月 23 日预演"使用区块链技术的跨行积分兑换系统"，该系统可给用户奖励积分并允许其进行跨行、跨平台兑换。消费者在某家银行的积分可兑换其他银行的积分奖励，还可兑换航空里程和超市奖励。传统消费者在兑换积分后拿走货物奖励，但商家最终需要在银行证明用户积分和结算才能完成交易，区块链技术可以完美连接所有征信。

阳光保险：阳光保险与区块链数字资产管理平台数贝荷包联合推出"飞常惠航空意外险"微信保险卡单。该卡单依靠区块链技术来跟踪从源头到客户的整个流转过程，确保卡单的真实性和排他性，并促进后续理赔等过程的顺利进行。

安永会计师事务所：世界上第一个航运保险区块链平台是由安永会计师事务所和区块链公司 Guardtime 联合创建的。这个全球区块链平台通过分布式分类账户连接保险客户、保险经纪人、保险公司和第三方代理商。分布式分类账户包含客户信息、风险类别、风险敞口和保险合同等信息。该区块链平台的功能如下：创建并维护源自多方的数据资产；将数据与保险合同相关联；接收信息并回复影响定价或业务流程的信息；连接客户资产、交易和支付信息；获取并验证最新客户通知和丢失数据。该区块链平台的出现对航运保险领域具有重要意义。航运保险的生态链很复杂，通常涉及跨国业务，参与方众多，影响信息传输效率，各种类型的文件和副本及大量事务使得对账难度极大，这些业务降低了数据透明度，也增加了合规和精准风险管理的难度。此平台将不同的数据和流程连接在一起，降低了数据的不一致性和出错率。

蚂蚁金服：蚂蚁金服向信美人寿输出区块链技术。信美人寿保险代理公司已成为国内保险业第一家使用区块链技术进行簿记的相互保险公司，信美爱心救助账户上链后，每笔资金流向公开透明，流转数据都不能被伪造。

由此可以看到，目前我国区块链在金融领域的应用已经遍地开花，但区块链仍然处于发展的初期，而且很可能处于泡沫之中。有些区块链项目可能会失败，但是它们都在为改变传统银行和金融服务业不懈努力。

区块链在国外金融机构中的应用情况

荷兰银行（ABN-AMRO BANK）：荷兰银行是荷兰影响力最大的"四大银行"之一，其区块链银行账户服务可能会改变传统银行的托管业务。这项服务最重要的特点是它允许个人客户托管非银机构（如券商、公证所和交易所等）客户的资金，并利用区块链技术直接与清算银行对接。因此，没有银行执照的基金经理也可以将客户资金直接转移到区块链账户，这样做的好处是不需要"托管账户"来管理资金。一方面，银行降低了托管账户的管理成本；另一方面，公司本身也不需要花时间管理客户账户，大大降低了人工成本。此外，荷兰银行还发布了"Torch"移动应用程序的区块链试运营项目，这使得各相关利益方都能在单一区块链上进行房地产的高效交易。

纽约梅隆银行（BNY MELLON）：美国纽约梅隆银行开发了一个测试系统，利用区块链技术来支持记录银行经纪业务的交易。这个名为"BDS 360"的新系统旨在作为银行现有交易记录系统的一个应急备选方案——当银行的第一层交易记录系统不可用时，该系统将被替换。

花旗集团（Citigroup）：银行业巨头花旗集团已经开发了3条区块链并测试运行了加密货币Citico。花旗集团希望确保自己始终处于高科技的前沿，因此，它非常重视区块链分布式记账技术。花旗集团正在银行内部测试这3个独立的系统，实际上相当于区块链分布式分类总账技术。另外，花旗集团正着力研究通过区块链技术实现跨境支付的业务。

瑞士信贷集团（Credit Suisse）和荷兰国际集团（ING）：瑞士信贷集团和荷兰国际集团已成功在R3 Corda区块链平台上执行价值2 500万欧元的证券交易。瑞士信贷集团和荷兰国际集团使用HQLAX Corda的抵押贷款申请中的HQLAX数字抵押记录（DCR）来转移荷兰和德国政府证券的合法所有权。该交易转移了包含"证券篮子"的 HQLAX DCR 关联账户的所有权,而不是传统的个人证券转让。使用 DCR 转移证券可以提高监管透明度,降低系统性风险和运营风险,并帮助金融机构有效管理资本。

德意志银行(Deutsche Bank):为了最大限度地发挥区块链的优势,德意志银行决定将工作重心放在交易后的结算上。德意志银行详细分析了包括 Eurex Exchange、Xetra Exchange、证券托管机构 Clearstream 的产品,并制订了三管齐下的实施计划。德意志银行目前的主要任务是使用超级账本的开源协议 Fabric 搭建系统,转移证券和商业银行资金,并确保跨司法管辖区的监管合规。

法国巴黎银行(BNP PARIBAS):法国巴黎银行资产管理公司利用 Funds Link(能够与其他区块链平台进行对接)和 FundsDLT 区块链平台,完成了"端对端基金交易测试"。这套系统由法国巴黎银行与卢森堡证券交易所的公司 Fundsquare、InTech、KMPG Luxembourg 共同开发,涵盖了基金交易过程的各个环节。这标志着基金交易从交付订单到处理交易都取得了重大的进展。法国巴黎银行资产管理公司是首批参与区块链测试的公司之一,此举也符合其应用前沿科技的发展计划。

巴克莱银行(Barclays Bank):巴克莱银行的两个合作伙伴——农业合作社奥努阿(Ornua)以及食品经销商塞舌尔贸易公司(Seychelles Trading Company)成功地利用区块链平台转移了贸易文件,在一定程度上解决了国际贸易难题。该平台由 Wave 创建。Wave 是一家以色列创业公司,2015 年秋季从巴克莱银行的 TechStars Fintech 加速器项目毕业。当时,该公司正在使用基于区块链的定制技术来推动贸易文件的转移。巴克莱银行贸易和营运资本总监拜哈斯·巴格达迪(Byhas Baghdadi)表示,该项目证实了在分布式账本系统中增加多方机构可以解决跟踪和核实国际贸易交易中纸质文件的转移问题。

渣打银行(Standard Chartered Bank):最近,渣打银行将加入"马可波罗"计划,该计划的参与者包括多家全球顶尖银行、贸易金融技术专业公司 TradeIX 和企业软件公司 R3。该计划在成功完成 POC(Proof of

Concept，中文译成为观点提供证据）后，计划用区块链技术运行贸易金融解决方案。自2017年启动后，"马可波罗"计划引起了来自全球银行集团的兴趣，使得这些银行纷纷加入这一计划。"马可波罗"计划研发出的发货后贸易融资的解决方案得到了TIX平台及R3的Corda区块链技术的支持。这种方案可以实现贸易参与者之间的点对点、实时无缝连接，消除阻碍信息自由流动、导致效率低下、引发矛盾的"数据竖井"问题。该解决方案最初主要用于贸易金融的基于贸易数据匹配、应付款项融资、应收账款融资的3个领域，通过提前完成支付义务来降低风险。该计划依托TIX开放平台，为贸易金融系统提供应用、科技工具和核心基础设施。

德勤（Deloitte）：德勤宣布采用专业的审计标准仔细审查了被批准的区块链协议和应用程序，从而提高被授权的区块链系统的有效性和信任度。德勤的客户开始将部分业务转移到基于区块链的基础架构上。

区块链应用带给传统商业银行及投资银行的挑战和机遇

针对用户需要，区块链技术可以在不同的应用场景、客户结构和资本运转流程中创建相对独立的短路径区块链，这进一步加强了金融和实体经济在应用场景中的整合。具体表现在如下三个方面：第一，客户具有更强的黏性和稳定性，并且更依赖于场景金融；第二，记录客户在场景金融中的相关信息，具有较高的安全性和较强的证伪性；第三，传统的银行信贷服务不再被场景客户的金融需求所依赖，甚至也不需要中心化大数据的信用支持，不需要大数据中心为客户生成信用状态，而是依赖区块链生成对等信用的操作机制。总而言之，金融场景中的区块链返回到一般等价物的内涵，允许货币脱离法币的特殊属性。而银行的功能在发生转变后，将更好地融入实体经济的运转之中。

区块链技术可以通过加密算法安全地传输数字资产，无须像银行这样的第三方可信机构进行风控。此外，智能合约等工具可以执行银行业的许多烦琐流程，如理赔处理、基于遗嘱分配财产等。当前全球银行业总资产规模逼近134万亿美元，其主要业务包括支付、贷款和信用创建等。作为一种可信任和去中介的技术，区块链能够全面改善上述业务的运营，具体如下。

第一，在支付方面，区块链能跳过中介机构，更便宜、更快速地完成消费者之间的支付交易。

今天，数万亿美元的资金在世界各地流转依赖的仍然是原本落后的金融系统，交易过程缓慢且成本高，尤其是国外的银行。如果一个人在纽约工作，并且希望将部分工资汇至他在伦敦的家中，他必须支付25美元的固定费用，还可能被收取高达汇款金额7.68%的额外费用。他的账户行将收取其中部分费用，收款银行会收取余下费用。整整一个星期后，此人伦敦的收款账户银行才会收到汇款。据统计，目前跨境汇款的平均成本高达汇款额的7%，包括与汇款相关的多笔交易费用。若利用区块链技术，则可以以更低的成本，更安全地完成资金的点对点转移，消除对中介机构的需求。比特币和以太坊等加密数字货币是建立在去中心化的公开账本上的，允许任何使用者转出与转入，无须第三方可信机构进行风控，核实每次交易。因此，区块链技术为世界各地的人们提供了快速、便捷、实惠的跨境支付服务。例如，比特币交易完成结算大概需要30分钟，在特殊情况下最长需要16小时。虽然仍算不上极速，但与银行转账所需的平均处理时间相比，已经是很大的改善。从2014年夏天到2018年，比特币每日交易次数增长了7倍，从5万笔到超过40万笔。

同时，由于交易成本相对较高，开发人员更积极地开发比特币和以太坊等加密数字货币的低成本解决方案。目前，比特币现金交易的交易费约为20美分。许多公司正在着力开发能够绑定贷记卡的钱包，以便用户随时随地以这些加密数字货币来进行付款。这类钱包的原理是创建一个分布式网络，实现不同加密数字货币之间的交易，并实现其网络和物理卡片兼容。从支付的角度来看，加密数字货币需要很长时间才有可能取代法币，不过这几年，比特币、以太坊等加密数字货币的交易规模呈指数级增长。

比特币交易规模在2016年增长了118%，当然，其中很大一部分为投机交易，并不是点对点的支付交易。

预计来自当今发展中国家的数十亿人将有希望享受基于区块链技术的金融服务。例如，区块链公司BitPesa致力于使用BQ技术在肯尼亚、尼日利亚和乌干达进行B2B（企业对企业）支付。BitPesa每月处理交易金额为1 000万美元。在肯尼亚，平均每笔跨境支付的交易费率约为9.2%，而BitPesa使用区块链技术，费率仅为3%。另一家比特币支付服务供应商BitPay，能够帮助商家接受比特币支付、存储比特币。在过去几年中，BitPay的支付处理规模增长了328%，商家每月收到约1.1亿美元的交易金额。BitPay每笔交易收取1%的佣金，信用卡交易则需收取2%~3%的手续费。

在遵守政府监管政策的条件下，研究如何更好地利用数字货币提高效率、降低支付成本是一个非常重要的研究方向。例如，利用智能合约实现有条件的支付，未来可能在银行的支付领域被广泛应用。

第二，在清算和结算方面，金融机构利用区块链技术和分布式账本可以降低运营成本、推动机构间实时交易。

以国际清算为例，银行通常需要3天才能完成资金转账的结算，这和目前国际上现有的金融基础设施运作模式有很大的关系。对于银行而言，在全球范围内调度资金的难度其实很大。在当前条件下，处理最简单的银行转账业务，资金必须经过一整套复杂的中介系统才能到达目标账户，其中包括代理银行、托管银行等机构。如果你想将资金从意大利的某银行账户转到美国的另一家银行的账户中，资金转账过程必须通过SWIFT来进行，该组织每天面向全球10 000家金融机构发送2 400万条通信信息。这两家不同国家的银行并未建立直接的金融业务联系，因此，它们必须在SWIFT网络中找到与这两家银行已经建立业务联系且能提供结算服务的代理银行。代理银行则要收取部分费用。每家代理银行在资金转出行和资金收款行维护着不同的账簿，必须在截止日期核对不同的账簿。实际资金还需通过中介的系统处理，每个环节的服务单位都会收取相应的费用，而且存在很多会导致转账失败的因素（B2B支付业务需要人工干预的概率约为60%，每次人工处理时间为15~20分钟）。

作为去中心化"账本"，区块链技术能颠覆这种传统的交易模式。跨境交易无须使用SWIFT网络，无须每个金融机构账本互相对账，所有公开、透明的交易都可以通过银行间的区块链系统进行跟踪。此时的交易不再依赖托管行和代理行构成的网络，而是通过区块链进行直接结算。这大大降低了维护一个全球性代理行网络的成本。据银行业主流预测，区块链技术带来的金融创新，可以为清算和结算提供更好的基础设施，为金融业节省200亿美元的成本。一家名为瑞波（Ripple）的企业级区块链服务供应商，正在试图颠覆SWIFT网络。其网络上的加密数字货币瑞波币（XRP）使这家公司非常有名，相比之下，瑞波的银行业务产品稍逊一筹。SWIFT通信是单向的，就像电子邮件，因此交易必须在各方已经审核过交易内容之后才能得到结算。通过直接整合银行账本，瑞波的产品可以为银行提供快速的双向通信协议，实现实时通信和结算。目前已有超过100家客户测试了瑞波的区块链网络。

虽然像瑞波这样的机构声称要颠覆金融生态体系中的某些业务——如SWIFT或托管银行等，但其实它们同时也在寻求与传统银行合作，帮助银行业提高工作效率。瑞波能够将金融机构连接在同一个账本上，减少沟通成本，从而实现小范围内的去中心化，而不是通过开发公有链去实现。区块链不仅能够提高现有结算系统的工作效率，还能被优化应用于更多的场景，其中融资领域可能是最佳的应用场景。

第三，区块链技术可以使交易活动弱中心化。

本质上，区块链建立了一个可信的互联网连接系统，价值交互的信任成本被去中心化的特点降低。而在区块链的实际落地方案中，匿名化使监管的成本增加，在某些场景下完全的去中心化正在被弱中心化取代。

在行业落地上，区块链面临着一些挑战。如以太坊这类公有链在设计时平等对待所有节点，适用于无边界的交易，信任成本低，但是交易效率同样也较低。现实中，很多业务场景已经具备相当的信任基础，如银行内部、行业联盟内。在已有的信任基础之上，区块链正朝联盟链、私有链的趋势发展。联盟链国外有 RS，中国则有 China Ledger 等。联盟链构成了一个多中心的信任模式，在公有链模式上形成突破。鉴于金融行业的特殊性质，不可能完全去除监管部门的监督权力，包括央行在内的多家监管机构正在研究如何在区块链中引入超级账户，使其可以执行某些特定操作，如交易账号的冻结等。

未来，交易活动通过区块链技术将会呈现弱中心化趋势。从完全平等的公有链到多中心的联盟链，甚至超级节点的设计，区块链的设计理念和落地场景正在继续扩展。事实上，因为匿名性与弱中心化的架构，区块链与目前的银行等监管体系并不冲突，区块链技术注定会进化为"监管融入技术"模式，其难以篡改、共享账本、分布式的特性，使得区块链更便于央行、银行等各大监管机构接入，得到更加全面的实时监管数据。银行也必将通过区块链技术来实现对区块链技术应用的监管，并最终解决区块链与银行"中心化"的冲突。

第四，传统证券和另类资产代币化，区块链开始颠覆资本市场的传统结构。

在购买或出售各类资产时，客户需要知道谁具体拥有哪些资产。目前，金融市场中已形成了由券商、交易所、中央证券托管机构、清算所和托管银行这几个主要节点构成的复杂链条。不同主体在传统的系统上开展业务，如纸质凭证系统。如果客户想要购买一股苹果公司的股票，他们需要通过股票交易所下单，然后由股票交易所来匹配客户和卖方。过去，为了获得股票所有权证明，客户必须向交易所支付部分相关费用。当人们以电子方式执行交易时，事情变得更加复杂。人们并不希望每天都处理交易凭证、记账或管理分红这类资产管理事宜。因此，托管银行肩负起了保管客户股票账户的服务。由于买卖双方有可能选择不同的托管银行，托管机构必须找到可信赖的第三方机构来管理交易中所有的纸质凭证。交易所发出一个交易指令，无论是结算还是清算，都会涉及很多中介机构。在实际操作过程中，当客户购买或出售资产时，订单将流经整个第三方网络。所有权的转移可能变得非常复杂，每一个主体都需要一份记录真实交易细节的独立账本，并且每个主体的账本都需要每天更新对账，因此证券交易要等1~3天才能结算。这样的系统不仅效率低，而且准确率也不高。由于牵涉多个不同机构，交易通常不得不经过人工确认，并且每一方都需要收费。

区块链技术创建了一个去中心化的、具有唯一性的数字资产数据库，具有变革金融市场的潜力。利用分布式账本，只要通过加密代币就可以转移资产的所有权。虽然比特币和以太坊已经用纯数字资产实现了这一功能，但还有很多新成立的区块链公司正在努力以各种方式对现实世界的资产进行代币化，这在股票、房地产、黄金等领域尤其具备可操作性。美国前四大托管银行——道富银行（State Street）、纽约梅隆银行、花旗银行、摩根大通（JPMorgan Chase）均托管了超过15万亿美元的资产。虽然托管费用很低（低于0.02%），但是数额巨大的资产本身所带来的利润相当可观。采用区块链技术，作为托管银行的中介机构将被代币化的证券替代，继而减少资产交易费用。在区块链应用场景中，虽然代币资产看起来是最有前景的，但监管是当今最大的障碍。目前，区块链上的所有权是否符合法律要求尚未完全确定，法律也尚未给出代币的明确界定。这类新兴项目成功的关键就在于监管和立法指引。

区块链技术的应用亦会为商业银行带来诸多实际的好处，具体如下。

第一，节省交易时间，减少交易成本。

高效、低成本是区块链技术运行的特点，全部区块链内的数据信息的交换依托纯数字信息作为信用背书。传统交易过程中以交易双方的身份信息作为信用背书不再被需要，这大大降低了相关的交易风险。并且区块链网络的价值交换利用互联网进行，相关金融服务流程得到大幅度简化，缩短了交易时间，同时也降低了交易成本。

第二，在新的商业模式下，银行可以探索更多创造利润的办法。

由于区块链可以创建大型、低成本的共享网络，银行可以为部分无法获取银行账户但可以访问互联网的客户提供小额贷款服务，从而增加银行的利润。

第三，加强监管，降低监管成本。

如果采用传统的金融技术来避免监管中的风险，那么只有利用严格的审计才能实现；商业银行过度依赖审计制度导致监管成本大幅升高，进而缩小了其利润空间。把区块链技术引入商业银行的监管体系，利用区块链数据信息所具备的公开、透明、不可篡改、高度共享与可追踪的特点，严格审核账户的数据信息，一方面降低了成本，另一方面则达到了规避风险的目的。

从现实操作层面来讲，区块链技术落地实际应用确实面临不少挑战：与国外对比，国内商业银行起步较晚，要使区块链技术发挥其在降低成本、创新业务模式等方面的作用，需要改造银行业务基础架构。从业务角度出发，因为区块链应用模式具有开放性，许多业务场景需要自身与银行同业合作才能打造完整的生态链，所以银行需要加入区块链应用联盟，与IT厂商、金融同业拓展合作，借助联盟的力量来推动区块链应用产生价值。这不仅需要自身努力，还需要整个银行业和其他企业配合，一起研发区块链应用技术。另外，因为系统信息安全问题不能被当前技术手段完全解决，银行业现阶段的区块链应用只适用于信息交换，不适用于价值交换。而从技术角度看，需要考虑IT基础环境是否具备区块链应用落地的条件。银行业数据中心架构一般是主备模式或双主模式，技术还大都停留在传统数据中心阶段。鉴于商业银行正在迅速推广云计算，不久之后，私有云、混合云等多种逻辑形态将出现在银行基础架构中，需要做好区块链应用落地所需基础环境的研究工作，重点是分布式环境下的存储、计算等。其他需要思考的是，应用开发能力能否满足区块链业务需求。目前我们能够在开源社区找到较成熟的区块链应用代码，可以学习吸收，转化开发为自有的区块链应用系统；并且，可以通过采购产品、投资或外包的方式从IT服务商那里引进相关的区块链技术解决方案，为将来的经营周期转折做好准备。

区块链在银行业务中的应用探索

区块链在供应链融资领域的应用分析

近十年来，我国供应链金融不断发展，已从1.0的"1＋N"商业模式发展到3.0的"N＋N"模式。根据IBM 2012年的研究结果，供应链融资业务约占存货融资和预付账款融资的75%。传统的银行业务仍以抵押贷款为主，保理业务仅占25%，因此，银行业务仍有很大的局限性。在此情况下，银行仍然不可能不考虑信用风险，因此，仅以买方的还款作为第一还款源进行授信仍不可行。作为银行在供应链金融中进行风险管理的基础，核心企业的信用度直接影响银行对其上下游商务关联方的垂直授信。一方面，银行期望推广供应链金融业务；另一方面，银行为了确保自身债权，必须直面以下矛盾。

一是授信对象的局限性。目前全国征信系统尚存在空缺信息，信息完备还需时日，供应链上的中小微企业存在信息不对称的问题，这导致银行无法按照标准流程对它们进行授信。无论是上游供应商对核心企业的最终收款确认，还是核心企业对其下游经销商负有担保责任或调节销售，核心企业的信用仍为银行授信的最终依据。银行局限于核心企业以及与核心企业直接签约的一级供应商、经销商，而无法满足与核心企业无直接联系的二级以上供应商、经销商的融资需求。

二是科技整合的局限性。如果核心企业能够满足银行的单独授信标准，那么其自身的技术系统能否整合处理供应链条上下游合作企业的交易信息？银行是否对上下游企业授信取决于银行能否通过核心企业的系统将采购与销售信息在链上透明化、可信赖化，从而获得对称的信息。另外，交易信息的真伪如何验证？解决交易信息是否被篡改的问题也是当务之急。

三是交易全流程的可视性。商流、物流与资金流被整合到供应链金融之中，这需要在线商流和线下物流信息透明且全程可视。这样，银行才不会对抵押品的控货权产生风险方面的疑虑。而在现实中，全程可视往往会因为企业生产资料的保密需求等难以实现，从而对供应链金融业务的发展造成一定程度的制约。

银行可利用区块链技术建立一个供应链金融"智能保理"业务应用系统，给供应链上的所有成员企业使用。此系统上，二级供应商可将开给一级供应商发票上的"应收款已转让给某银行"记录为编码 A，在一级供应商添加其他必要的编码 B 到此发票上后，与原始转让信息变成一个新的编码 A＋B，最终发布在区块链上。根据《合同法》第七十九条和第八十条，该智能发票可视为具备债权转让法律通知的效力，货款到期时，核心企业应依法向银行付款，如图 2.1 所示。不仅如此，银行还可以通过"智能保理"业务应用系统跟踪每个节点的交易，从而描绘出完整的交易流程图，此图具有高度可视性。由此可见，区块链技术作为底层技术，在将供应链金融保理业务推广到核心企业的二级以上供应商的过程中提供了良好的技术支持。

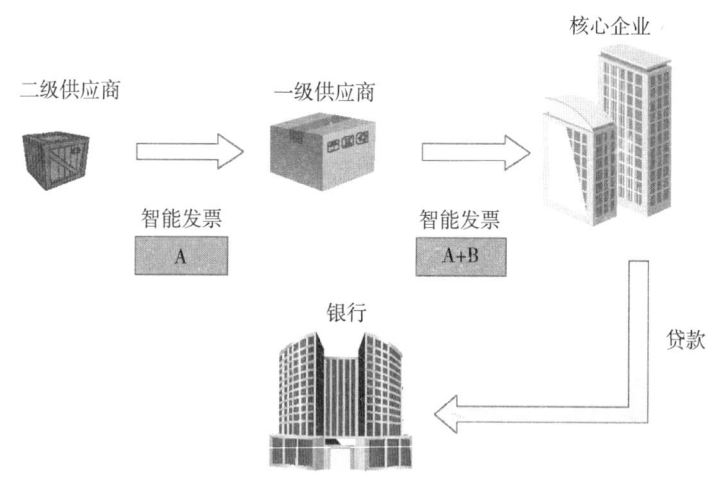

图 2.1　区块链支持下的供应链金融"智能保理"业务应用系统

除了担心中小微企业的还款能力外，银行也非常关注交易数据信息的真实性。在实际操作中，由于供应链金融是以核心企业的 ERP（企业资源计划）为中心，将上游采购信息与下游销售信息串联，形成一个完整的模式，因此，银行调查核心企业的 ERP 系统十分重要。虽然目前一些国内外厂家有一套复杂的 ERP 系统，使得交易信息较为透明、不易篡改，增加了银行对其提供信息的信任度，但它们其实并不能从根本上解决核心企业与供应商联合篡改信息的问题，相比之下，区块链的优势显而易见。区块链可将供应链上所有的交易数据分散记录在所有节点上，具有不可篡改性、可追溯性和去中心化的特点，所以从一定程度上解决了银行关心的"信息是否会被篡改"的问题。

另外，对于供应链金融中的贷后管理，银行必须安排存货融资和预付账款融资业务的相关人员来核实押品的真实性，以及是否减值、损伤等。因此，银行必须投入一定的人力和物力成本，而这些操作成本的提高会直接造成中小微企业融资困难。若能通过建立区块链"智能资产"系统来管理链上的交易押品，不但能解决操作成本问题，还可以对押品的转移进行监控，既节约了各类成本，又减少了由人员作业带来的操作风险。

更重要的是，区块链技术可以对核心企业的资产包进行方便的分拆，形成小规模的资产包。通过把资产包上链，委托独立机构进行评估、分级、打分，区块链系统可以方便地建立资产包与一定数量的代币（Token）之间的一一对应关系。资产包与代币的对应关系一旦确立，大的资产包就可以进行拆构，形成小的融资资产包，每个小资产包都具有大资产包的通用属性，如利率水平、公司信息及时间信息等。小资产包以更加灵活的方式对接各个金融机构的融资产品，从而分散了投资风险，提高了交易转让的频次，更好地满足了资产端和金融机构的灵活需求。

中国银行业监督管理委员会[①]在"中国银行业盘点'十二五'展望'十三五'"的新闻发布会上明确提出：在创新、改革和普惠金融的发展问题上，银行业必须高度重视。而我国的传统银行业由于前文提到的风控和操作成本过高的问题，对中小微企业的扶持杯水车薪。因此，银行业应

---

① 2018 年，中国银行业监督管理委员会与中国保险监督管理委员会合并成立中国银行保险监督管理委员会。——编者注

该为中小微企业带去真正的实惠和资源，积极发展普惠金融，多加利用"互联网+"的科技手段和思维模式来对各项金融业务进行创新和改革。而针对中小微企业的融资需求设立的供应链金融是当前切实有效的金融解决方案，同时供应链金融结合区块链更能保证数据真实且不被篡改，这使得银行能够更好地管控风险，大幅降低成本。届时银行业务可以不再被押品融资所局限，逐步转向更优化的保理业务，服务更大的客户群体，银行业实现"注重创新和改革"及"注重普惠金融的发展"的目标指日可待。这也是国外许多知名银行纷纷涉足区块链技术，投资成立区块链实验室，寻求通过区块链技术真正实现交易数据开放、一致且无法篡改的原因。鉴于区块链技术解决此类问题有许多优势，建议国内对此方向的应用进行深入联合研究。

区块链在银行征信领域的应用分析

区块链技术在征信领域的应用方向是促进形成新的信用机制。信用体系是银行的核心。传统模式下，各家银行的风险管理部门会完成客户的传统信用评级，并根据客户的不同性质，将其分类。客户申请贷款时，银行需要调取客户的征信数据来进行评级，而客户的信用信息收集链条长、环节多、涉及面广，导致过程中易产生数据不完整、不准确，成本高，决策程序多等问题，这些问题在消费贷款和小微贷款中尤为突出。

当前形势下，可通过多维度分析和挖掘消费者的行为特征来进行信用评级。对淘宝和天猫客户进行大数据分析的蚂蚁金服是目前市场上极具代表性的一家公司，另外还有深圳前海大数金融，它是借助平安数据来专营小额消费贷款的。大数据风控具有效率高、信息可靠和时效性强的优点，在针对消费、微小贷款进行批量授信的领域，优势尤其明显。传统金融电子化作为大数据风控的本质，并没有改变信用创造的方式。

通过建立去中心化的信用，区块链底层技术创造出特殊的方式，确定了一套算法，用技术背书来进行信用创造。首先，由此得到的信息具有可靠性强、没有中心的特点，而且通过链接密码，可以对借款方信息数据的安全性和不能篡改性进行保证，程序化记录下每个交易信息，使其存储、传递、核实、公开皆有迹可循，借款方完整的交易行为和信用状况可以随时供银行调取，这在可靠性上远远高于大数据风控，同时还可以避免客户经理在实操过程中的主观因素对信用评级的结果造成影响。其次，使用技术建立信用的成本相比人力、物力成本要小得多，依靠全网记账就可建立信用，不再需要依赖征信公司等中介机构提供证明来建立信任关系，贷款机构只需直接从区块链中调取相应信息数据即可。最后，信息公开透明。程序算法自动记录海量信息，将其存储在数据块上，其信息透明度和安全性极高。在不同的金融场景中，300万元以下的小额贷款或消费贷款更能够创造新的信用形成机制。当然，在执行过程中，想要在区块链技术基础上形成信用机制，业务流程和信用维度等多个方面的细节还需要更多、更深入的研究。

区块链在资产证券化领域的应用分析

2014年，以资产支持证券（ABS）的发行从审核制改为备案制为标志，国家逐步放开了资产证券化业务市场。资产证券化将成为消费金融发展的重要力量。各大银行投行对资产证券化业务高度重视并积极开展长租公寓、保障房、应收账款类、PPP[①]资产证券化、基础资产收费权类等证券化项目，加速研究和推进CMBS[②]、类REITs[③]、PPP-ABS等创新业务解决方案，从产品、渠道、流程、服务等方面开展多维度创新，深耕银行间和交易所两个市场，为服务实体经济贡献力量。

资产证券化金融产品为消费金融业务的融资开辟了新渠道，这种新渠

---

① PPP，指政府和社会资本合作，是公共基础设施中的一种项目运作模式。——编者注
② CMBS，即商业房地产抵押贷款支持证券。——编者注
③ REITs，即房地产投资信托基金。——编者注

道可充分降低融资成本（预计将整体融资成本降低1~3个百分点），支持业务的持续发展。而其发展主要是以标准的产品结构和发行流程、结构化的金融产品设计为基础，利用批量发行进行融资，盘活存量资产。

资产支持证券是指对市场上的资产提供风控、定价、产品设计、发行、存续期管理等专业服务的金融产品。资产证券化市场有着巨大的发展前景，但随着其逐步放开，零售类资产的资产证券化业务规模不断扩大，市场对专业的资产证券化服务商提出了需求，即通过金融科技手段提升资产证券化服务的准确性和效率。

成为专业的资产证券化服务商是目前资产证券化行业发展的重要方向，而成为这样的服务商需要达到以下目标：首先，需要依托大数据和量化模型进行分析，实现风险精确地从资产包层面转移到各级结构化证券层面；其次，资产本身的质量应该由融资成本决定，这就需要金融科技来使金融资产逐步与主体信用分离；最后，形成基于资产本身的风险定价标准。

在成熟的资产证券化市场（如美国）中，专业的第三方资产服务机构在资产支持证券生产、定价、交易等环节提高了效率，实现了精准定价，降低了风险，扮演了十分重要的角色。

基础设施服务和不良资产服务是资产证券化涵盖的两大块服务。基础设施服务，即在资产形成时提供投资决策引擎服务，并控制和评估资产质量。在资产证券化发行和资本市场中，基础设施服务为资产池提供了底层资产披露、统计分析服务、资产征信、评级和定价支持。同时，它可以帮助财务顾问设计交易结构，并在证券生命周期内向特殊目的载体（SPV）经理提供资产服务报告和资产池实时监控。因此，基础设施服务在资产形成、证券化发行、定价、资本市场对接和资产跟踪服务中发挥着重要作用。而后备资产服务机构的不良资产服务，是指在那些资产服务机构失去正常经营能力后，为特殊目的载体的资产提供的逾期资产清收重组及资金回收等服务。

国内的非银行资产证券化市场相较于美国成熟的资产证券化市场还

相对空白。因此，一些互联网初创公司和互联网巨头已经开始在资产证券化服务提供领域进行部署，用专业化的服务来解决资产方和资金方的痛点，并在资产方和资金方之间建立有效的渠道，以输出金融科技能力。同样，非银行资产证券化技术的发展对银行资产证券化具有重要的借鉴意义。

当前，资产证券化服务商的业务模式还存在如下问题和挑战。

在业务层面存在痛点

整个市场仍存在对资产支持证券"看不清"和资产支持证券"不受监管"等问题。目前，虽然中国大多数互联网消费金融公司都具备场景优势，但它们发行的资产支持证券仍然面临与资金对接困难的问题。

资产证券化业务痛点主要体现在以下三个方面：其一，底层资产的真假无法保证；其二，如果出现问题，没人保证借款人的偿还；其三，资产证券化产品参与主体众多、操作环节多、数据传递链长、数据结构及现金流分配过程复杂，投资者和中介难以深入了解和把控风险。这些痛点决定了互联网消费金融公司虽然拥有很强的资产生产能力，但它们只能选择成本较高的资金来源，难以得到低成本资金方的认可。

在数据层面存在痛点

从数据的层面看，资产证券化服务商业模式有以下四个痛点：其一，参与者之间的数据流转效率很低，每个组织销售的每种资产证券化产品中都有数百万个数据、上亿笔可销售资产，且消费类资产规模小而分散；由于没有标准的数据流转流程，数据获取和处理都存在很大的困难。其二，参与方系统间账目不统一，交易系统间的资金清算和对账，以及多个业务系统的对接，占据了大量的人力和物力。其三，资产通过线上、线下和其他渠道回款，存在无法监控资产真实情况的问题，这是由于回款方式没有形成闭环。其四，资产资金端没有高效准确的对接，有必要建立标准化的数据披露方法、数据流转格式和方式。因此，在形成资产包之后，交易链中的各方对基础资产数据的真实性和准确性存在信任问题。

而资产证券化市场和区块链技术的契合度非常高，资产证券化是区块链天然适合的应用领域，原因有如下两个：其一，区块链技术在国内资产证券化市场的应用（包括资产支持证券的设计发行，以及证券交易、结算和清算等）具有潜在的优势和发展空间。其二，区块链技术可以重新设计和简化资产证券化的复杂环节，极大提高效率，缩短处理时间，加大透明度，降低成本，确保安全。

区块链技术在资产证券化业务全流程中的应用，具有以下四个重要意义。

其一，区块链技术和智能合约为资产支持证券和债券等复杂金融产品的交易提供有效支持。利用区块链技术解决数据共享和验真、资产支持证券的产品设计与发行环节中的难题，以此提高产品设计和发行环节的效率；利用区块链的共识算法和防篡改、分布式的技术，使各参与方在发行环节能很好地完成数据分享。

其二，传统的证券市场交易有其自身的缺点，一旦其系统被攻击或出现故障，可能导致整个网络瘫痪，交易暂停。而区块链技术利用分布式节点和高性能服务器来支撑点对点网络，整体运作不会受到某个问题节点的影响，从而有效保障了传统证券交易所证券交易系统的可用性及交易的正常进行，创造了一个更高效、成本更低的证券交易环境。

其三，负责证券交易功能的前端系统及负责证券交易清算和结算的后端系统流程和环节复杂、成本高且时间长。而区块链技术可以自动简化冗长的交易流程，使证券发行人和投资人进行直接交易，减少了前台和后台的交互，减少了每个交易所处理交易的时间和资金成本，降低了交易日无法完成实时结算的潜在风险，同时也节约了大量的人力和物力成本。

其四，应用区块链技术可以随时渗透资产，查看底层风险，确保资产的真实性，从而有效监督金融机构是否合理使用财务杠杆和资产证券化方法、能否充分盘活沉淀资产，进而鼓励市场资源为实体经济服务，促进有效监管。

上文提到资产证券化是区块链天然适合的应用领域，那么区块链资产证券化是如何实现的呢？通常认为，证券化有三个步骤：首先，发起人把资产扩展隔离到特殊目的载体；然后，把特殊目的载体的资产分拆份额；最后，交易。按照传统方式，一般公司的证券发行流程是先找到一家券商并签订委托募集合同，在完成烦琐的申请流程后，才可寻求投资者认购。证券上市后，交易效率低，并且证券交易日与交割日之间还存在时间间隔。借助区块链的资产证券化可以简化为如下三个步骤：一是，确权对应；二是，把资产代币化；三是，智能合约的交易。通过区块链安全、可追溯、不可伪造和篡改的特点来管理资产支持证券，可简化传统方式中复杂的流程手续，提升运作效率，实现交易数据的安全存储，并自动执行智能合约。

京东金融于2017年9月推出了"ABS云平台"，其中包括资产证券化服务商的基础设施服务、夹层基金投资业务和资产云工厂资本中介业务。以资产云工厂资本中介业务为例，其为客户提供流动性和风险管理服务，降低消费金融服务公司发布的资产支持证券门槛，降低发行成本，创建金融产品和充当交易对手是其业务的核心。在这个资产云工厂资本中介业务场景中，京东金融是作为资金方的。除此之外，底层资产包形成的过程往往涉及资产方、特殊目的载体（信托）和其他金融机构，每个金融机构都有自己的业务系统，从而产生了庞大、高频次的交易量。而如此多的交易量就会涉及机构间信息传输和对账清算的准确性，以及资产包形成后交易各方对底层资产质量真实性的信任问题等。且京东金融应与消费金融服务公司合作，参与各项资产的风险控制、贷款和还款，并在资产包形成后负责结构化发行的全过程管理。由此可见，整个环节需要京东金融付出高昂的成本和代价。而利用区块链技术，能够安全地存储交易数据，保证信息不可伪造和篡改，自动执行智能合约，还可以联合资产证券化交易过程中所有市场参与者，共同维护一套交易账簿数据，实时掌握和验证账簿内容，保持账簿的真实性和完整性，提高资产证券化系统的透明度，从而有效解决机构间耗时耗力的对账清算问题，降低资产证券化融资成本，并为消费金融公司增信。目前，资产云工厂资本中介业务通过区块链资产管理建立了三个验证节点：资产方、京东金融方、信托公司方，这三个节点各有一个私钥。同时，底层资产池中每个放贷申请、批准、贷款等的资金流将通过链上每个验证节点的共识来完成，一旦一笔借款被审核放款，支付系统会实时返回交易流水记录，并将这唯一的凭证记录到区块链中。

  总体来说，区块链技术的创新将成为降低金融市场成本、提高效率和确保资产数据真实透明的有效方法。通过合理的流程设计，现金流信息可以从指定的支付通道（如银行支付等）直接入链，从而确保底层资产和区块链的生成、流通之间的相互作用，并确保入链资产与链下资产的一致性和真实性，这展示了区块链在资产证券化场景下的完美应用。同时，区块链切入资产证券化的业务流程解决了数据的痛点，使中介能够实时掌握资产违约风险，使资金方能穿透性地了解底部资产，有效控制金融杠杆，使监管部门提前预防系统性风险。

  图2.2所示为基于区块链技术的资产证券化系统方案，根据这个系统架构设计可以看出其主要实现的功能如下。

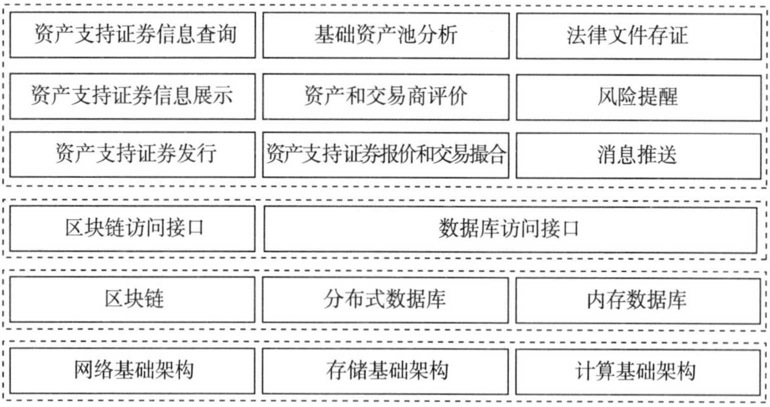

资产支持证券信息查询	基础资产池分析	法律文件存证
资产支持证券信息展示	资产和交易商评价	风险提醒
资产支持证券发行	资产支持证券报价和交易撮合	消息推送
区块链访问接口	数据库访问接口	
区块链	分布式数据库	内存数据库
网络基础架构	存储基础架构	计算基础架构

图2.2 基于区块链技术的资产证券化系统方案

展示、查询模块

（1）通过网页（web）页面，用户可查询资产支持证券的类型、发行金额、监管机构、发行方式、发行机构、信用评级、法律文件等一系列属性信息。

（2）默认为全信息查询，区块链底层数据对用户完全透明。

（3）通过设置过滤条件，可以方便地实现精确查询和显示。

资产支持证券基础资产池追溯模块

（1）通过网页页面，采用图表的方法展示资产支持证券的行业集中度分布、合同期限分布、利率结构等。

（2）使用区块链技术追溯每个特定资产支持证券资产/资产池的形成历史、变化情况、销售情况、信用情况等，任何历史变化都在真实可靠的基础上进行全方位展示。

资产支持证券发行模块

（1）通过网页页面，对发行的新产品进行预告上链、相关附加信息披露等。

（2）实现资产支持证券的线上交易。

资产支持证券交易报价和撮合模块

（1）通过网页页面，对发行的新产品进行报价，利用区块链技术记录所有的报价过程和撮合结果。

（2）通过点对点的通信，采用单独/成组的撮合议价功能，具有开放和秘密两种方式来撮合议价。

消息推送和风险提醒模块

（1）通过网页页面，设置消息通知窗口，重点推送最新的违约风险提醒和贷款提前偿付提醒。

（2）用户可以根据推送消息设置自动交易的区块链智能合约。

区块链应用于银行微粒贷、联合贷款结算、清算的方案分析

在美国申请银行贷款时，银行必须从美国三大信用机构（Experian、TransUnion 和 Equifax）获得信用报告，评估客户的违约风险并确定贷款利息。美国联邦贸易委员会预计五家银行中的一家在信用评估中存在"潜在的实质性错误"。这类中心化的系统会给消费者贷款带来负面影响，造成不公平。而且，将这些敏感信息集中在三家信用机构可能导致黑客攻击、信用信息泄露。

一般传统银行和贷款机构根据信用评分、债务收入比、住房所有情况评估风险后，才会考虑是否发放贷款，而这些信息源自不准确的、不安全的信用报告。在区块链中，把过去的消费记录入链并通过加密技术确保数据的安全性后，消费者可以根据全球化的信用评级申请贷款。区块链技术为消费者提供了一条成本低、效率高且安全的个人贷款途径。尽管区块链贷款项目处于早期发展阶段，但 P2P 贷款的信用和基础设施项目已经出现。

案例 1：

SALT 项目是区块链贷款的专业平台，通过 ICO（首次代币发行）融资 4 800 万美元。借款人可以购买 SALT 成为其网络成员，并用加密数字货币作为担保，从平台借款后，只要按时归还借款就可以赎回担保的加密数字货币。

案例 2：

EthLend 通过 ICO 募集了 1 620 万美元。EthLend 在以太坊上打造点对点贷款应用去中心化的运作模式，并附有贷款金额、利率及时间的规定。当借款人发出贷款请求时，就创建智能合约，借款人将其持有的 EthLend 代币作为抵押。若贷款不能如期归还，贷款人将 EthLend 代币作为补偿。

埃里克斯·马申斯基（Alex Mashinsky）是另一个 P2P 区块链企业 Celius 的联合创始人，他称："当会员的钱包里有很多资金时，他们会获得较高的利率，并在月底用完资金时获得低利率贷款的机会。"

打造基于区块链的贷款产业不仅需要平台，还需要开发标准及基础设施。仍处于开发阶段的 Dharma 是债务代币化的协议，旨在为开发商提供开发在线借贷平台的标准和工具。同时，Bloom 在区块链领域引入信用评估，并开发了一套风险信用评估和管理区块链上身份的协议。围绕加密数字资产持有者创造贷款流动性是开发的主要项目，同时开发的还有相应的基础设施，使区块链推动贷款行业的改革成为可能。利用区块链技术探索新的贷款、风控、审批流程及抵押物模式无疑是非常重要的一个研究方向。研究区块链基础上的信贷新模式具有重要的实用价值。

通过区块链技术将地理信息植入银行交易合约的方案分析

在供应链金融交易中，为避免供应链过程中的交易作弊，需要对每一种交易进行地理约束。在云端共享交易中，使用权和所有权分离，大量的交易场景需要安全的地理信息保障。植入地理信息，并把地理信息作为一种交易约束，可以实现交易操作权限的细化和优化，实现在交易中增加对流媒体信息传递的支持，包括图像、视频、二进制文件，实现交易的实时记录（如交易时可以录一段视频，将视频同步发给对方以确认交易）。

地理信息在传统交易中发挥着重要作用。重要的商业合同需要约定合同仲裁机构的所在地，即"合同签署地"。这是因为不同的交易地址适用的法律条款不同（如美国各地区、各州的地方法律差别很大）。例如，对于银行卡被盗刷的情况，公安机关的调查通常会锁定 ATM 取款的城市或地区，从交易地点开始，缩小调查范围，提高破案效率。地理信息在跟踪违法交易中起着非常重要的作用。

地理信息在新型交易中的应用场景非常广泛，同时，地理信息为整个交易的安全性提供了强有力的保障。在互联网场景中，客户通过手机扫描二维码来开启"共享汽车"，运营商希望客户、手机、共享汽车位于同一地理位置，以防止客户将二维码照片发送到远程位置，由第三方协助开启交易，这与国家对共享类产品"用户真实身份认证"的要求相悖。在交易执行期间，若系统检测到客户与汽车之间的位置偏差，则应取消或者暂停交易。通过区块链支付的对外服务接口，银行的支付系统也许能够对接更多的应用场景，更好地服务实体经济的发展。

区块链的供应链系统与地理信息的结合也发挥着十分重要的作用。利用区块链防伪鉴定、追踪溯源的功能，在绿色食材供应链的区块链网络中，可将发生在食材原产地的"采集"流程、发生在指定的冷库中的"进出仓库"流程、发生在特定超市的"终端消费"流程通通上链，而这些需要地理信息的参与和约束。

在交易中，不同的交易位置使得相应的征税主体和税收政策产生差异，也使适用的法律条款产生差异。因此，将地理信息植入银行交易合约是市场必然的需求。

银行业务研究具体落地方案具有示范效应。作为领先的商业银行，研究地理信息上链对供应链金融业务确认、抵押物品跟踪、个人征信、跟踪交易发生地点、贷款中的动态利率实施、追逐票据（款项）流向等具有重要意义。

第三章

融合区块链及人工智能方法的用户画像系统

第三章　融合区块链及人工智能方法的用户画像系统

传统用户画像分析

目前，金融消费群体正在逐渐年轻化，80后、90后成为主要消费群体。金融服务业正在从以产品为中心转向以消费者为中心。所有金融细分行业面临的最大挑战是消费者行为和需求的巨大变化，金融机构迫切需要为它们的产品找到目标用户，并为它们的目标用户定制新的个性化产品。

用户画像对金融企业的重要性

消费行为变化，金融企业与用户的直接接触减少

目前我国80后、90后大约有3.4亿人，并日渐成为金融企业最重要的消费人群，但是随着互联网以及智能手机的发展，这个年龄段人群的金融消费习惯也在不断地改变，例如，许多人不想去金融网点办理业务，也不愿意被动接受金融产品和服务。如今，浏览手机已经成为人们生活和工作之外的第三大习惯，尤其是对年轻人来说。据统计，每人每天平均使用智能手机的时间已经超过3小时，年轻人则超过4小时，手机App逐渐成为许多金融企业的用户入口、消费入口、服务入口和数据入口。

所以，当下传统的金融企业越来越难接触年轻的用户群体，不能再像过去一样通过对话的方式了解年轻用户的想法以及他们的需求。

消费者需求分化，金融企业需要找到目标用户

当前市场上很难见到一种金融产品或者一种金融服务体系能够满足各类用户的需求，这正是用户群体的分化所导致的。因此，金融产品和金

融体系需要进一步细化，以更好地满足不同用户群体的需求。

　　金融企业面临的用户群体庞杂。有些用户偏好风险系数低、收益稳健的产品，有些用户注重体验，有些用户注重品牌质量，有些用户注重性价比，还有些用户投资理财意识低、观念落后。不同年龄、不同收入、不同职业、不同资产的用户需求各异，金融企业需要为这些用户定制属于他们自己的产品，才能满足其需求。随着用户需求的分化以及用户消费习惯的不断改变，金融企业很难接触用户并了解用户真正的需求。因此，现在的金融企业有必要借助用户画像来了解用户，寻找用户，并为目标用户开发及设计产品。

用户画像的基本原则

　　在这个发展迅速的时代，用户画像早已不是新鲜事物了，许多行业已经在使用这项技术，用户画像技术也得到了快速的发展。但是，很多企业在进行用户画像时，总认为用户画像数据的维度越多越好，数据量越丰富越好，并且对一些输入数据设置权重甚至建立模型，然后"费九牛二虎之力"进行画像处理工作，最后往往会发现剩下的只有用户画像，而与业务的关联性很差，无法实现正常的业务运营。所以，这类用户画像投入精力大而且回报小，得不偿失。事实上，用户画像涉及的数据维度的数量需要与业务场景相结合来决定。用户画像需要遵循三个原则：以信用信息和人口属性为主；使用强相关性信息，忽视弱相关性信息；将定量的信息归类为定性的信息。

以信用信息和人口属性为主

　　个人信息有多种，包括个人基本情况、教育背景、社会实践和信用记录，其中信用信息是个人信息中最重要的信息。许多金融企业都会使用用户画像去寻找它们的目标用户并从中找到具有消费能力的潜在用户，而信用信息可以直接反映用户的消费能力。

当金融企业确定了目标用户后，就需要接触用户，这时候人口属性就起到关键作用。人口属性包括人口的生物和社会属性，大到遗传、变异以及全部生理机能等，小到电话、性别、家庭住址等，都可以有效地帮助金融企业联系用户，并且更好地向用户销售产品和服务。

使用强相关性信息，忽视弱相关性信息

此处，我们引入强相关和弱相关的概念。强相关是指当一列变量变化时，另一列与其相关联的变量发生相关变化的概率非常大，反之则是弱相关。

相关性的强弱可以用相关系数来衡量。我们可以定义相关系数的取值范围为 0~1，相关系数在 0.6 以上时为强相关，反之则是弱相关。例如，在其他条件相同的前提下，深圳的平均工资高于青岛的平均工资，40 岁左右的人收入高于 35 岁左右的人，金融业的平均工资高于邮政快递业。从这些信息可以看出，区域、年龄、行业对收入的影响较大，这些变量同收入高低是强相关关系。

从其他用户信息（如身高、体重、姓名和星座）很难分析出其对消费者消费能力产生影响的概率，所以这些是弱相关性信息，不具有较大的商业价值，不应该被放入用户画像进行分析。总之，在对用户进行用户画像分析时，应重点考虑强相关性信息而不是弱相关性信息。

将定量的信息归类为定性的信息

用户画像的目的是筛选产品的目标用户。例如，可以按年龄将用户分组，18~25 岁的用户定义为青年用户，26~35 岁的定义为中青年用户，36~45 岁的定义为中年用户；可以参考个人收入情况，将用户分为高收入、中等收入和低收入用户；还可以根据用户的资产信息，将用户定义为高、中、低净值用户。

结合金融企业的定量信息，定性地对定量信息进行分类和分析，可以帮助企业过滤用户并快速定位目标用户，这是用户画像的另一个重要原则。

传统金融行业的用户画像信息

金融企业需要将用户画像与业务需求相结合。用户画像信息包括人口属性、信用属性、消费特征、兴趣爱好和社交信息五类，它们基本上覆盖了业务需求所需的强相关性信息，再结合外部场景数据，将产生巨大的商业价值。我们首先了解这五类信息在用户画像中的作用以及涉及的强相关性信息。

人口属性

人口属性信息用于描述用户的个人基本特征，可以帮助企业了解用户是谁以及如何接触用户。姓名、性别、年龄、电话号码、电子邮件和家庭住址等都属于人口属性信息。

信用属性

信用属性信息用于描述用户的收入潜力、收入状态和支付能力，可以帮助金融企业了解用户的资产和信用状况，有助于定位目标用户。用户的职业、收入、资产、负债、教育水平、信用评级等都是信用属性信息。

消费特征

消费特征信息用于描述用户的主要消费习惯，可以帮助金融企业根据用户的消费特点向其推荐相关的金融产品和服务，转化率非常高。为了便于筛选用户，金融企业可以参考用户的消费记录，直接将用户识别为某一消费特征的用户，如旅游用户、餐饮用户、汽车用户等。

兴趣爱好

兴趣爱好信息用于描述用户有哪些兴趣爱好，用户在这些方面可能会有更高的消费偏好，这些信息可以帮助金融企业拟定销售活动的方向和计划。兴趣爱好信息可能与一些消费特征信息重叠，但是两类信息来源不同，消费特征信息来自现有的消费记录，而兴趣爱好信息可能来自社交信息和用户位置信息。

社交信息

社交信息用于描述用户在社交媒体上的评论，这些信息通常代表用户的内在想法和需求，具有高度的真实性并能带来较高的转化率。例如，用户问上海哪里好玩，北京的交通如何，哪些金融机构以较低的利率提供住房贷款，哪些金融理财产品更好等。这些社交信息都代表了用户的需求。

这五类用户画像信息基本涵盖了产品开发所需的信息，需要进行整理和处理。金融企业可以将定量信息转化为定性信息，并根据业务情景选出强相关性信息。

金融企业用户画像的基本步骤

根据金融企业的数据类型和业务需求，金融企业的用户画像工作可以从数据集中调整到数据处理，从强相关性数据分析到定性分类数据分析，以达到筛选目标用户的目的。

整理和汇总画像相关数据

金融企业内部的信息分布在不同的系统中。其中，信用属性信息主要集中在交易系统、产品系统和用户关系管理系统，人口属性信息主要集中在用户关系管理系统，消费特征信息主要集中在渠道和产品系统，而兴趣爱好信息和社交信息需要从外部引入。借助文本挖掘功能，可以收集和分析社交信息。社交信息往往是实时信息，具有很高的商业价值并会带来较高的转化率。例如，用户提出法国巴黎哪里最有趣、哪些餐厅值得去品尝的问题，这意味着用户将来可能会出国旅行；如果用户比较两处房产的优缺点，那么用户可能会购买房产。金融企业可以及时向用户提供相关金融服务。

数据仓库成为用户画像数据的主要处理工具，根据业务场景和用户画像要求对原始数据进行分类、过滤、归纳和处理，生成用户画像所需的原始数据。

用户画像的维度往往不会尽如人意，因为并不存在全方位的用户画像信息，也没有丰富的信息来完全了解用户，因此进行用户画像分析时只需要找到上述五类信息的强相关性信息即可。

找到业务场景的强相关性信息

基于用户画像的原则，所有信息应该是这五类信息的强相关性信息。

强相关性信息可以帮助金融企业有效整合业务需求并创造业务价值。例如，姓名、手机号码和家庭地址是用户人口属性信息的强相关性信息；收入、教育、职业和资产是用户信用属性信息的强相关性信息；旅游用户、汽车用户等是用户消费特征信息的强相关性信息；摄影爱好者、游戏爱好者、健身爱好者、电影爱好者和户外爱好者是用户兴趣爱好信息的强相关性信息；旅游战略、财务咨询、汽车需求、房地产需求等是用户社交信息的强相关性信息。

虽然金融企业有许多内部信息，但不需要面面俱到，无须在用户画像阶段使用所有信息。采用业务场景和目标用户的强相关性信息将有助于提高产品转化率，降低投资回报率（ROI），并有助于数据变现。

因此，不要让用户画像的工作太复杂，否则可能使金融企业失去对用户画像的兴趣而看不到其商业价值，不愿投资。

数据的分类和标签化

金融企业将所有信息集中后，根据业务需求处理信息，对定量信息进行定性分析以便于信息分类和筛选。这部分工作尽量在数据仓库进行，不推荐在大数据管理平台（DMP）中进行。

定量信息的定性分类是用户画像的重要组成部分，其主要目的是帮助金融企业简化复杂数据，对交易数据进行定性分类，并将商业分析的要求融入数据处理。例如，金融企业可以根据不同的年龄段将用户分为年轻人、中青年人、中年人和老年人；可以按照用户收入、教育背景、资产等将用户分为低、中、高净值用户；可以参考用户的财务消费记录、资产信息、购买的产品等来描述用户消费特征，并将他们分为电子商务用户、财富管理用户、保险用户、稳健型投资用户、餐饮用户、旅游用户、公务员用户等；还可以利用外部数据定性描述不同兴趣爱好的用户，如户外爱好者、奢侈品爱好者、体育爱好者、摄影爱好者、高端购车者等。

将定量信息归类为定性信息，并根据业务需求对其进行标签化，有助于金融企业定位目标用户，从而进行精准营销，降低营销成本并提高产品转化率。此外，金融企业可以根据消费特征、兴趣爱好和社交信息来设计产品，优化产品流程并及时推荐产品，从而提高产品销售力度，帮助金融企业更好地为用户设计产品。

在业务需求的基础上引入外部数据

使用画像信息的目的是为业务场景提供数据支持，包括寻找目标用户和联系用户。金融企业自身的数据不足以了解用户的消费特征、兴趣爱好以及社交信息。

金融企业可以利用外部信息来丰富用户画像信息，例如，移动大数据位置信息的引入丰富了用户的兴趣爱好信息，外部供应商数据的引入丰富了社交信息等。

外部数据的内容非常丰富，但是引入外部数据是一项具有挑战性的任务。引入外部数据时需要考虑如何打通外部数据与内部数据的匹配率、数据的相关性和及时性等问题。外部数据鱼龙混杂，其合规性也是金融企业需要重点考虑的方面。在引入外部数据或进行内外部数据匹配时，还要注意手机号码、家庭住址、身份证号码等涉及隐私的敏感信息，对其的基本原则是不执行数据交换，但可以执行数据匹配和验证。

金融企业的外部数据有很多优质的来源，如银联、芝麻信用、运营商、腾云天下、腾讯、微博、前海征信以及主要的电子商务平台等。市场上已经有很多提供商，数据质量很好。独立的第三方可以帮助金融企业引入外部数据以降低交易成本，同时降低数据合规风险。此外，区域性大数据交易平台也是引入外部数据的好途径。

按照业务需求筛选用户

构建用户画像的主要目的是让金融企业挖掘现有数据值，使用用户画像技术来查找目标用户和用户需求，并进行产品推广和优化。

构建用户画像从商业场景开始，实现了数据的商业化。它是数据思维运营的重要一环，有利于金融企业将数据用于精细化运营、市场营销以及产品设计。用户画像以数据商业化运营为中心，帮助金融公司深入分析用户，并在业务场景中找到目标用户。

大数据管理平台在整个构建用户画像过程中起着重要的作用。从技术角度看，大数据管理平台将画像数据标签化，使用机器学习算法来查找类似人群，并与业务场景相结合，筛选出有价值的数据和用户，并与用户沟通，记录和反馈营销结果。过去，大数据管理平台主要被用于广告行业，在金融行业中没有得到广泛应用。

大数据管理平台可以帮助信用卡公司筛选出下个月分期付款并购买大量电子产品的用户，金融理财用户，高净值用户（银行资产较少但资产组合中的资产较多的用户），购买了人寿保险、教育保险和汽车保险的用户，稳健型投资用户，激进型投资用户等，从而提高产品转化率，将数据价值变现。此外，大数据管理平台可以帮助金融企业了解用户的消费特征、兴趣爱好和近期需求，为用户定制金融产品和服务，并进行跨界营销。利用用户的消费偏好，可以提高产品转化率，增加用户黏度。

大数据管理平台还可以被用作引入外部数据的平台，并将外部有价值的数据引入金融企业以补充用户画像数据，创建不同的业务场景和业务需求。尤其是移动大数据、电子商务数据和社交数据等，可以帮助金融企业实现数据的价值变现，使用户画像更贴近商业应用，从而体现用户画像的商业价值。

用户画像的关键不是全方位分析用户，而是为企业带来商业价值。金融企业用户画像的出发点必须是基于业务需求、强相关性信息以及业务场景的应用。用户画像的本质是深入分析用户，掌握有价值的数据，定位目标用户，根据用户需求定制产品，并利用数据实现价值变现。

传统金融行业用户画像的应用

银行业用户画像的应用

银行拥有丰富的交易数据、个人属性数据、消费数据、信用数据和用户数据。一般来说，在银行网点办理业务的用户年龄相对偏大，年轻的用户主要在网上办理业务。这就导致银行无法接触这些年轻用户并了解他们的需求。分析用户、了解用户、寻找目标用户、为用户设计产品已成为银行用户画像的主要目的。银行的主要业务需求是消费金融、财富管理等金融服务，用户画像需要从这几个角度出发。

银行的用户数据丰富，类型较多，数据量庞大，而且涉及许多系统。我们可以严格遵循用户画像的五个步骤。首先，在数据仓库中收集数据；其次，结合业务场景筛选出强相关性信息；其次，对定量信息进行定性分析，生成大数据管理平台所需的数据，并使用大数据管理平台进行信息标签化，筛选目标用户或深入分析用户；再次，使用大数据管理平台导入外部数据，改进数据场景的设计，提高目标用户的准确性；最后，结合业务需求筛选用户，推动市场营销并获得反馈，衡量数据产品的商业价值，利用反馈数据纠正营销活动，提高投资回报率，形成市场营销的闭环，实现数据价值的变现。此外，大数据管理平台还可以深入分析用户，并根据用户的消费特征、兴趣爱好、社交信息和信用信息开发和设计产品，为金融企业产品开发提供数据支持，并为产品销售提供方案数据。以下简要介绍大数据管理平台可以实现的一些数据场景变现。

1. 寻找分期用户

使用银联数据、自助服务数据、信用卡数据，寻找信用卡支出超过月收入的用户并建议其分期付款。

2. 寻找高净值用户

使用银联数据、移动定位数据（别墅/高端社区）、房地产扣除数据、银行自有数据、汽车模型数据，寻找在银行资产较少但其他资产较多的用户，并为他们提供高端资产管理服务。

3. 寻找理财用户

使用自身数据（交易数据及工资数据）、移动用户财务管理/电子商务活动数据，寻找将工资/资产转移到外部但消费不活跃的用户，并为他们提供金融服务。

4. 寻找境外游用户

使用自身卡消费数据、移动设备位置信息、海外社交网络的强相关性信息（路线、景点、费用等），寻找境外游客户，并为他们提供金融服务。

5. 寻找贷款用户

使用自身数据（人口属性及信用信息）、移动设备位置信息、社会购买/消费强相关性信息，寻找近期可能购买汽车/房屋的用户，并为他们提供金融服务（抵押/消费贷款）。

保险行业用户画像的应用

保险行业的产品是长期产品。保险公司内部交易制度不多，交易方式也不复杂。然而，许多保险公司尚未完成数据收集，所以需要在用户画像构建之前完成数据仓库的构建。

保险公司的主要数据包括人口属性信息、信用信息、产品销售信息和用户家庭信息，缺少兴趣爱好信息、消费特征信息和社交信息等。保险产品主要包括人寿保险、汽车保险、财产保险、意外保险、养老保险和旅游保险。

保险大数据管理平台用户画像的业务场景，以保险产品为中心，简单分为以下几类：

- 根据用户自身数据（个人属性）及外部养车应用程序活动状态，为汽车保险公司寻找车险用户。
- 根据用户自身数据（个人属性）及移动设备位置信息，为保险公司寻找商务人士，推销意外保险等。
- 根据用户自身数据（家庭数据）及个人（家庭）生命周期信息，定位用户，为其推销人寿保险、养老保险、教育保险等。
- 根据用户自身数据及外部数据，寻找高净值人群并推销财产保险和人身保险。

证券行业用户画像的应用

2015年4月13日，随着"一码通"正式实施，传统证券行业面临来自互联网证券公司的剧烈冲击。根据北京腾云天下发布的金融App排名，前五大证券类App中仅有一家传统证券公司——华泰证券。互联网证券公司同花顺的装机量排名第一，是传统证券公司的6倍，前三大互联网证券公司覆盖了近6 000万用户，且用户总数仍在增加。传统证券行业面临的主要挑战是用户交易账户的竞争。留住用户并增加新用户，提高证券行业用户的活跃度，提高个人用户的收入，都是证券行业的主要业务需求。

证券行业拥有的数据类型包括个人属性（如用户名、手机号码、家庭住址和电子邮件地址）、交易用户资产、交易记录和用户收入数据。证券公司可以利用这些数据筛选出目标用户，为其提供适当的产品，并增加个人用户收入。

证券公司可以利用用户画像数据进行产品设计和用户分析，创造商业价值。例如，通过对个人属性、资产数据、收益数据和股票交易数据的分析，可以使用用户画像技术将用户划分为以下几类：（1）理财用户，即账户日均货币余额高的用户和交易不频繁的用户；（2）基金目标用户，即年化收益率低于5%的用户和交易不频繁的用户；（3）融资用户，即高频交易用户和收益较高的用户；（4）财富管理用户，即账户余额很高但年化收益率很低的用户和交易不频繁的用户。

互联网财富管理用户分析：源于数据，高于数据，定制服务

用户画像的主要目的是让金融公司挖掘现有数据的价值，利用数据画像技术寻找潜在目标用户，并对产品进行推广和优化。互联网金融公司的大数据应用逐步成熟，对于信用信息、人口属性、消费特征、分销利益、贸易数据、产品行为和产品偏好等信息的使用越来越频繁。寻找目标群体并为他们定制产品已成为互联网金融公司在垂直深耕领域的必然选择。

互联网金融相较于传统基金管理的优势在于其灵活性和互动性。对于每个用户，可以提供符合不同机构需求的不同期限、风险、投向和盈利要求的定制产品。近年来，互联网金融公司的数量不断增长，投资参考因素也更多元化，包括安全性、服务、品牌、收入和用户体验等多方面。有的用户偏好高风险、高收益；有的用户喜欢低风险和稳定的收益；有的用户关注用户体验；有的用户喜欢短期、灵活的产品期限；有的用户注重品牌等。

互联网金融行业的主要目标是满足用户的投融资需求。目前，许多平台都有意利用大数据推出女性定制服务。调查发现，年龄在 25～35 岁、年薪在 8 万～15 万元的女性对互联网金融最感兴趣。因此，资产和产品线的多样化是许多互联网金融公司的应对策略。

2015 年，赶集网针对 3 亿名城市蓝领员工推出信贷贷款的定制金融产品。此外，一些资深的网络借贷平台为用户提供精准的融资服务，特别是为企事业单位员工、在校大学生、公务员等提供额度不等的信用贷。在产品线方面，平台产品往往趋于多样化，以满足不同用户的投资需求。

从互联网金融获得流量的成本越来越高，用户使用的成本也随之越来越高，但毫无疑问，固化成稳定品牌获客的成本是最低的。用户画像的精确服务可以聚焦产品服务。人无我有，人有我优，金融定制产品服务将强化一个群体的特征，让用户有归属感。

区块链数据驱动的人工智能用户画像系统

近年来，以大数据、人工智能和区块链为代表的高新技术迅猛发展。用户画像系统也逐渐使用大数据技术和人工智能技术。

移动设备的迅猛发展使数据体量急速增大

智能手机上安装的应用程序逐渐替代 PC 互联网为用户提供服务。用户可以借助打车类应用程序预订出租车；可以使用导航类应用程序了解交通信息并决定前往目的地的路线；可以通过网络订餐类应用程序订餐；可以使用商务旅行类应用程序预订家庭旅游门票和酒店；可以通过理财类应用程序查看财富理财产品；也可以通过学习类应用程序来监督孩子的学习等。可以看出，移动应用程序已成为人们生活中不可缺少的部分。移动应用程序围绕着人们的日常生活，成为人们消费的主要场所。

从数据分析的角度来看，智能手机应用程序的使用频率可以反映用户的偏好。例如，理财用户会在他们的智能手机上安装理财类应用程序并经常使用它；商旅用户使用商务旅行应用程序的频率肯定高于其他移动用户。80 后、90 后的消费行为将以移动互联网为主，应用程序安装和活跃度数据可以更好地反映年轻人的消费偏好。

在线欺诈行为的隐蔽性较高，难以识别和检测。大部分 P2P 贷款用户来自线上，因此恶意欺诈的风险远大于线下。中国的许多数据都处于关闭状态，P2P 公司在验证用户信息真实性方面面临很大的挑战。

智能手机设备的位置信息代表了消费者的位置轨迹。在中国，大数据的商业应用刚刚起步，并在房地产、零售、金融和市场分析方面取得了一定成果。大数据中的位置信息较早地应用于商业领域。2014 年，美国移动设备位置信息的市场规模接近 1 000 亿美元。然而，位置信息在中国移动设备中的商业应用仍处于起步阶段。

移动大数据可以验证 P2P 用户的位置。例如，某用户在手机上申请贷款时，填写的居住地址为上海，然而 P2P 公司发现在过去 3 个月中，该用户的移动设备提供的位置信息从未出现在上海，则该用户申请时所填信息可能是假信息。移动设备的位置信息可以识别设备持有者的居住地，并帮助 P2P 公司验证贷款申请人的居住地。

借款人的工作单位是用户偿债能力的一个强相关性信息。高收入用户的信用违约率较低，这些用户是贷款平台积极寻求的用户，也是恶意欺诈集团的主要假冒对象。申请贷款时，如果某用户声称自己是上海陆家嘴金融公司的高薪雇员，贷款审批将更快，金额也会更高。然而，P2P 公司利用移动大数据，发现该用户在过去 3 个月中从未在陆家嘴出现过，反而大部分时间都在城乡区域活动，那么其恶意诈骗的可能性很大。移动大数据可以帮助 P2P 公司在一定程度上验证贷款用户的实际工作场所，降低恶意欺诈的风险。

P2P 公司可以使用移动设备的位置信息来了解过去 3 个月内用户的行为。如果用户经常在午夜出现在危险区域（例如酒吧）并且通常具有异常行为，则该用户被定义为高风险用户的可能性较高。某些高风险应用程序也可以帮助 P2P 公司识别用户的高风险行为。如果用户经常在午夜使用该类应用程序，则其更有可能被定义为高风险用户。

移动大数据已经有了较为成熟的应用场景，尤其在防止网络欺诈和识别高风险用户方面。前海信贷、瑞士信贷、聚信立和闪银已经开始使用北京腾云天下的数据来防止恶意网络欺诈和识别高风险用户，都取得了良好的效果。移动大数据应用场景正在被探索挖掘，未来移动大数据的商业应用将更加广泛。

用户画像是移动大数据商业应用的一个重要领域，只要了解用户画像的基本原理、方法和实施步骤，就不会感觉很复杂。结合金融公司的业务场景，用户画像可以帮助金融公司创造商业价值并实现大数据的直接变现。

人工智能技术在大数据用户画像中的应用

如图 3.1 所示，行为建模阶段的主要任务是处理在前一阶段收集的数据，通过行为建模抽象出用户的标签。此阶段应注重大概率事件，通过数学算法模型尽可能地消除用户的偶然行为。

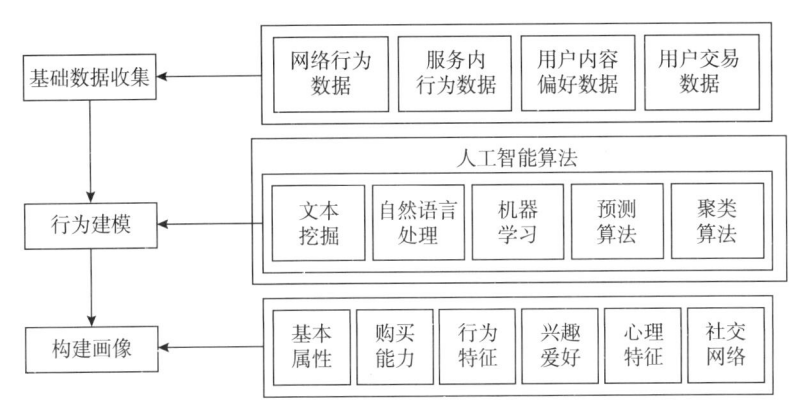

图 3.1　人工智能在用户画像系统构建过程中的作用

在这个阶段，人们使用各种人工智能技术（如机器学习）来推测用户的行为和偏好。它就像一个算法 $y = kx + b$，其中 x 是已知的信息，y 是用户偏好，通过不断精确参数 k 和 b 得到 y 的精确值。

这个阶段的一些分类算法非常复杂，远非上述的线性关系，需要用到很多模型来给用户划分标签。例如，可以基于用户对汽车主题的关注或相关产品的购买，判断用户是否有车以及是否准备购买汽车；通过聚类算法判断用户的忠诚度；根据用户购买衣服的型号来判断用户的身高和体型；根据用户的演讲或评论来确定用户是否是一位年轻艺术家；根据用户购买的理财产品及其投资规律可以判断用户属于哪种类型的投资者，如保守型投资者或激进型投资者，从而采用不同的风险控制措施。

深度学习技术的发展使得计算机系统可以完美地解决数据维度不足的问题，甚至通过深度学习，自动学习哪些数据特征对用户画像模型是最重要的，并提取刻画能力最强的数据特征，进一步提高预测模型的准确性。

区块链技术为金融领域带来新契机

区块链技术的发展为许多领域带来了巨大契机，特别是金融领域，国内外许多大型金融机构都已经对区块链研究投入重金，区块链技术对金融领域来说越来越重要，并正在成为一个重要的发展趋势。

区块链是一个分布式账本，其可看作一个通过去中心化、去信任的方式集体维护一个可靠数据库的技术方案。区块链技术在风险控制中的颠覆性特征如下。

自我监管

我们很少能看到这样一个平台，它可以在人为干预很少的情况下进行自我监管。在金融领域中，中央银行和监管机构制定统一的规则并进行管理，而区块链技术不需要由平台本身来监控。区块链提供了一种被称为工作量证明的机制，允许系统中的每个计算机节点参与每笔交易的审批。该系统具有内置的检查和平衡机制，以确保系统中的计算机不会欺骗系统。所有这些审查和监督都通过计算机实现了完全自动化。安全性、收益性和流动性这三个要素是通过区块链技术来管理的，弱化了人为操作。这就是创新型金融的基本理念。

具有法律意义，便于追踪

参与者及其行为被记录在区块链中，人们可以跟踪和查询参与者之间的任何交易，并可以在法庭上证明。这是因为所有事务都需要一组公钥/私钥进行加密、解密和处理，一旦被写入区块链，就不可篡改。在区块链上持有资产或数字货币的人将在区块链上拥有自己的公钥。当事务发生时，控制这些资产的前持有者需要用私钥签名。区块链还允许多种交易机制的存在。在一个缺乏公众可信度的系统中，一个具有法律约束力的机制可以大大增强系统的可信度。

规避系统性技术风险

区块链使系统的每个元素都完全透明，因此借助区块链技术可以在全球范围内轻松审查和管理大规模用户数据，从而有效地减少欺诈行为。全球化平台系统或全国平台系统无法承受交易期间的宕机风险。区块链有许多分布式节点和计算机服务器作支撑，并且完整区块链数据的副本存储在每个系统的参与节点上，这使整个网络高度容错，即使任意一部分的几个节点存在问题，也不会影响网络其他部分的运行。因此，区块链接技术为金融大数据和云存储提供了基础架构。这项技术使交易过程本身避开了网络不可预测性造成的风险。由此可见，区块链技术将给大数据用户画像系统的建设提供数据质量保证、公信力保证和有效的安全机制。

使用高级数学模型分析用户行为、类型和偏好，通过区块链数据中的基本信息和用户交易行为数据等，提取用户类别及表明其特征的抽象标签，可以提供包括用户的上网特征、营销特征、内容偏好、购物偏好、兴趣偏好、当下需求、潜在需求以及其他特征的用户画像。

核心问题及应对措施

"早知道这样就好了"、"如果早知道……就会……"这样的话经常出现在我们耳边，人们总是想预测一些即将到来的事情，但是往往并不靠谱。在互联网大数据时代，这个问题将得到解决，因为数据比你更懂你自己！

数据采集和准备

根据用户画像的目的，可以有目的地收集满足要求的数据。例如，对社交用户进行用户画像，必须有许多注册用户。根据用户画像进行好友推荐时，需要的数据包括用户所在地、籍贯、性别、年龄、爱好等。如果是对网站进行用户画像，需要的数据包括浏览量（PV）、独立访问者（UV）、页面独立浏览时长、网页重要性（PR）、响应时间、平均每个页面花费的时间、跳出率、跳转次数和回头率。如果要对用户群进行画像，则需要准备包括用户背景、地点、年龄阶段分类、工作岗位分类、消费者群体分类、工资分类、目标用户细分和其他信息数据。对于广告推荐等应用场景，需要对物品信息的具体内容加以提取（如对内容的识别、关键字摘要的准备等），需要收集用户对物品的偏好信息（如评分、查看、购买等），还需要协同过滤相似的标签物品、总量性指标（如广告的费用和频次）、转化率指标（消费者对广告的点击率）、首页访问跳失率和跳出率等。如果应用场景是电子商务产品的推荐，则需要准备的数据包括关键字、类别、浏览量、销售量、购买偏好、活动推广商品关联信息等。如果应用场景是用户的金融信用评级，则需要准备的数据包括用户的固有资产（如汽车、房地产、企业信誉等）、用户的经济能力（如工资、纳税额）、用户的消费能力信息、用户的关系圈（如职位、朋友信用等级等）、用户的互联网信息（如微博、微信等）、用户信用等级评定等。

通常，需要基于多个维度的用户标签来进行用户画像，如年龄、性别、地区、用户偏好等。在实际的项目操作过程中，最大的挑战就是用户信息分散度太高。例如，商业银行数据彼此独立，各个电商平台分别维护自己的数据，通信公司等掌握大量用户的通信数据，而社交平台掌握用户的言论信息及活动情况。同一个用户的信息分布在各个平台，彼此分离，甚至许多大公司内部各个部门的数据都是分散独立的，不能做到有效整合。在这种情况下，要精准构建用户画像，面临许多技术难题，即使有目的地收集数据也不能保证收集到的数据是完善的，而且收集到的数据可能仍然存在错误的信息，这将严重影响用户画像的准确性。大数据依靠长时间和多渠道的数据积累，数据容量巨大，会带来更加完善的信息。通过大量同等类型的数据积累，各种数据互相验证，在一定程度上降低了错误数据和信息的影响。如果利用区块链存储数据，数据和信息的可靠性将进一步提高。此部分工作的重点是打通用户的多渠道信息，打通多渠道的产品，以及用户数据挖掘建模。

下面介绍如何将不同渠道的产品打通，比如，电子商务用户第一方的标签体系是不同的，所谓的标签系统打通是建立一个标准的分类标签系统，通常是一个分类树，任何一个商品都能被划分到这个分类树的叶子节点。根据实际经验，人工手段成本高，难以大规模实施，我们经常采用的是自动手段，两种手段的对比如图 3.2 所示。

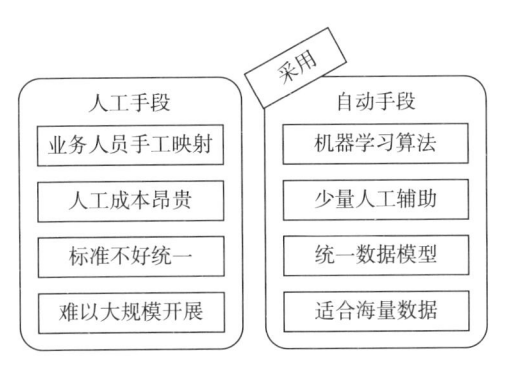

图 3.2　人工手段与自动手段的对比

数据打通可以通过人工智能方法，如分类算法和聚类算法，有效发现同属一个用户的属性信息。实现机器学习对属性数据自动聚类的难点不在于模型，而在于获取训练数据、特征工程（Feature Engineering）以及分类树节点之间的依赖性问题。通过分类树的标准化设计，如果分类样本比较完善，则分类准确率高达 95% 以上。

在数据采集和准备阶段，要注意数据变换、数据归一化问题，即解决各个特征的计量单位、大小范围差异大的问题，否则会导致训练模型偏向某个数据维度而忽略其他数据维度的贡献。通过以上的数据打通、整合、标准化，画像系统的建立就会得到有效的保证。

画像建模

除了数据实时采集、多渠道用户及产品信息打通之外，用户数据挖掘建模也是用户画像系统建立的重点难点问题，如图 3.3 所示。

使用用户数据进行画像建模，我们将标签划分为四个层次：第一层是

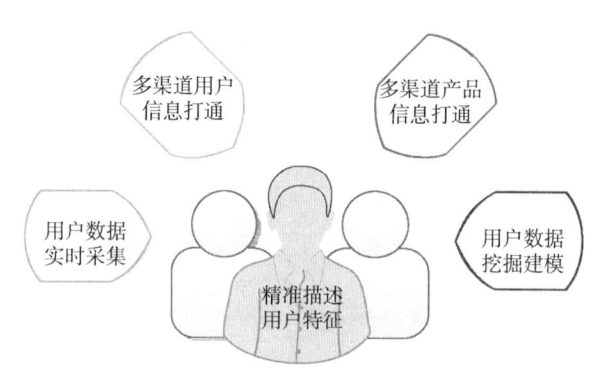

图3.3 用户特征描述的层次

事实类标签，如用户购物的类别；第二层是机器学习模型的预测标签，如当前需求、潜在需求等；第三层是营销类标签，如用户价值、活跃度和忠诚度；第四层是业务类标签，如高净值人士、白领等，它是由底层标签组合产生的，通常由业务人员定义，与主题和应用密切相关。智能用户画像建模的过程及总体框架如图3.4所示。训练过程使用足量的样本数据，通过人工标签化建立数据特征向量，与用户基础画像数据进行关联，通过迭代模型训练输出具有决策属性的特征向量。借助此特征向量在应用层面对新用户数据进行处理、变换后，将数据划分为一级、二级、三级和四级。

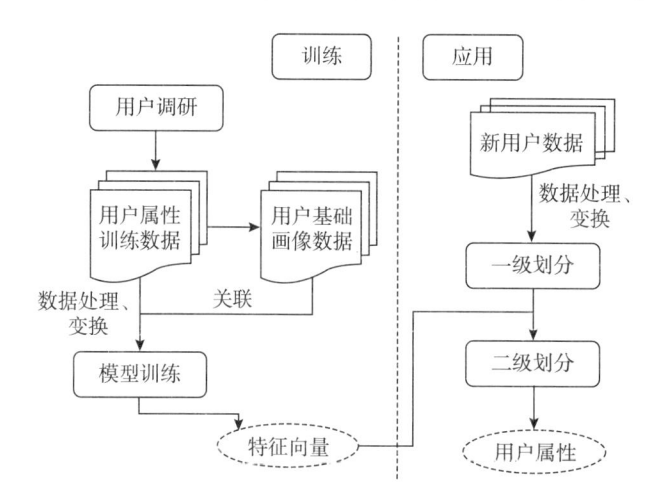

图3.4 智能用户画像建模的过程及总体框架

金融企业收集完所有信息后，根据业务需求处理信息，将定量信息归类为定性信息，并根据业务需求进行标签化，有助于找到目标用户并了解潜在的用户需求，从而进行准确的市场营销，降低营销成本，提高产品转化率。

这既是用户画像的应用，也是对前期用户画像进行进一步验证的过程。针对用户对精准营销活动的反应（内容点击情况、反馈情况）进行再度聚类分析，可以知道用户对哪些营销行为感兴趣，从而进一步完善用户画像。

画像模型的自我改善

采用计算机算法，分类模型可以具有自主性，因此用户画像模型在一定程度上具有自动改进、自我完善的特点。例如，k-Means 聚类算法可以使用用户的基本数据和信息自动聚合出几种不同类型的用户群，比如电信部门利用用户的通信数据自动聚合出高资费人群、标准用户群、低资费人群、上网"高烧"族、上网一族、理性网民、商务人士、通话达人 8 个类型。[1] 随着数据的采集和增量数据的加入，算法通过迭代计算自动挖掘出新类型用户群，使画像模型的输出得到加强且分类更细。

另外，随着数据的不断积累，原来的模型经过再训练，其精准程度也会得到进一步提升。如果模型的训练过程是自动触发的，那么意味着画像系统可以自主进化。下面以对用户阅读网络信息的偏好挖掘为例分析模型的具体变化。

对于特定文件里的词语 t_i 来说，其重要性可表示为 $tf_{i,j} = \dfrac{n_{i,j}}{\sum_k n_{k,j}}$，其中 $n_{i,j}$ 是词语在文档 d_j 中出现的次数总和。反向文件频率 IDF 计算一个词语的一般重要性。一个特定词语的 IDF 可以由文档的总数除以包含该词语

---

[1] 资料来源：陶振武. 用户行为分析与数据挖掘模型研究与应用. https://www.doc88.com/p-6062038337344.html.

的文档的数量，然后取对数得到。

$$idf_i = log \frac{|D|}{|\{j:t_i \in d_j\}|}$$

则一个词语的权重为：

$$tfidf_{i,j} = tf_{i,j} \times idf_i$$

根据用户访问过的文件，用向量 $W_c = (W_{c1}, W_{c2}, \cdots, W_{ck})$ 来表示用户的偏好，并且每个变量 W_{ci} 指示关键词 k_j 对用户 c 的重要性。并且文件可以表示为 $W_x = (W_{1j}, W_{2j}, \cdots, W_{kj})$。则用户对该文件感兴趣的程度是：

$$r_{cs} = \cos(w_c, w_s) = \frac{w_c \cdot w_s}{\|w_c\| \times \|w_s\|}$$

可以明显地观察到，随着新的文件数据越来越多，任何新出现的词根将改变每一个特定词语的 IDF。同时随着更多数据的加入，特定词语出现的统计频度也会发生变化，很大概率上每个词语的 IDF 权重会越来越准确。这最终会改变用户对特定文件的兴趣 r_{cs}。

至于用户分类在金融行业的应用，模型的建立和分析过程基本相同，观察的数据类别是消费相关的信息，如收入、消费记录、财产等。然后采用相似的方法标记某个新用户属于哪种消费类型，对哪个产品感兴趣，建立用户画像。

用户画像系统将更精准

大数据时代的用户画像技术使信息的分发、推荐更加准确。深度学习算法和区块链技术的运用将进一步提升用户画像模型的精准程度，使智能的用户画像系统服务于各行各业。

深度学习可以帮助找到用户画像更加精细的特征。深度学习算法不仅可以挖掘更加丰富的数据特征，还可以自动对比各个特征及维度的用户特质的刻画能力，加权刻画能力强的数据维度，降低刻画能力弱的数据维度，从而获得更好的分类刻画能力。深度学习技术的发展大大增强了分类算法的准确程度，例如，深度学习可能会分析出经常浏览理财类网页的用户更倾向于购买哪一类金融理财产品，而这种非常隐蔽的规律是其他算法难以发现的。将其运用到用户画像系统，必将使用户画像更加准确。

区块链与深度学习不同，具有防伪性、加密性、确权性及分布式存储的特点，使每条数据记录都得到确权和确认，有效防止了虚假数据的产生。从数据层面来看，数据质量有了很大的提升，有助于提高用户分析的精准性。另外，基于区块链技术的公有链和联盟链存储了大量的数据，如比特币系统可以反映持币用户的资产情况。这些数据形成了非常有公信力的数据维度，之前的大多数用户分析及分类系统没有充分使用这个数据维度。公有链数据的引入提高了数据的完整性，增加了重要的数据维度，使整个分析系统的效果更加精准和实用。中国约有几百万人持有比特币，随着比特币、瑞波币、以太币和莱特币等数字货币的增值增量，区块链数据维度的引入有助于分析数字货币持有者群体的抗风险能力、支付能力、投资偏好等特征。当然，做到这一点是有前提条件的，即建立比特币交易数据、持有量与用户之间的关联。

对接互联网贷款系统以提高风险控制水平

互联网贷款系统是金融体系中重要的金融工具和创新工具。它将在产业结构调整优化，制造业转型升级，发现闲置社会资源，释放有效需求，促进金融市场改善等方面发挥重要作用。这可能是加速中国主要产业转型升级的有效手段。近3年来，全国小额贷款业务规模复合增长率已超过50%，一直处于金融行业领先地位。随着全球金融业的不断发展，小额贷款行业已成为欧美发达国家的第二大基金供应渠道。作为一种创新型金融服务，互联网贷款行业，特别是互联网小额信贷将成为中国金融业的"朝阳产业"，未来将有巨大的增长空间。

互联网贷款是互联网金融的一个重要应用，尤其对于小额贷款公司而言，由于目标用户是大量的网络用户，它们对用户信息掌握不完全，将面临很大的违约风险，所以完善精准的风控措施非常重要，关系着公司的存活和发展。

传统互联网贷款的系统建设

提供线上贷款的金融公司必须建设完善的线上营销平台，所有业务通过线上营销平台开展。在不失一般性的情况下，用户通过在线系统申请小额贷款的整个过程如图3.5所示。

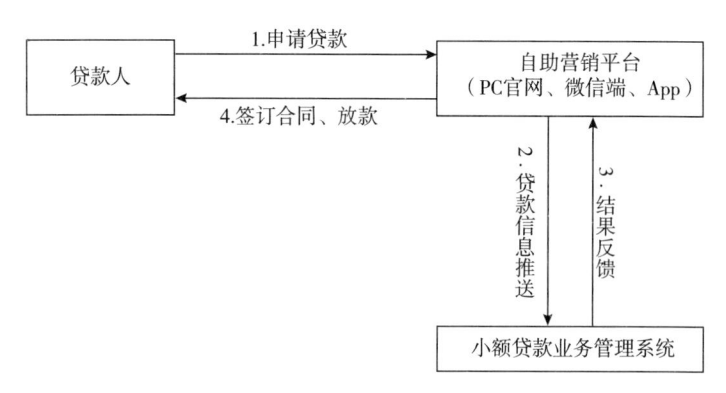

图3.5 线上申请小额贷款的基本流程

用户通过自助营销平台（PC官网、微信端、App）可进行快速登录、贷款申请、信息采集（含图像信息）、授信额度查看、还款计划制订、在线还款等流程。

线上信贷系统由自助营销平台（PC官网、微信端、App）、业务管理系统（PC端、App）两部分组成，借贷公司借助该平台，能够实现移动获客、贷款业务处理流程化、财务处理一体化、风险控制及时化、贷前贷后全流程监控管理，从而实现贷款公司的业务互联网化、智能化和信息化。

贷款业务管理系统是标准化管理平台，旨在帮助贷款公司理顺业务流程，实现业务流程信息化管理。其以财务会计和风险控制为中心，是一个整合用户管理、项目管理、合同管理、贷款利息计算、贷款还款、电子认证、报表统计分析、安全维护、担保物管理、任务提醒等贷前贷后日常业务的综合信息平台。贷款业务管理系统是线上业务的后台系统，也是整个贷款过程的核心步骤，其主要功能细化后如图3.6所示。

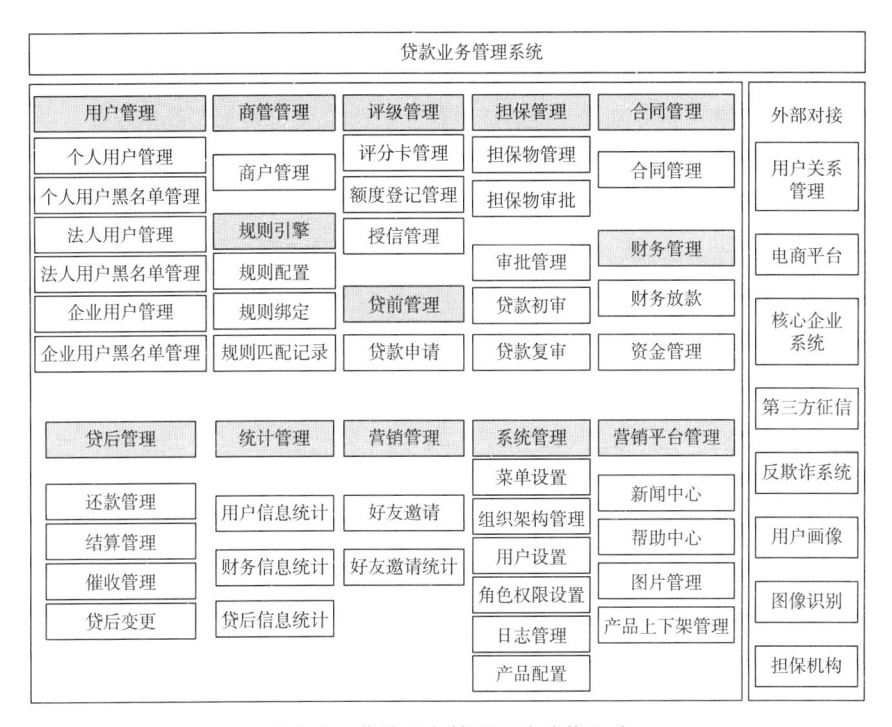

贷款业务管理系统					
用户管理	**商管管理**	**评级管理**	**担保管理**	**合同管理**	外部对接
个人用户管理	商户管理	评分卡管理	担保物管理	合同管理	用户关系管理
个人用户黑名单管理		额度登记管理	担保物审批		
法人用户管理	**规则引擎**	授信管理		**财务管理**	电商平台
法人用户黑名单管理	规则配置		审批管理	贷款初审	
企业用户管理	规则绑定	**贷前管理**	贷款复审	财务放款	核心企业系统
企业用户黑名单管理	规则匹配记录	贷款申请		资金管理	
					第三方征信
贷后管理	**统计管理**	**营销管理**	**系统管理**	**营销平台管理**	反欺诈系统
还款管理			菜单设置	新闻中心	
结算管理	用户信息统计	好友邀请	组织架构管理	帮助中心	用户画像
催收管理	财务信息统计	好友邀请统计	用户设置	图片管理	图像识别
贷后变更	贷后信息统计		角色权限设置	产品上下架管理	
			日志管理		担保机构
			产品配置		

图3.6 贷款业务管理系统功能细分

货款业务管理系统的核心功能模块包括用户管理、贷前管理、贷后管理、信用评级管理、审批管理和流程配置。

贷前办理步骤为：借款人登记，身份认证，银行卡认证；完善贷款信息，包括上传图片信息；授权征信信息查询；填写申请表和有关资料，提交给经办人，征信信息查询，黑名单校验；根据外部征信信息，借助内部人员对用户的审核，将有效用户推送给业务经理进行分配，并筛选出不合格用户。

贷中流程主要是信贷审批管理。系统评级授信模型给出定量评级与分析，人工录入定量评级与分析，然后进入各级审批节点的流程审批及会审。

贷后流程主要包括放款管理和贷后管理。

放款管理

信贷审批通过后，贷款金额根据授信额度和授信余额来确定。

线上生成合同可以直接推送到借款前端自助营销平台，借款方可以在线签订合同，或与用户经理在线下签订合同，并将线下签订的合同、图像凭证与权证等上传到系统中。

风控经理审核合同及凭证，若审核通过，则生成放款通知书，财务放款专员进行放款操作；若审核不通过，则退回用户经理办理。

贷后管理

根据还款计划，借款方还款。其中借款方可以提前还款，若到期未能还款，则有延期申请、强制结清、违约金罚息处理、催收四种方式。

当借款方支付费用时，信用额度可以恢复。

逾期发生时，系统根据预设规则进行风险预警，申请资产保全和坏账核销。

特别需要强调的是，一般信贷管理系统都会对接外部的征信及用户画像系统，征信和用户画像系统在信贷管理上发挥重要作用，决定信贷发放的质量。如果忽视这两个模块的接入和建设，互联网贷款公司将面临巨大风险。

外部对接模块中包含了用户画像的功能，用户画像在线上贷款业务管理系统中发挥两方面的作用：一方面是分析用户的信用评级，并为风控部门提供参考；另一方面是对潜在的贷款用户进行分类，辅助推荐适合的贷款产品，起到发展业务的作用。

一般的线上贷款业务管理系统的功能如表 3.1 所示。通过表 3.1，相信读者可以对互联网小额贷款的管理系统有一个全面的认识。

表3.1 线上贷款业务管理系统的功能

业务阶段	一级功能	二级功能	功能简介
工作台	工作台	任务提醒	有新的任务时系统会自动提醒
		用户统计	用户数量、贷款数量全视图
		预警提醒	系统自动进行预警提醒，包括即将到期提醒、提前还款提醒、逾期提醒
用户管理	用户管理	个人用户管理	个人用户的信息管理，包括基本信息、家庭财务信息、联系人信息、工作信息
		个人用户黑名单管理	加入、解除黑名单
		法人用户管理	法人用户的信息管理，包括基本信息、法定代表人信息、公司管理人员信息、股权结构信息、财务报表信息
		法人用户黑名单管理	加入、解除黑名单
		企业用户管理	企业用户的信息管理，包括基本信息、法定代表人信息、公司管理人员信息、股权结构信息、财务报表信息的修改及确认
		用户画像	加入、解除黑名单，企业用户黑名单管理；获客，对接用户适合的产品，辅助风控等
	商户管理	商户管理	合作商户基本信息管理，包括合作商户查看、信用等级查看、商户对比等
贷前管理	担保管理	担保物信息管理	担保物的信息管理，包括抵押物、质押物、保证金、票据等
		担保物审批	担保物信息评估、审批
	贷前管理	贷款申请	贷款申请流程发起，包括个人信息、借款需求、附件资料、处理建议

续表

业务阶段	一级功能	二级功能	功能简介
风控中心	规则引擎	规则配置	维护风控规则配置
		规则绑定	维护规则和贷款类型绑定规则
		规则匹配记录	查看规则匹配记录
	评级授信管理	评分卡管理	维护信用评分卡，支持自定义评分卡模型
		额度等级管理	管理信用额度等级
		授信管理	授信额度/历史结果查询，手工调整授信额度
	审批管理	个人贷款审批	审批任务处理、查看，包括个人贷款、法人贷款、企业贷款任务
		复审	审批任务处理、查看
	合同管理	合同管理	根据借款人名称或用户ID查询已放款的借款合同、担保合同等
贷后管理	财务管理	财务放款	放款列表查询、处理，查看详情
		资金管理	银行流水、现金流水
	贷后管理	还款管理	还款列表查询，还款处理，包括正常还款、提前还款、违约金减免还款
		结算管理	结算任务处理、查看
		催收管理	催收任务处理、查看，催收登记
		贷后变更	贷后变更申请，包括提前还款等
报表统计	报表管理	用户信息统计	按制定维度对用户信息进行报表统计，形成可视化图表
		财务信息统计	按制定维度对财务信息进行报表统计，形成可视化图表
		贷后信息统计	按制定维度对贷后信息进行报表统计，形成可视化图表
配置管理	营销管理	好友邀请	维护好友邀请方案
		好友邀请统计	查看好友邀请统计结果

续表

业务阶段	一级功能	二级功能	功能简介
配置管理	系统管理	菜单设置	菜单增删改查
		组织架构管理	组织架构增删改查
		参数配置	查看参数配置,设置系统阈值
		数据字典	维护数据字典
		日志管理	查看系统操作日志
		用户设置	用户增删改查、锁定、解锁
		角色权限设置	角色增删改查,权限分配
		产品设置	维护借款产品类型,绑定借款公式
		短信管理	维护第三方短信接口信息
前台管理	营销平台管理	新闻中心	维护新闻中心信息
		帮助中心	维护帮助中心信息
		图片管理	维护前台图片信息
	产品管理	产品上下架管理	维护贷款产品营销信息,控制产品上下架

利用区块链技术提高线上借贷的风控水平

风控和用户画像都是金融业务必不可少的环节,精确的用户画像不仅有利于获客,也有利于进行更好的风控。近年来,金融机构为实现更精准、更高效的风控,引入大数据技术对用户进行多维分析。但是,大数据不完善、存在数据孤岛、数据质量低且数据泄露等问题仍然存在,引发了较多的风险事件。区块链技术的出现,为风控和分析领域的在线贷款跨境整合带来了新的机遇。

中国的金融体系以信贷为主导,信贷市场规模是相当大的。在大数据技术诞生之前,以商业银行为代表的传统风控画像是比较适合国情的风控模式。在大数据风控中,大多数商业银行使用基于程控数据交换的管理系统,尽管它们具有很强的稳定性,但由于容纳的用户体量不足和交易通信指令复杂,商业银行难以满足现代投融资需求,特别是全国 7 000 万中小微企业的存贷款需求已经突破了传统风控模型中压力测试、欺诈检测和风险监控的系统容量限制,因此,商业银行迫切需要对很多小微企业进行大数据分析,对每个企业的特征和级别进行分类,通过画像来过滤风险。需求促进创新,金融机构需要逐步将程控交换系统转变为基于 IP 网络的大数据风控系统。大数据风控系统逐渐成为金融机构转型创新的工具,风控画像也得到了快速发展。

此外,平均每天 2 笔 EB 级海量数据增长,使蚂蚁金服等互联网金融公司在大数据风控领域崭露头角,基于自身的互联网平台和业务系统,创建了诸如蚂蚁大脑等大数据风控系统。例如,蚂蚁花呗通过身份特征、行为偏好、人际关系、信用履历和绩效能力五个维度对个人信用等级进行评估,这被很多借贷公司用作用户信用分类的依据。自 2013 年以来,随着互联网金融的快速发展,以 P2P 为代表的互联网金融公司蓬勃发展,但随着 P2P 平台的快速发展,经常出现公司关闭、取现困难和经侦介入等问题。大多数 P2P 平台声称它们使用先进的大数据风控技术,然而 P2P 行业的风控现状总是事与愿违。互联网借贷公司发布的《2015 年 P2P 网贷行业年报简报》指出,2015 年在中国运营的 P2P 平台总数为 2 595 家,暂停营业的平台数量达到 896 家,占比约为 34.53%。问题平台总数高达 2014 年的 3.26 倍。由此可以看出,P2P 平台存在大数据风控有效性不足等问题。众所周知,大数据风控是指利用大数据技术对交易过程中的海量数据进行定量分析,从而更好地进行风险识别和风险管理。大数据风控的核心原则是小额且分散,防止资金相关方过度集中。小额的设计原则主要针对海量数据组成的统计样本,尽量避免统计中的"小样本偏差"。分散的设计原则主要是通过分析借款方的人口属性、商业属性、行为属性和社交属性等数据建立大数据风控模型。

大数据风控画像系统的主要问题

基于大数据的风控,突破了传统风控模型的局限性,并在使用更充足的数据的同时减少了人为偏差,这是金融机构创新的革命性工具。应用大数据技术不仅可以提高风控的效率，还可以在风控过程中节约管理成本。然而，大数据风控技术并不完美。

首先，大数据风控技术无法解决数据孤岛问题，即数据开放和共享问题。目前，政府、银行、金融公司、互联网公司以及第三方征信公司很难在短时间内获得互联互通的信息，因而存在信息孤岛问题。当不同金融机构进行交易时，数据孤岛问题会引起信息不对称和不透明，引发大量的长期债务风险和欺诈风险。如果互联网贷款行业想利用大数据风控画像技术来提高风控水平，就必须打破数据孤岛，解决信息不对称和不透明以及信息获取不及时的问题。

其次，数据质量低的问题也影响了大数据风控画像的质量。特别是来自互联网的半结构化和非结构化数据的真实性和价值较低。例如，在美国，LendingClub（美国一家 P2P 平台）和脸谱网合作使用彼此的社交数据；在中国，宜信收集了大量借款方的社交数据，以全面评估借款方的信用并对其进行画像。但两者得出的结论完全一致，网络提取的社交数据的错误率高达 50%。电子商务平台上的交易数据也因"刷单"现象而失真。收集和使用这些信息意义不大，基于这些低质量数据，风控效果也将大打折扣。

最后，大数据风控画像中存在数据泄露问题。近年来，数据泄露事件频频出现在报纸上。2015 年 2 月 12 日，汇丰银行大量的秘密银行账户文件被曝光。这些文件的时间跨度是从 2005 年到 2007 年，涉及大约 30 000 个账户，这些账户资产总计约为 1 200 亿美元，因此，这次数据泄露可谓是史上最大规模的银行账户文件泄露。威瑞森（Verizon）发布的全球调研报告《2016 年数据泄露调查报告》（Data Breach Investigations Report 2016）显示，2016 年网络安全事件共有 79 790 起，确认的数据泄露事件超过 2 000 起。这大大降低了大数据风控画像的有效性和应用价值。

融合区块链数据的优势

区块链的本质是一个去中心化的分布式账本数据库，它的出现在一定程度上解决了大数据风控画像有效性不足的问题。

一是区块链可以打破现实中的许多技术壁垒。

为了避开被信任的第三方，区块链这个"账本"需要确保双方互相信任，并确保所有交易信息公开透明，且能自动传达给双方。因此，这个"账本"必须是共享且自主的，不能被随意篡改。区块链技术主要实现以下功能：分布式记账、分布式传播和分布式存储，从而确保系统内的数据存储、交易验证和信息传输去中心化；使用"时间戳"［区块（完整历史）＋链（完整验证）＝时间戳］进行记账，形成一个不能被篡改且不能被伪造的数据库；所有权信任是"算法信任"，非对称加密算法保证了交易数据的可信性；实施可编程智能合约，以便系统处理一些不可预见的交易模式。

区块链的去中心化、开放自治及不可篡改的特性使其应用场景迅速扩展。从最初的数字货币到参与合同审查的金融部门，如证券结算和会计审计，再到政府和医疗保健的公共领域，区块链技术打破了现实世界中的许多技术壁垒。例如，京东白条构建了被称为"四大发明"的大数据模型系统：指南针——风险管理模型系统，火药——定量运行模型系统，活字印刷术——用户画像模型系统，造纸术——大数据征信模型系统。毫无疑问，与传统风控系统相比，该风控系统可以更加准确地识别和遏制套现行为，截至2019年9月，已有1亿用户完成了信用评估。但是，大数据风控系统仍然无法解决其数据源中存在的数据孤岛、数据质量差、数据泄露等问题。如果将区块链技术应用于大数据风控系统，那么就可以有效解决这些问题。

二是区块链数据库可以提高大数据风控画像的有效性。

影响大数据风控画像系统有效性的关键因素是数据库的维护成本和信息传递效率。仅从数据的角度来看，区块链是一个由所有参与者共同记录（不由中心化机构单独记录）信息，由所有参与节点共同存储（而不是存储在集中组织中）并且不能被篡改的数据库。在区块链数据库中，每个用户节点都有完整的数据库副本，并且当用户节点将数据写入数据库时，它需要将这些数据广播到区块链网络，以便其他用户节点可以对这些数据执行验证审核操作。只有经过整个网络的联合认证后，才能将数据写入区块链，一旦数据被写入就不能随意修改或删除。这种利用区块链技术构建的数据库对提高大数据风控的有效性具有重要意义。

首先，区块链去中心化和开放自治的特点可以有效地解决大数据风控的数据孤岛问题，使所有金融市场参与者都能获取信息。设想以下情况：一位用户同时向甲银行和乙银行申请了 200 万元的房屋抵押贷款，但其房屋价值仅为 200 万元。如果两家银行加入同一个区块链，它们可以立即识别用户的交易行为和风险，并防止贷款总额超过抵押价值。除了交易主体外，监管机构也可以加入区块链作为用户节点，实时监控其他用户节点的交易信息，避免风险事件的发生。利用区块链中的整个数据链进行预测分析，监管机构可以及时发现并防范可能存在的系统性风险，从而更好地维护金融市场秩序，提高金融市场效率。可以看出，区块链消除了大数据风控画像中的数据孤岛问题，并通过信息共享改善了风控效果。

其次，区块链分布式数据库可以改善大数据质量，使数据格式多样化、数据形式碎片化，并解决有效数据缺失和数据不完整的问题。在区块链中，数据由每个交易节点共同记录和存储。由于没有中心组织，单个节点不能自由增加、减少或更改数据，从而降低了单个节点制作错误数据的可能性。例如，如果在银行或交易平台内建立私有链，卖方的单方面"刷单"行为可以通过买方的验证来检查，以确保数据的真实性。如果想要伪造数据通过区块链网络的验证，其需要在私有链中具有超过 50% 的计算能力，这几乎是不可能完成的事。另外，区块链中的每个节点都有完整的数据副本。因此，区块链具有开放性、透明性和安全性的特点，可以从源头上提高数据质量，增强数据的检验能力。

最后，区块链可以防止数据泄露。区块链数据库是一个分散的数据库，任何节点的操作都会被其他节点发现，对数据泄露的监控由此得到了加强。另外，区块链中节点的密钥身份信息作为私钥存在，用于交易过程中的签名验证，只有信息的所有者才拥有私钥。黑客必须掌握50%以上的计算能力才能攻破区块链。当节点的数量达到一定规模时，执行这种攻击的代价是巨大的。因此，区块链通过对信息加密存储，确保数据安全，避免大数据流量控制中可能存在的数据泄露问题，这是区块链的一个重要应用。

根据BI Intelligence的《Fintech行业报告》预测，区块链的应用和普及将成为未来金融业的最大趋势。

随着金融技术的不断发展和资金与人力的不断投入，区块链将与大数据技术跨界结合，为风控领域存在的问题提供更加合理有效的解决方案。

区块链风控画像系统的实施

在金融行业应用层面，区块链结合大数据的风控画像无疑是一个重要的方向，已经有相关公司进行了这方面的探索，如IBM、绿地金融投资控股集团等。可是，因为风控画像应用的技术门槛高，接口复杂，还没有有效统一的标准和规范，因此成熟的应用还比较有限。本部分内容就区块链大数据的风控画像系统进行探讨和研究。

图3.7为基于区块链的风控画像系统框架，这个系统设计中有效融入了区块链数据库的精准数据，结合传统数据，通过数据分布式存储和逻辑功能层的处理，为应用层的用户画像分析和征信分析提供有效支持，进一步提高精准度，降低风控风险发生的可能性，保证各种信贷业务得以健康持续发展。

其中，数据终端层对接区块链数据。数据分为两种类型：一种是公有链的区块链数据，如比特币及其他已经实施区块链的数据系统；另一种是传统数据库数据，例如公司、用户等的关系数据库，它们积累了大量数据，在上述用户画像系统中需要接入这种传统的数据，所以系统需要有开放的区块链和传统数据库的对接转换接口，左侧的其他区块链数据源即用户或公司的传统数据库经过统一的区块链对接接口标准化的数据。

接着，在数据处理与存储层，两种数据进行汇集，形成统一的数据副

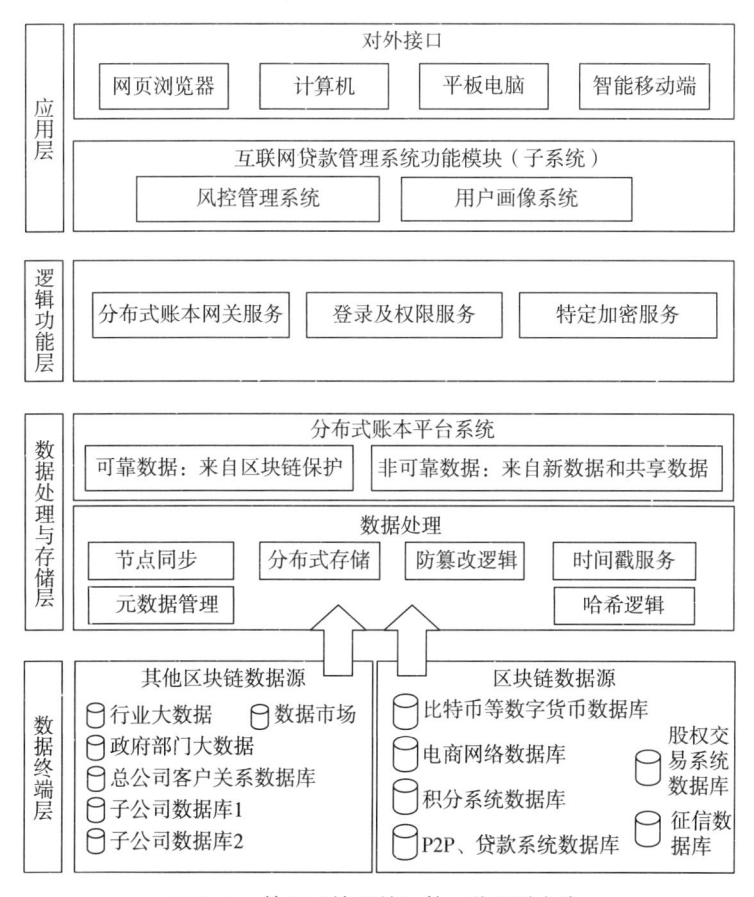

图 3.7 基于区块链的风控画像系统框架

本，该数据副本在存储和处理时，考虑了分布式存储方式以加强响应速度，另外利用区块链技术进行时戳加密并生成哈希区块，防止数据被篡改。在逻辑功能层把每条数据自动关联到用户/客户等标签，此处可能采用自动化的打通算法（如聚类、机器学习等）以建立数据的强关联性，过滤冗余数据，最终为应用层的风控管理系统和用户画像系统提供数据支持和服务。

在整体框架设计上，不同的企业因侧重点不同可能会有所差别，但是几个亟待解决的核心问题是一样的。它们分别是传统数据库与区块链的双向对接、区块链的数据索引、区块链上的学习算法，下面分别对相关问题进行阐述。

1. 传统数据库与区块链的双向对接

最近，为解决区块链与数据库之间的通信问题，基于区块链技术的数据库应用技术平台——ChainSQL 得到迅速发展。ChainSQL 是一种新型数据库平台，它拥有简单的、低成本的区块链数据和数据库数据对接方式，允许把数据库的 SQL 操作直接记录到区块链中，同时通过区块链上的 SQL 语句更新数据库数据。从数据库的长期发展来看，数据库与区块链整合的趋势已经不可阻挡。ChainSQL 的设计基于区块链技术，将区块链功能与传统数据库相结合，创建了一个独特的日志数据库系统。ChainSQL 完美地继承了区块链技术不会被篡改和可追溯的特性，保证了数据的安全性和可审计性。数据库表的操作记录全部记录在区块链网络中，审计人员只需从可靠的区块链网络节点恢复数据库表即可完成数据审计。

ChainSQL 支持多语言 API（应用程序接口），与多个数据库兼容，并支持数据的插件管理。常用的传统数据库包括 DB2、Firebird、MySQL、ODBC、PostgreSQL、SQLite3 等，这些都可以通过像插件这样的配置来使用。

首先，ChainSQL 可以作为构建自然灾难恢复多活动数据库的基础技术平台。通过区块链的共识机制实现数据的强一致性，节点之间的数据保持完美同步。ChainSQL 可以灵活方便地连接多个活动节点，使数据库扩展方便快捷。

同时，ChainSQL 也可以作为区块链相关应用程序快速开发的基础平台，为开发者提供更加便捷的体验。任何希望使用真实数据库存储数据并希望同时考虑区块链特性的应用程序都可以使用 ChainSQL，并通过调用 ChainSQL 提供的接口快速完成。

ChainSQL 基于"数据库 + 区块链"的系统架构如图 3.8 所示，共识层和数据库层可以双向通信，实现传统数据库和区块链的双向对接。区块链作为近年来的热点，将继续刷新传统产业和传统技术的可能性。

2. 区块链的数据索引

索引的目的是提高数据检索的效率。传统数据库之所以受到用户的欢迎，是因为其建立索引之后的数据检索十分快速和高效，使得大数据、数

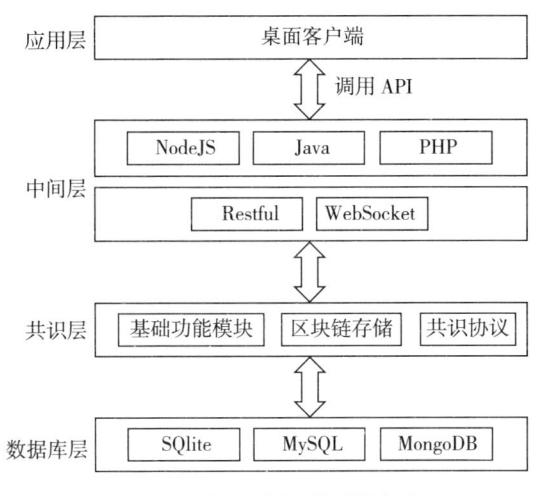

第三章 融合区块链及人工智能方法的用户画像系统

图 3.8 ChainSQL 的系统架构

据仓库的管理非常便捷。同理，区块链网络的数据累积非常迅速，为了快速访问、查询数据，必须建立索引以加快数据访问速度，这也是区块链开发与传统数据库之间链接的核心问题。

区块链是一种分布式数据库，其树状的存储方式就是索引的实现形式。此处提到的索引是查询关键词建立的索引结构，方便用户从不同维度对数据进行快速检索。

以比特币公有链为例，每次当你想扫描整个主链的时候，可以调用 process 方法，并把它传递给一个 IBlockProvider 实例，该过程完成的主要工作是遍历介于主链和 ScanState.Chain（状态链）的分支，其中 ScanState 中存储有你迄今为止扫描过的区块链位置。然而 ScanState.Chain 可能变得非常大，影响检索效率。一种比较高效的方法是递增地存储在 ScanState.Chain 中。从技术层面来讲，可以把 ScanState 的状态（包括账户和已阅区块链）存储为一个变化的文件流/内存流。在比特币系统中可以存储这种增量变化为 ObjectStream。

区块链是由一个个区块构成的一个长链，它不包含具体的交易数据，这意味着我们检索数据的时候必须从块头中得到相应的区块。前面提到的 IBlockProvider 实例可以根据头部信息自动获取具体的数据区块，通过调用 IBlockProvider.GetBlock 方法在具体区块中搜索相应的数据。

目前，比特币系统提供 IndexedBlockStore 的实例来帮人们高速检索某个节点上的全链搜索。在使用的时候，IndexedBlockStore 建立索引要求两个参数：一个是一个关键字，记作 NoSqlRepository；另一个是 BlockStore，其中存储了原生的、下载到本地的区块集合，通过下面的例程可以实现索引过程：

Var store = new BlockStore（"bitcoin/datadir"，Network.Main）；
Var index = new SQLiteNoSqlRepository（"myindex.db"，createNew：true）；
Var indexStore = new IndexedBlockStore（index，store）；
indexedStore.ReIndex（）

建立索引之后，每当用户调用 ScanState.process 方法检索主区块链时，可以根据当前主链的块头，自动通过 IBlockprovider 接口对 IndexedStore 的存储数据进行快速检索和扫描。

区块链数据索引的建立，有助于在用户画像和风险分析时对数据做好存储和准备，从技术上保障了访问数据的高效性，有利于用户画像系统其他分析业务的开展。

3. 区块链上的学习算法

把机器学习算法部署到区块链上，不仅可以监控虚假交易，还可以辅助用户画像应用。例如，以 k-Means 无监督聚类算法为例，以下是在区块链上自动聚类比特币地址的算法过程。

聚类比特币地址需要三个步骤：第一步是定义合适的数据维度，做好数据准备工作，在本例中我们选择比特币交易的相关属性信息，如源地址、目标地址、事务量、时间戳、节点的传入交易数量（Input）、节点的传出事务数量（Output）、节点的重要性以及节点类型的描述；第二步是选取相似交易行为的用户/地址作为聚类中心，如赌博入口、慈善捐赠等不同类型；第三步是实现 k-Means 算法本身，选择合适的阈值和距离，并设置聚类结果的数量（聚类中心的数量）。

通过运行算法，我们可以观察到哪些比特币用户经常与赌博平台进行交易。对某类用户行为和交易偏好进行有效挖掘，有助于用户画像和风险分析。

毫无疑问，对于"大数据+区块链"风控系统而言，区块链本身可能存在风险漏洞，需要改进。例如，The DAO 被盗事件表明区块链的智能合约协议代码中存在漏洞。但国内外的区块链专家也在尝试新的解决方案。首先，在信用风险方面，区块链公司可以与跨境保险机构合作开发区块链信用担保和绩效担保保险，以获得更大的信誉；其次，区块链能够遍历原始的开源代码，自动恢复交易并冻结资金，以此来防范操作风险和道德风险；最后，在市场风险方面，基于区块链技术的数字货币可以锚定法定货币，如美元、人民币和欧元等。

作为一种特定的数据库技术，区块链技术将与大数据、风控技术和画像算法优势互补，构建新的数据组织方法。我们有理由相信，在不久的将来，这几项技术在风控领域的跨界整合将上升到企业和国家治理层面，引领我们走向信任背书的时代。

第四章

融合区块链及人工智能理论的金融征信模型

第四章　融合区块链及人工智能理论的金融征信模型

传统征信模型

什么是传统征信

什么是传统征信？传统征信一般是指征信机构或者相关部门通过采集、加工、处理等一系列流程对财务或者交易信息进行整合并形成信用报告的过程。传统征信起源于国外，1830 年，世界上第一家征信机构在英国伦敦成立。目前，美国邓白氏公司（Dun & Bradstreet）的征信系统以及我国央行的征信系统代表了全球征信业的普遍业态模式。

传统的信用报告在促进个人信贷、协助金融信贷决策以及防范信用风险等方面发挥着关键作用。但是，它在互联网金融领域的局限性也不容忽视。一方面，全国还有近 5 亿人在持牌金融机构没有信贷活动；另一方面，"互联网＋"带来的大量与个人信用信息相关的数据不能被有效利用。大数据征信为这些问题的解决提供了思路，并获得了较快的发展。研究显示，大数据征信的迅速发展依赖于三个基本条件：一是国家政策释放了积极的信号；二是互联网金融可观的长尾需求；三是大数据技术的强力支撑。

信用评估方法

信用评估分为两种形式：定性分析和定量分析。定性分析方法常见于个人信用评估，仅依靠评估主体的主观判断来确定层次。3C 评估原则和 5C 评估原则是两个主要评估方法，3C 评估原则主要包括品行、能力和抵押担保，5C 评估原则主要包括品行、能力、资本、抵押担保和条件。鉴于对评估人员的能力和经验要求较严格，且对贷方个人信用进行全面有效评估的难度较大，定性分析方法的使用在逐渐减少。随着统计学的发展与成熟，越来越多的统计方法被开发并普及，个人信用评价逐渐采用定量分析方法。定量分析根据借款方之前的信用记录自动做出信用决策，以客观方式评估借款方的信用状况，相较于定性分析更为合理，因此越来越多的统计方法被加以使用。目前常用的统计方法包括判别分析、逻辑分析、决策树方法、神经网络算法等，这些方法各有优缺点。与定性分析方法相比，定量分析方法大大提高了评估模型的准确性。

定性分析方法

5C 评估原则的可靠性依赖于评估人员的能力，评估人员丰富的经验以及较强的判断能力是信用评估的决定因素。结合我国的个人信用现状，该评估原则包括：（1）品行，指借款方的信用状况和按期偿付债务的意愿，决定了贷款质量；（2）能力，指借款方未来偿还本息的能力，这取决于借款方的收入、消费等财务状况；（3）资本，指个人或其家庭的资产状况，表示借款方收入水平无法覆盖贷款时，可以使用的其他偿还债务的方式或途径；（4）抵押担保，指为借款方担保的第三方，除了借款方本人的收入和资本，能够为贷款提供的还款保障；（5）条件，指借款方的现实状况，例如就业环境、经济形势以及其社会关系状况等。5C 评估原则具有较强的主观性，很容易受评估人自身情况影响，所以所得结论的科学性相对较差，存在将一些信用良好、潜力大的借款方归为信用可靠性差的可能性，不利于合理有效地运用银行资产，降低了金融市场资本的流动性。

定量分析方法

通过使用个人的历史数据，结合特定的信用评分模型对客户进行信用评级或者打分，然后据此对不同客户的信用额度等情况进行分类。个人信贷状况主要是基于自身的物质条件。首先，分析影响个人信贷状况的因素，其中收入水平是最直观的，可以对个人的信用有一个直观的反映。个人收入水平越高，还款能力自然也就越强。其次，参考个人消费占比情况，占比高低反映了借款方收入对支出的覆盖程度。此外，个人的婚姻状况、年龄、过去的贷款以及个人所在行业是评估个人信用状况的重要参考标准。通过对各个因素的分析，可以利用借款方的信用记录通过统计分析方法来建立模型，评估借款方违约风险。

银行信用评级模型实例分析

数据处理与分析

接下来，我们通过将分析商业银行的个人抵押贷款信息来了解银行信用模型。首先，我们收集客户的申请金额、月付金额、还本付息额、月支出收入比、申请人收入、年龄、婚姻状况、央行信用状况以及产品数量方面的信息，共获得163个统计数据，随机选取其中150个用于分析个人抵押贷款的信用报告状态，从而构建可靠的评级模型。

1. 描述性分析

统计数据的样本类型如表4.1所示。

表4.1 样本类型及分类表

属性类型	属性名称	类型及含义
贷款本身	申请金额（x_1）	连续，客户贷款审批金额，10万~1 300万元
	月供金额（x_{11}）	连续，客户每个月需要的还款金额，1 306.49~46 700.67元
	偿债比率值（x_2）	连续，客户的偿债能力指标，0~0.538
客户本身	月支出收入比（x_3）	连续，客户的偿债能力指标，0~0.66
	申请人年收入（x_4）	连续，主副申请人年收入，4.8万~240万元
	年龄（x_5）	连续，申请人年龄，21~60岁
	婚姻状况（x_6）	离散，已婚，未婚，离婚

续表

属性类型	属性名称	类型及含义
客户本身	人行征信状况（x_7）	离散，良好，违约，无记录
	产品个数（x_{10}）	客户是否申请过该银行的其他贷款，1~3个
建筑本身	建筑面积（x_8）	连续，51.16~883.1平方米
	楼龄（x_9）	连续，2~31年

2. 确定相关参数

此处，我们设置婚姻状况为x_6，其中已婚为1，未婚为2，离婚为3；设置人行征信状况为x_7，其中良好为1，违约为2，无记录为3。

列联表分析

为了分析数据，我们引入了列联表分析。列联表是反映多个变量之间进行交叉分类的频率分布表，可以用来检查属性之间的相关性。运用列联表，不仅可以得到单个变量的数据分布，而且可以得到多个变量在不同数值下的数据分布。由此，我们可以进一步分析不同类型变量之间的相关系数，从而进行一些统计量的计算。接着，使用统计产品与服务解决方案软件（SPSS）对列联表数据进行分析。此处将是否违约设置为y，其中0表示不违约，1表示违约；设置婚姻状况为x_6，其中1表示已婚，2表示未婚，3表示离婚；设置人行征信状况为x_7，其中1表示良好，2表示违约，3表示无记录。下面，将逐个分析其他变量对违约情况的影响。

1. 人行征信状况对客户违约状态影响的分析

我们选取分析描述性统计选项中的列联表。

由表4.2我们可以清晰地看到，在人行征信状况良好、违约、无记录三种情况下，违约客户的人数和占比情况。例如，人行征信状况良好时，111个客户中不违约的人数为108，违约的人数为3。

表4.2 样本分类以及对应百分比

<table>
<tr><th colspan="3">列联表</th><th colspan="3">客户违约状况</th></tr>
<tr><th colspan="3"></th><th>不违约</th><th>违约</th><th>合计</th></tr>
<tr><td rowspan="9">人行征信状况</td><td rowspan="3">良好</td><td>人数</td><td>108</td><td>3</td><td>111</td></tr>
<tr><td>人行征信状况中占比（%）</td><td>97.3</td><td>2.7</td><td>100.0</td></tr>
<tr><td>总量占比（%）</td><td>72.0</td><td>2.0</td><td>74.0</td></tr>
<tr><td rowspan="3">违约</td><td>人数</td><td>14</td><td>0</td><td>14</td></tr>
<tr><td>人行征信状况中占比（%）</td><td>100.0</td><td>0</td><td>100.0</td></tr>
<tr><td>总量占比（%）</td><td>9.3</td><td>0</td><td>9.3</td></tr>
<tr><td rowspan="3">无记录</td><td>人数</td><td>24</td><td>1</td><td>25</td></tr>
<tr><td>人行征信状况中占比（%）</td><td>96.0</td><td>4.0</td><td>100.0</td></tr>
<tr><td>总量占比（%）</td><td>16.0</td><td>0.7</td><td>16.7</td></tr>
<tr><td rowspan="3">合计</td><td colspan="2">人数</td><td>146</td><td>4</td><td>150</td></tr>
<tr><td colspan="2">人行征信状况中占比（%）</td><td>97.3</td><td>2.7</td><td>100.0</td></tr>
<tr><td colspan="2">总量占比（%）</td><td>97.3</td><td>2.7</td><td>100.0</td></tr>
</table>

列联表的卡方检验如表4.3所示，原假设为 H_0：人行征信状况和客户违约状况不相关。从表4.3中可以看出，一致性的卡方检验（似然比的统计量）的显著性水平是0.636，大于0.05，因此我们接受原假设，即人行征信状况无论是良好、违约还是无记录与客户是否违约不相关。

表4.3 卡方检验

	卡方检验		
	值	自由度	双侧近似P值
皮尔逊卡方	0.555^2	2	0.758
似然比	0.906	2	0.636
线性关联	0.038	1	0.845
有效样本数量	150		

2. 婚姻状况对客户违约状况的影响分析

我们再用上述方法来分析婚姻状况对客户违约状况的影响。

同样地,此处我们的原假设为 H_0:婚姻状况与客户违约状态相互独立。表4.4中列举了不同婚姻条件下的客户数量以及占比情况。表4.5中显著性水平为0.365,大于0.05,因此接受原假设,即婚姻状况与客户是否违约不相关。

表4.4 不同婚姻条件下的客户数量以及占比情况

		列联表			
			客户违约状况		
			不违约	违约	合计
婚姻状况	已婚	数量	113	4	117
		婚姻状况中占比(%)	96.6	3.4	100.0
		总量占比(%)	75.3	2.7	78.0
	未婚	数量	15	0	15
		婚姻状况中占比(%)	100.0	0	100.0
		总量占比(%)	10.0	0	10.0
	离婚	数量	18	0	18
		婚姻状况中占比(%)	100.0	0	100.0
		总量占比(%)	12.0	0	12.0
合计		数量	146	4	150
		婚姻状况中占比(%)	97.3	2.7	100.0
		总量占比(%)	97.3	2.7	100.0

表4.5 卡方检验

	卡方检验		
	值	自由度	双侧近似P值
皮尔逊卡方	1.159^2	2	0.560
似然比	2.018	2	0.365
线性关联	1.016	1	0.313
有效样本数量	150		

判别分析

为什么需要进行判别分析？通过判别分析可以了解个体所属的类别，并得到相应的函数关系式。这是多元分析中针对属性变量常用的一种分析方法，可以分析多组数据。

判别分析有三个基本假设：第一，每个变量不能由其他变量线性组合得到；第二，各组变量的协方差矩阵相等；第三，各个变量之间符合多元正态分布规律。

我们选取以下解释变量：申请金额、年收入状况、年龄、建筑面积、楼龄、产品个数和月供金额等，然后使用统计产品与服务解决方案软件来进行判别分析。样本缺失值检验表如表4.6所示。

表4.6 样本缺失值检验表

未加权情况		数量	占比（%）
有效		150	100.0
排除			
	遗漏或者超出范围的组号	0	0
	至少有一个错误的变量	0	0
	既遗漏或者超出范围的组号，又至少有一个错误的变量	0	0
合计		150	100.0

表4.6显示了有效样本大小和变量的缺失值。可以看出所有数据值均为有效。

通过表4.7，各组变量的均值是否相等一目了然，包括Wilks统计量、F统计量、自由度df1、自由度df2以及显著性水平Sig。此处我们设置原假设为各组变量的均值相同。其中，Wilks统计量等于组内平方和与总平方和之比，值介于0到1，值越趋近于0则组间的差异越大。F统计量为组间均方与组内均方的比值。自由度df1表示分子自由度，df2表示分母自由度，用来获取显著性水平。显著性水平Sig数值越小，组间差异就越大。可以看出各均值中产品个数在5%的置信度下有着显著差异，其他解释变量组间没有显著差异。

表4.7 各组均值显著性检验表

	各组均值显著性检验				
	Wilks 统计量	F 统计量	自由度 df1	自由度 df2	显著性水平 Sig
申请金额	0.997	0.493	1	148	0.484
偿债比率值	0.992	1.257	1	148	0.264
月支出收入比	0.996	0.589	1	148	0.444
申请人年收入	0.999	0.189	1	148	0.665
年龄	1.000	0.030	1	148	0.863
建筑面积	0.996	0.661	1	148	0.417
楼龄	0.997	0.389	1	148	0.534
产品个数	0.999	0.199	1	148	0.656
月供金额	0.999	0.090	1	148	0.765

表4.8为判别函数特征根表，函数个数为1，典型相关系数为0.405，累计百分比为100.0%。

表4.8 判别函数特征根表

函数	特征值	方差百分比（%）	累计百分比（%）	典型相关系数
1	0.044^2	100.0	100.0	0.405

表4.9为判别函数显著性检验表，显著性水平为0.007，明显小于0.1，因此认为是显著的。

表4.9 判别函数显著性检验表

	Wilks 统计量			
函数检验	Wilks 统计量	卡方	自由度	显著性水平
1	0.958	6.157	9	0.007

根据表 4.10 中各个变量的标准化判别函数系数，可以得到标准化判别函数的表达式为：

$$y = 0.491x_1 + (-0.310)x_2 + 0.592x_3 + 0.560x_4 + 0.029x_5 + 0.562x_8 + (-0.380)x_9 + 0.245x_{10} + (-1.167)x_{11}$$

表 4.10　标准化判别函数系数表

项目	数值
申请金额（x_1）	0.491
偿债比率值（x_2）	-0.310
月支出收入比（x_3）	0.592
申请人年收入（x_4）	0.560
年龄（x_5）	0.029
建筑面积（x_8）	0.562
楼龄（x_9）	-0.380
产品个数（x_{10}）	0.245
月供金额（x_{11}）	-1.167

表 4.11 表示所有组都参与了分类，没有遗漏或者超出范围。表 4.12 为每个组的先验概率。表 4.13 为每组的分类函数系数。

从表中数据可以得出 $y = 0$ 这组的分类函数是：

$$f_1 = -30.465 + (5.961E-7)x_1 + 15.164x_2 + 13.938x_3 + (2.011E-6)x_4 + 0.631x_5 + 0.026x_8 + 0.393x_9 + 21.84x_{10}$$

$y = 1$ 这组的分类函数是：

$$f_2 = -29.076 + (3.980E-8)x_1 + 17.431x_2 + 9.282x_3 + (2.732E-7)x_4 + 0.626x_5 + 0.017x_8 + 0.533x_9 + 20.353x_{10}$$

表 4.11　各组分类过程表

分类处理总结	
处理	150
排除　遗漏或者超出范围的组号	0
至少有一个错误的变量	0
参与分类	150

表4.12　各组先验概率表

客户违约状况	先验	未加权	加权
不违约	0.500	146	146.000
违约	0.500	4	4.000
合计	1.000	150	150.000

表4.13　分类函数系数表

	客户违约状况	
	不违约	违约
申请金额（x_1）	5.961E−7	3.980E−8
偿债比率值（x_2）	15.164	17.431
月支出收入比（x_3）	13.938	9.282
申请人年收入（x_4）	2.011E−6	2.732E−7
年龄（x_5）	0.631	0.626
建筑面积（x_8）	0.026	0.017
楼龄（x_9）	0.393	0.533
产品个数（x_{10}）	21.840	20.353
月供金额（x_{11}）	0.000	0.000
（常量）	−30.465	−29.076

从表4.14中可以看出，有146个客户没有违约，其中118个是正确识别的，4个违约客户中有2个是正确识别的，因此原始分组的正确判别率为80%，也就是判别分析对于客户违约状况的分类存在一定的影响。

表4.14　判别结果

		客户违约状况	预测分组		
			不违约	违约	合计
原始	数量	不违约	118	28	146
		违约	2	2	4
	判别率（%）	不违约	80.8	19.2	100.0
		违约	50.0	50.0	100.0

逻辑回归分析

逻辑回归分析目前广泛应用在经济学、生物学等众多领域。逻辑回归模型最大的优势在于，它可以不用对变量进行限制就可以处理分类数据和连续数据，通过挖掘并量化数据中的基础信息来解释变量对被解释变量的影响。

仍然拿上述样本来进行分析。首先将其中随机 100 个数据分成一组，另外 50 个样本用来测试评估。此外，判断在各种因素的影响下客户违约情况与实际情况的对比结果。最后使用 R 处理，得到每个变量对于客户违约状况影响程度的盒状图，如图 4.1 所示。

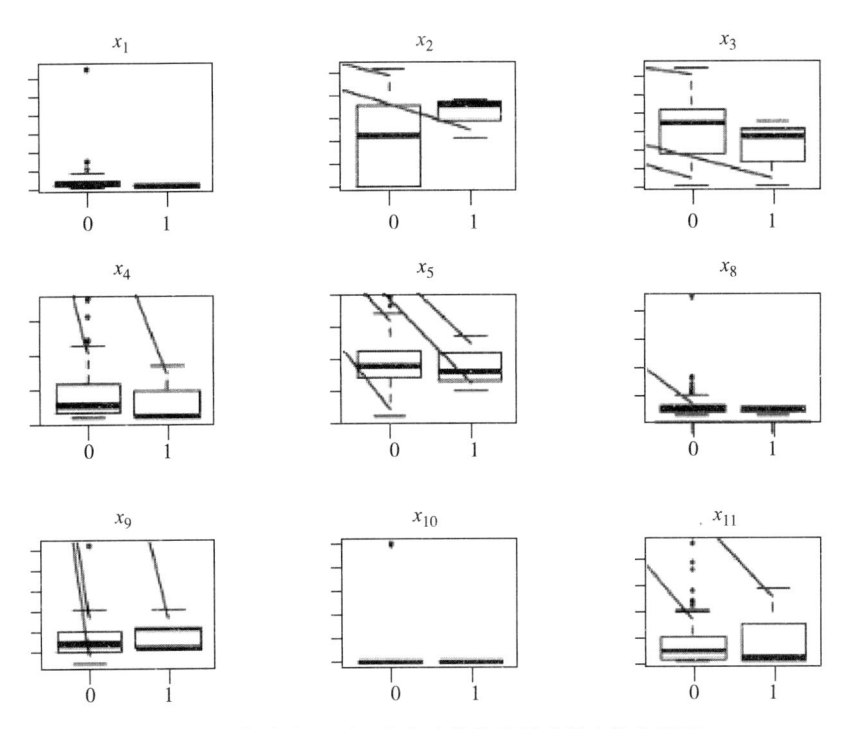

图 4.1 每个变量对于客户违约状况影响程度的盒状图

解释变量的描述性分析：

（1）x_1、x_4、x_5、x_8、x_9、x_{10}，这些变量与违约状况不相关。

（2）违约客户的偿债比率值（x_2）显著，比不违约的客户低。

（3）违约客户的月支出收入比（x_3）显著，比不违约的客户高。

最后，为了测试解释变量的显著性水平，我们对模型整体采用似然比检验。

通过表 4.15 可以进一步得到似然比检验的卡方统计量对应的 P 值：

$$P = P(\chi^2(11) > 20.42) = 0.0399$$

P 值小于 0.05，说明该模型高度显著，也表明 11 个解释变量中，至少有一个解释变量与客户违约状况相关，换言之，至少有一个解释变量具有一定的预测客户违约状况的能力。

表 4.15 异常分析表

模型 1：$y \sim 1$
模型 2：$y \sim x_1 + x_2 + x_3 + x_4 + x_5 + x_6 + x_7 + x_8 + x_9 + x_{10} + x_{11}$

残差序列	残差自由度	自由度偏差	偏差
1	99	26.948 4	
2	88	6.528 711	20.42

为了分析哪个解释变量会影响客户的违约状况，我们进行了方差分析，结果如表 4.16 所示。

表 4.16 方差分析表

变量	卡方似然比	自由度	概率
x_1	6.487 7	1	0.010 862*
x_2	2.806 5	1	0.093 882
x_3	1.651 7	1	0.198 729
x_4	0.289 4	1	0.590 592
x_5	0.387 3	1	0.533 730
x_6	0.412 5	1	0.520 695
x_7	2.642 9	1	0.104 012

续表

变量	卡方似然比	自由度	概率
x_8	3.828 3	1	0.050 394
x_9	0.132 2	1	0.716 151
x_{10}	2.780 4	1	0.095 426
x_{11}	7.195 9	1	0.007 307**

注：*代表显著性水平。

通过表4.16可以看出，当显著性水平为0.1时，变量x_1、x_2、x_8、x_{10}、x_{11}都对客户违约与否产生重要影响，其中x_1以及x_{11}影响最大。所以，进一步对参数进行估计，结果如表4.17所示。

表4.17 Logistic回归分析结果

	估计	标准误	Z值	概率
截距	1.230e+2	2.592e+4	0.005	0.996
x_1	-1.110e-4	1.117e-4	-0.994	0.054
x_2	2.977e+1	3.185e+1	0.935	0.350
x_3	4.419e+1	5.974e+1	0.740	0.459
x_4	1.033e-5	1.442e-5	0.716	0.474
x_5	-3.174e-1	4.951e-1	-0.641	0.522
x_6	-1.401e+1	5.782e+3	-0.002	0.998
x_7	-3.754e+1	3.501e+3	-0.011	0.991
x_8	-4.371e-1	5.462e-1	-0.800	0.424
x_9	-2.994e-1	8.584e-1	-0.349	0.727
x_{10}	-4.100e+1	2.503e+4	-0.002	0.999
x_{11}	4.630e-3	4.693e-3	0.987	0.032*

注：*代表显著性水平。

根据表4.17，当显著性水平为0.1时，x_1以及x_{11}对于客户违约风险影响最大。对于x_1，Z检验在显著性水平为0.1时是显著的（$Pr=0.054$）。x_1的系数是负值，也就是负相关，表明申请金额越高，客户违约的可能性越大。而x_{11}的系数为正值，表明每月支付金额越高，违约的可能性越小。

所有其他解释变量都接受 $H_0\beta_j = 0$，所以无法证明这些解释变量是否对客户违约与否产生重大影响。

在 R 中，我们可以使用 step 自动建立整个模型，可以依据 AIC 准则进行最优模型的选取，分析结果如表 4.18 所示。

表 4.18 AIC 模型下的 Logistic 回归分析结果

	估计	标准误	Z 值	概率
（截距）	7.716e+1	2.624e+4	0.003	0.998
x_1	-8.187e-5	5.466e-5	-1.498	0.041*
x_2	1.967e+1	1.588e+1	1.239	0.215
x_3	2.598e+1	2.534e+1	1.025	0.305
x_7	-2.896e+1	2.914e+3	-0.010	0.992
x_8	-3.243e-1	2.085e-1	-1.556	0.120
x_{10}	-3.380e+1	2.608e+4	-0.001	0.999
x_{11}	3.548e-3	2.384e-3	1.488	0.021*

注：*代表显著性水平。

根据表 4.18 得到如下模型：

$$\text{logit}\{Pr(y=1)\} = \log\left(\frac{Pr(y=1)}{1-Pr(y=1)}\right)$$

$= (7.716e+1) + (-8.187e-5)x_1 + (1.967e+1)x_2 + (2.598e+1)x_3 + (-2.896e+1)x_7 + (-3.243e-1)x_8 + (-3.380e+1)x_{10} + (3.548e-3)x_{11}$

采用这个模型可以检验剩下的 50 个样本，通过与实际违约情况进行比较，就可以获得相应的预测精度，结果如表 4.19 所示。

表 4.19 模型预测结果

对照		预测结果	
		0	1
y	0	42	4
	1	1	3

表 4.19 显示，50 个样本中有 46 个样本客户没有违约，其中 42 个预测正确。客户违约的 4 个样本中 3 个预测正确。因此，我们可以得出其准确度高达 90%。

大数据驱动的人工智能征信系统

近年来，随着互联网和信息产业的蓬勃发展，数据呈爆炸式增长。2015 年 9 月，国务院发布《促进大数据发展行动纲要》，提出要加快大数据战略部署，深化大数据应用。大数据时代的到来推动了基于数据收集、统计和分析的机器深度学习的发展，而人工智能则是这三者的融合：一是以深度学习为核心的算法的演进；二是计算机处理能力与速度的增长；三是互联网技术的发展产生了大量的数据。

长期以来，数据对于征信行业都是重中之重，而人工智能给行业的发展带来了机遇。人工智能可以在两个方面对征信产生影响。首先，在模式识别上，人工智能成功解决了交易场景中难以识别身份的问题；其次，在信用分析和预测方面，客户的信用风险评估虽然仍处于研究和开发阶段，但未来可期。

大数据征信

认识大数据征信

大数据征信使用大数据技术重新设计信用评级模型，从多个维度分析公司和个人的信用信息，由此形成了一个更为可靠的信用评价模型。大数据征信主要使用互联网公共数据、用户授权数据和第三方合作公司提供的数据（见图 4.2）。当前，越来越多的互联网公司借助电子商务和社交平台收集有利于评估客户信用的信息，例如客户交易偏好和还款能力等，建立自己的用户信用信息数据库，以指导风险决策。

大数据征信运用了大量数据来证明公司或个人的信用状况，这与传统

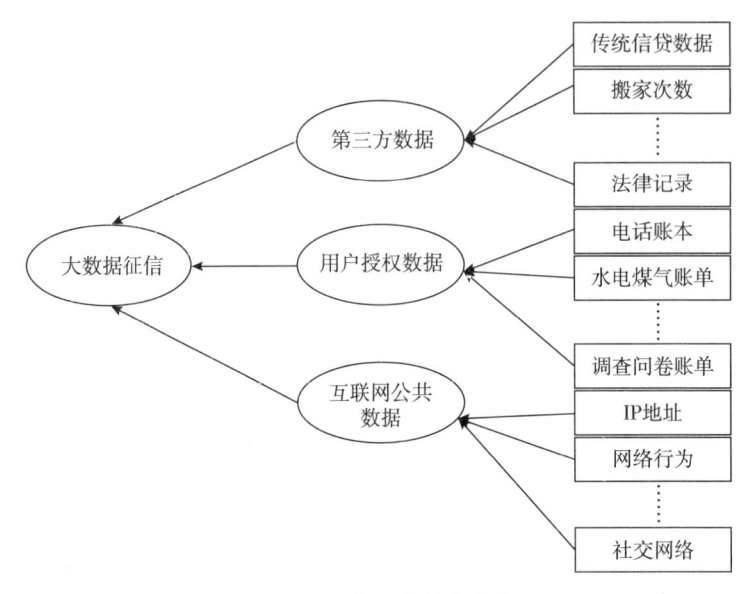

图 4.2 大数据征信的信息来源

征信有着很大差别。传统的征信公司通常在同一行业中采用信息共享模式。相比之下，互联网公司充分发挥其海量信息的优势，从财富、守约、消费、社交等多个角度进行判断，公司会为每个用户建立个人的信用报告，以大数据为基础形成数据库。

传统征信存在诸如征信数据不完整、数据更新缺乏时效性、访问障碍多等问题。相比之下，大数据征信的数据来源更为全面，能充分反映个人的信用状况。

大数据征信的优势

相较于传统征信，大数据征信优势明显。

一是，大数据分析的基础更加多样化。在大数据征信中，多种来源的数据被广泛地使用，不仅包括传统的信用历史数据，还包括客户交易行为和人际关系等半结构化数据。例如，借款方的租金支付记录、在线购物记录、水电费支付情况等，都可以作为大数据征信的数据源。各种数据源可以从不同的角度反映用户的信用状态。

二是，大数据收集的数据更加广泛。传统征信主要是收集历史数据，然后通过整合和分析获取信用报告。但鉴于用户范围有限，只可获得与银行发生过信贷关系的用户的数据。相较之下，只要用户存在上网行为，大数据征信就都可以通过数据挖掘、云计算等技术分析用户的在线痕迹以获得信用报告。因此，大数据征信将覆盖更多的用户。

三是，大数据征信的成本较低。数据库系统形成后，每个实体的信息收集非常容易，业务的边际成本也很低，征信信息服务的成本大大降低。此外，数据库形成后，征信机构的运营成本更多来源于知识产权和硬件花费，节省了大量的人力成本。

四是，大数据征信的信息更有时效性。随着社会的飞速变化，过时的信息几乎瞬间丧失价值，征信数据亦然，一旦不能保证时效性，可信度就会大大降低。在传统征信里，用户的信息传递到征信系统一般需要花费较长时间，这会造成信息的滞后。大数据征信使用实时的网络数据，经过相关的模型分析，做到了数据的实时处理与更新。所以，大数据征信是一种时效性更强的信用指标。

虽然大数据征信在数据维度和分析角度方面进行了改善，但并不能完全取代传统的信用信息，然而作为补充，大数据征信可以使传统的信用信息更加科学和严谨。在可预见的未来，大数据技术将使信用报告系统在系统、技术、信息共享方法和管理方面进行创新。未来的征信行业将与大数据紧密结合，从而更加专业、全面地发展。

人工智能助力征信

智能征信

虽然人工智能技术可以提高信用评估的准确性，但程序员很难理解机器如何学习以及如何通过学习获得结果。这使得深度学习在征信领域的普及困难重重。

国外征信机构和风险评估机构一直密切关注着人工智能等先进信息

技术，且倾入了大量资源对其进行研究，也申请了诸多相关专利。越来越多的机构尝试将人工智能与其他技术结合，在保持其预测的精确性和可解释性的条件下，加速人工智能技术在征信领域的商业化。

例如，在开发信用卡流失模型时，研究人员通过机器学习发现，信用卡使用的频率和新进度之间存在强大的相互作用。将该相互作用以可解释的方式与非线性特征结合纳入记分卡中之后，Lift 指数①得到了约 10% 的提高。可以预计，如果将这些预测性改进应用在实际项目中，投资组合的利润将大大提升。

商业化应用案例

越来越多的征信机构和风险评估机构开始使用人工智能技术，以提高数据分析的有效性和建模过程的自动化水平。同时，各个机构正在进行深入研究，试图提高评分模型的准确性和可解释性，力图加速人工智能技术的商业化。

1. Equifax——开发深度学习工具并申请专利

Equifax 成立于 1899 年，是世界第二大征信机构，致力于开发可提高信用评分的深度学习工具。Equifax 开发了一套全新的信用评分系统，这个系统以神经网络为基础，并且可以提供算法的完全解释。在该系统中，每个输入算法都可以映射到神经网络的隐藏层。系统还特别增加了对进入模型的数据提供相关解释的标准。新的神经网络模型将预测能力提高了 15%，分析数据集的数量越多，分析算法越复杂，对结果的改进越大。这是因为该系统是基于深度学习过程中的历史或"趋势"数据而建立的。

2. FICO——将人工智能与传统风险评估方法相结合

FICO 在提供信贷决策服务业务上在世界范围内处于垄断地位，并且早已开始对人工智能的布局。FICO 在经过时间考验的分析模型和计分卡的基础上，将人工智能技术和信用评分技术结合，利用人工智能技术，使程序

---

① Lift 指数，是指提升指数，用来评估一个预测模型是否有效。

更好地进行模型分割和功能生成，模型性能得到提高。当下，该公司正在研究如何使用人工智能技术来选择信用特征，同时满足计分模型的可解释性。

此外，人工智能技术还可以通过开发替代数据来挖掘客户信用，促进信贷市场的健康发展，为普惠金融提供方向。总之，随着人工智能技术的深入应用，征信服务将更加便捷、安全、可靠。

区块链征信

为什么用区块链来做征信

传统数据中心通常将数据存在中央节点上，数据中心可以完全控制中央节点，且有修改和删除数据的权力。这就可能导致数据中心为了自身利益对数据进行篡改或删除。目前，数据联盟的模式通常为几个小型数据中心附属于一个大型数据中心，彼此之间进行数据互换。由于缺乏信任，小型数据中心的全部数据都不得不经过大型数据中心进行交换，最终大型数据中心可以获得所有的数据。

区块链的核心价值在于建立一个安全可靠的体系，即信用信息一旦在链上发布，将永远不会被删除或修改。在此基础上，每个数据中心都可以共享互信的数据。

区块链征信解决方案

目前征信行业面临的一个重要难题是，企业自身想要获得第三方的数据但又不愿意分享自有数据，传统技术架构无法解决这个问题。为了解决这个问题，我们提出以下两种共享模式。

模式一：征信机构彼此分享信用数据

（1）征信机构在内部链上储存原始数据，同时将少量的摘要信息上传到公有链上进行储存。

（2）查询请求通过区块链提交给原始数据提供方，这样既保证了自身核心信息的安全，又可以获得外部数据。

（3）因为区块链数据的不可篡改性，原始数据的可信性得到保证，这构成了区块链征信的技术架构基础。

具体如图4.3所示。

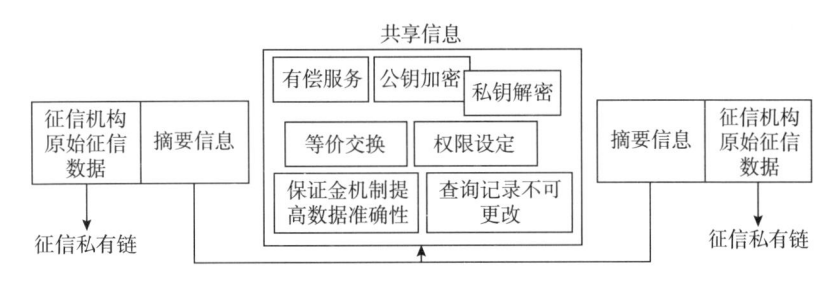

图4.3 区块链征信模式一

模式二： 基于模式一，征信机构可以依据第三方的用户信息，构建信用产品

（1）在不共享原始数据的前提下，可以进行多方数据共享。

（2）数据真实有效，且不能被人为篡改。

（3）参与者积极参与数据共享。

（4）当机构B查询了机构A提供的数据时，机构A能够获得收益。

（5）信息不对所有机构开放。

具体如图4.4所示。

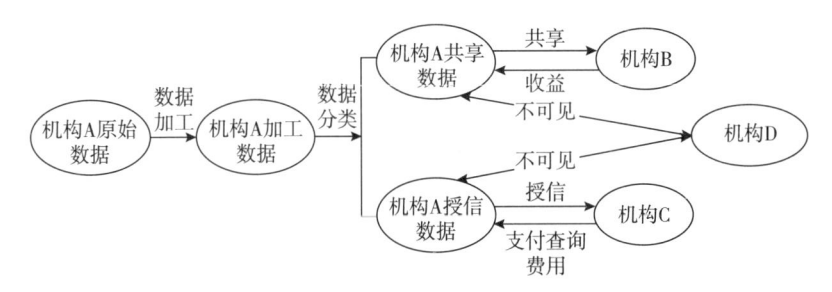

图4.4 区块链征信模式二

两种模式下征信数据交易授权过程

在模式一中，征信机构的各方是主要的参与节点，它们同时是数据查询的消费者和数据提供者。征信机构 A 和 B 都将原始数据储存在自己的中央数据库，并在自己拥有的数据信息中提取少量的摘要信息，将这些摘要信息通过区块链进行广播，将其保存在链中。当 A 想要查询用户 C 的相关信用信息时，A 先在区块链上查询 C 所在节点中的摘要信息，与 B 的摘要信息进行匹配，当 B 的摘要信息中包含用户 C 时，A 的查询请求可以通过区块链传递到 B。B 请求来自 C 的授权，C 向 B 授权后，B 向中央数据库申请 C 的信用数据。中央数据库将 C 的信用数据发送给 B，B 将 C 的信用数据传送给 A。A 收到数据后，支付报酬给 B，并将 C 的信用数据加载进自己的数据库。通过这种方式，信用报告机构的各方都可以访问外部信用数据并保护其核心信用数据。具体如图 4.5 所示。

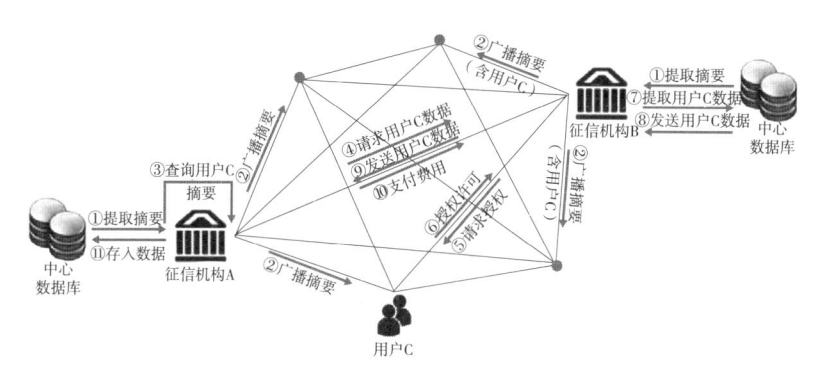

图 4.5 征信机构间共享用户信用数据

在模式二中，征信机构 A 和 B 请求用户 C 的授权，C 进行授权后，区块链上会广播 C 的数据并进行存储。征信机构请求 C 的授权，用户 C 许可后，征信机构跟踪数据，了解 C 过去的贷款记录、还款记录、逾期记录等数据。其他机构在区块链中验证了区块链中数据的真实性，数据被存放在中央数据库中，然后分析并判断其信用状况。通过这种方式，信用数据可以是多源交叉验证的，从而保证了数据的真实性并保证其很难被篡改。具体如图 4.6 所示。

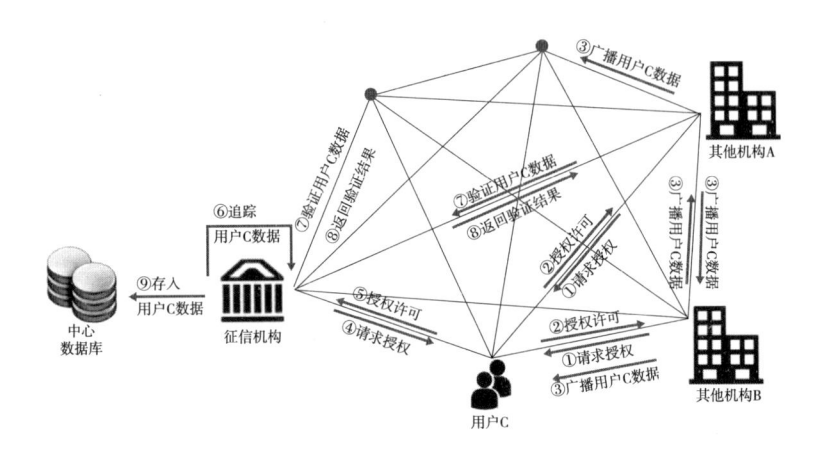

图4.6 征信机构从其他机构获得用户信用数据

区块链应用于征信领域的优势与特点

区块链可以帮助征信机构实现数据多源交叉验证与共享，且不会泄露数据资源。这从源头解决了信贷客户多头负债的问题，降低了数据交易成本和协作成本。更重要的是，数据确权后，现有的信用系统架构得到了改进，信用数据被视为链中的数字资产。这有效减少了交易中的欺诈行为，保证了信用数据的真实性。基于区块链的信用数据共享交易平台解决了过去行业中的许多问题，是一项革命性的创新。

1. 实现数据共享和协作，打破数据孤岛

通过该平台，用户可以确权并形成自己的信用资产。在此基础上，平台将各个用户作为节点，并以此连接各公司和部门，进行授权活动。这样既解决了数据孤岛难题，又保护了用户的隐私和各方原始数据。这个平台加速了信用资源的共享，平台使用者共同建设并从共享信息中获益。

2. 完成系统维护和拓展业务的目标，减少征信的运营成本

该平台帮助征信机构降低扩展数据收集渠道产生的成本并消除多余的数据，同时批量解决数据有效性问题。在此基础上，由于减少了中介环节，其运营效率得到了大幅提高。此外，区块链的使用有助于实现信用评估、定价、交易与合约执行过程的自动化，大幅减少实体运营成本，并在

一定程度上扩大了银行信贷业务处理的规模。

3. 保护系统安全，实现数据隐私保护

该平台中每个完整的节点都参与系统的维护，只需保证出现问题的节点占总节点数的 51% 以下，系统就能保证稳定运行。而且，并非所有的数据都必须在链上运行，也存在未开放的数据，除了参与交易的各方，其他任何第三方是无法获取数据的。

实例应用

LinkEye 是一套自主研发的征信互享联盟链解决方案，它通过联盟链在用户之间共享失信人黑名单，将许多征信机构连接起来，形成具有高真实性和大覆盖率的全社会信用数据库，有效维护社会信用体系。LinkEye 使区块链技术在征信领域真正落地。

它的运行机制包括 8 个核心机制：黑名单机制、联盟成员入驻制、成员信用制、仲裁制、信息共享机制、智能定价系统、数据安全防火墙机制、开放全网查询接口。换言之，链上征信数据都是过审后的联盟成员上传的。成员上传黑名单后对其进行脱敏，其他机构均能进行模糊查询。同时，征信结果中只含有借贷违约记录，其他的隐私信息不能被查询，这就避免了可能存在的法律问题。当征信信息有错时，也可以通过其运行机制中的仲裁制度进行平衡，这就有效解决了信息无法篡改与错误信息间的矛盾。

此方案通过区块链技术，解决了金融机构间的信任难题，减少了金融机构的征信成本，提升了征信的准确性。此方案避免了黑名单人员进行重复贷款，有效缓解了原先因征信不全、信息不准造成的"坏账"问题。

下面我们看看该方案的技术框架：它是一套基于超级账本 Fabric 框架的、自主研发的联盟链解决方案，并且针对特定的应用场景进行了相应的改善。

1. 数据安全

该方案结合了对称和非对称加密方式，保证数据不被泄露，还运用了数字签名技术，保证数据的完整性和准确性。

系统会给每个成员分配一个对称密钥（存放于金融加密机中）、一对公私钥。密钥是不能被提取或破解的。联盟成员通过对称密钥来加密数据信息，再进行发布，并使用私钥对数据进行数字签名，以防止其泄露或被篡改。联盟的成员执行查询操作时，首先使用数据源成员的对称密钥在加密机中解密数据，并且使用发起查询请求的成员的公钥来加密数据。查询数据的成员收到数据后，再通过私钥来解密数据，并验证数据签名以保证数据未泄露或被篡改。

2. 高性能

该程序独立实现了 IBM 推荐的 PBFT 算法，极大地提高了写入性能。方案使用了对称加密的方式来加密数据，这同原先的非对称加密方式相比，快了 500~1 000 倍。同时，节点间广播数据、同步数据的速度也得到大大提升。

3. 可扩展性

该方案采用了模块化设计的方式，其各个模块都可以插拔。同时，可以升级智能合约以便之后对可扩展性进行维护。此外，框架的底层支持多个通道，可以在各种业务场景下，实现"不同人员访问不同数据"的要求。

4. 接入便捷

联盟成员可以使用提供的 SDK（软件开发工具包）实现"0"开发访问，这大大降低了联盟成员的访问成本。

人工智能和区块链融合下的征信

传统征信与大数据征信的劣势

前文中，我们了解了银行客户的信用评级模型，这种传统征信模型在其他企业间也是大同小异，基本都是综合了信贷、税收等不同维度的数据。模型的可信度取决于数据的质量，同时也决定了信用评级的可信度。

大数据征信虽然被认为具有发展潜力，然而也存在许多局限之处，其中数据搜集的问题较为突出。生活中的很多事项并没有实现数字化，而且应该以怎样的尺度进行衡量也不得而知。此外，数据量巨大、数据类型庞杂，如何构建合理有效的模型也具有挑战性。虽然大数据征信在应用时面临种种问题，但是在大数据时代的背景下，它无疑给我们提供了一个思路，这个方向并没有错，我们肯定还是要往这个方向去探索，只是思考的深度与广度还有待提升。

人工智能征信优劣势

我们可以预测，人工智能的迅速发展会给征信行业带来重大变化。人工智能的深度学习系统，需要大量的数据进行训练，这样才会持续完善，甚至具备能够超过人类的知识应答能力。在征信过程中，需要处理大量复杂的数据，使用人工智能技术将有助于征信系统大幅降低劳动力成本，从而提升业务能力。然而，人工智能应用于征信行业也存在着局限和挑战。

（1）人工智能程序存在错误风险。一旦人工智能的程序发生错误，基于其完成的数据分析就很有可能发生错误，这样就失去了征信的意义。

（2）人工智能技术不完全成熟。人工智能技术仍处于初级阶段，虽然一些技术已经在全球范围内得到了使用，但仍存在误差和不确定性。

区块链征信面对的困扰

通过对前述几种技术运用于征信领域的优劣势进行分析，可以看出区块链所具备的种种特性对于征信行业来说是非常有吸引力的，将其应用于征信领域，必然是对该领域的一场变革。然而，在目前情况下，仍有许多问题困扰着征信机构，亟待解决。

1. 数据的真实性问题

通过前文对区块链技术应用于征信行业的两种模式的分析，可以看出，数据采集仍然停留在使用传统方式的阶段，传统方式无法解决数据的真实性问题，这对征信机构来说是一大硬伤。虽然采用传统方式成本低、易于获取，但这种模式阻碍了征信行业的进一步发展。

2. 数据的安全性问题

隐私问题一直备受关注。无论是为了企业自身的未来发展，还是出于对信用主体隐私权益的保护，征信机构越来越重视数据的安全问题。而对于安全问题的担忧，也阻碍着区块链征信商业化的进行。

区块链结合人工智能将重塑信用体系

至此，我们对几种征信模型进行总结，可以看出，无论是人工智能征信，还是区块链征信，都存在诸多挑战，这些挑战可能会影响我们的步伐，但是不会阻挡我们前进。当然，通过对人工智能征信以及区块链征信的了解，我们可以发现，它们各自的优势也是明显的。于是我们可以大胆设想，如果将人工智能和区块链技术结合运用到征信领域，又会带来怎样的变革呢？

人工智能和区块链技术结合运用的案例——信用链 AFC

信用链 AFC 是基于 IBM HyperLegerFabric 技术的区块链底层技术，通过与人工智能深度学习、精准预测技术相互结合，实现信用预测、反欺诈及记录。这个生态系统构建了跨越多个金融领域的去中心化的风险管理、交易管理平台，从而为保险、小额信贷等业务提供服务。

信用链 AFC 具有哪些优势？一是崭新的商业模式。信用链 AFC 是基于区块链技术的联盟链，可以使账户之间直接进行交易，减少了中间环节。二是优质的获客渠道。区块链技术的不可篡改性确保了用户信息的真实性。三是解决贷款资金不足问题。贷款资金不足是很多优质企业面临的难题。四是更多的金融业务发展空间。信用链 AFC 通过提供多种服务，促进金融业务的健康发展，同时也有助于基于信用业务的其他业务的开展与深化。

信用链 AFC 已与三十几家国内外公司签约，未来前景可观。信用问题一直备受关注，特别是在当前信用风险不断上升的背景下。普通百姓需要贷款买房买车，有钱人也会涉及一些商业贷款，公司需要贷款进行业务拓展或者资金周转等。信用链的产生为信任问题的解决提供了很好的解决思路。信用链 AFC 只是区块链结合人工智能在征信领域的一个应用案例。未来，随着区块链与人工智能等技术的成熟，征信领域一定会有越来越多的应用方案。

第五章

智能投顾系统

据艾媒咨询（iiMedia Research）统计，截至 2016 年年底，中国互联网理财用户数量已达 3.11 亿。专家认为，随着互联网金融的发展，大众互联网理财理念逐步普及，有理财需求的人群不断扩大，智能投顾体系也因其成本低、风险分散等特点应运而生。将来，日益增长的互联网理财需求将成为推动智能投顾服务发展的有效助力。

智能投顾市场发展概况

投资顾问指提供投资建议服务并因此获得报酬的人。广义而言，主要指在证券和基金等金融资产投资、房地产投资、商品投资等投资领域提供专业咨询服务的人员；狭义而言，特指为投资者提供专业证券资讯和证券投资建议的咨询服务人员。

智能投资顾问（简称智能投顾），是指虚拟机器人基于云计算、智能计算、机器学习等技术，在模型中应用现代资产组合理论，并结合投资者的财务状况、风险承受力及利润目标，为投资者建立合适的投资组合。

投资顾问的发展可划分为三个阶段。第一个阶段为 20 世纪末之前，通过人工服务的方式为高净值客户提供一对一的专项服务，全面管理客户资产，以实现客户资产保值增值为目的。第二个阶段为 20 世纪末至 2015 年，主要形式为在线投资理财。结合人工服务，投资顾问为中等净值以上的客户提供投资建议及交易性投资组合管理。客户可以根据需求，通过线上平台进行理财。第三个阶段为 2015 年以来新兴的智能投资理财，以科技含量较高的智能理财投资方式，弱化人工服务，利用计算机程序系统结合客户理财需求，通过算法及数据模型，为客户提供科学理财建议或理财模型，较之人工服务具有低成本、无情绪化、操作规模化等特点，可以为普通人提供专业理财服务。2014年，智能投顾概念随着资产配置理论的发展开始进入国内公众的视野，投资者对大数据运用和量化投资的接受度日益提高，金融机构逐步开展该项服务，市场也越来越关注其发展。智能投顾运用广泛，其投资标的包含股票、债券、基金、房地产、大宗交易等。市场上运用较多的为基金智能组合，即根据用户需求，基于模型算法提供产品优选、资产优化配置、执行交易、税收管理等相关服务。自2005年该业务诞生以来，伴随着计算技术的不断前行，新兴初创类智能投顾平台取得长足进步，包括Wealthfront、Betterment、Personal Capital等平台。近年来，海外的嘉信理财（Charles Schwab）、先锋基金（Vanguard）、贝莱德（BlackRock）、富达投资（Fidelity Investments）等大型金融机构也开始积极开展智能投顾服务。

以基金投资为例，智能投顾服务模式可分为以下6个步骤：

（1）通过用户画像系统调查客户风险承受能力、投资目标。

（2）依据用户画像系统推荐个性化组合。

（3）资金委托第三方（如银行等有资金托管资质的机构）进行资金托管。

（4）系统自助代理客户开展资产交易。

（5）实时监测市场需求，统计用户需求变化，以优化投资组合。

（6）投资顾问平台根据实际情况配合客户进行交割等操作。

上述智能投顾服务模式能使用户的投资具有分散性，将用户资金分散到不同投资产品中，让风险与收益相匹配。智能投顾同时负责主动管理，实时监测资产市场波动，并提供主动的资产管理，其最终的目标是长期稳健，即追求长期稳健性投资回报，避开高风险短期投资。智能投顾的市场前景巨大，在证券投资、基金及银行理财等行业的规模上都有体现。

中国证券投资基金业资产多年以来稳步增加。公开数据显示，截至2017年四季度，基金、证券、期货等投资机构资产管理业务的规模已达到53.57万亿元，较之2016年四季度同比增长3.44%，其中证券公司资金管理规模已近20万亿元。目前国内资产投资业务规模仍处于上升阶段，随着投资者理财理念的变化，未来将有更多投资者选择专业机构的理财服务。智能投顾服务门槛较低，但又能提供专业化的理财服务，未来的发展前景可期。另外，国内银行业理财市场也不容小觑，《中国银行业理财市场报告（2017年）》显示，银行理财的发展形势较好，银行理财资金账面额约29.54万亿元，累计兑付客户收益近万亿元。目前，大量商业银行如招商银行已开始试水智能投顾领域，率先开始进行银行理财的升级换代。未来银行理财服务智能化发展，并满足客户个性化理财需求将成为趋势。据统计，2016年中国互联网理财用户数量达到3.11亿，并且发展速度十分迅猛。在互联网金融快速发展的时代背景下，大众互联网理财的观念逐渐普及，选择互联网理财的投资者的规模越来越大，而智能投顾的门槛低、操作便利等特点满足了大众的理财需求。未来，愈加庞大的互联网理财用户规模也将促进智能投顾技术不断发展。

中国的智能投顾起步较晚，2010年，雪球在线投资平台获取行业内最早融资，但其不是完整意义上的智能投顾平台。2015年，中国智能投顾平台开始进入急速上升通道，多家平台不断获得资本融资。随着互联网金融快速发展及其对国内客户投资理念的渗透，智能投顾将来也许会成为主流投资顾问方式，具有较大的市场潜力。

智能投顾核心业务及优势

智能投顾的优势

个性配置

个性配置匹配不同投资者的个性需求。个性需求存在极强的个体差异，比如，风险承受能力差异较大，部分投资者追求高收益的同时愿意接受高风险，部分投资者追求稳健的收益率并可承受比例不高的本金亏损，部分投资者不能接受任何本金损失风险；流通性偏好差异明显，部分投资者需要投资资产具备极强变现能力，部分投资者的投资本金却为闲置资金不需立即使用。所以应针对投资者的风险偏好、流动性偏好等特点定制不同的智能投顾方案，以满足不同人群的个性化理财需求。

服务门槛降低

传统资产配置主要通过人工服务的方式实现，成本较高且主要服务于少数高净值理财客户。通过计算机程序实现的智能投顾，成本低廉，使更多普通用户得以受惠，满足其个性化投资需求。

冷静决策，战胜人性

个人在投资过程中不可避免地受到人性的驱使，贪婪和恐惧永远摆在天平的两端。而智能投顾则避免了人性的缺点，通过数据做出科学冷静的判断，不会因为贪婪忽视风险，亦不会因恐惧而放弃机会，从而实现冷静决策。

节约交易成本

智能投顾大多通过ETF（交易型开放式指数基金）交易，通过大数据抓取及海量智能运算大大节约了人工顾问服务以及设立线下服务网点的高额成本。

智能投顾的利益不与投资者利益发生冲突

交易佣金是传统人工顾问服务费的重要来源，因此传统的投资顾问需要频繁交易以获取交易佣金，可能不以投资者利益最大化为根本目的。智能投顾服务不以收取交易佣金，而以实现投资者利益最大化为服务目的，因此不会盲目提高换手率。

智能投顾的核心业务

尽调评估

尽调评估采用"定量+定性"的综合方式，多维度综合考量，形成独有的核心产品组合池。以私募基金 ODD 评价系统为例，ODD 主要针对投资者的投资能力进行实时尽调评估，评估对象包括投资流程、投研团队、风控措施及重大事件解析（如分析过往产品发生较大回撤事件的原因）等。ODD 主要对私募运营资格进行判断。一般而言，ODD 团队对一家私募机构尽调耗时近 100 小时，需要对该私募机构的股权信息、硬件设施、财务状况及交易平台等进行全方面审查，包括审计其财务报表、合规手册、风控记录，调查第三方合作机构，如审计机构、律所等，还会通过大数据的方式查询机构不利消息以及该机构职员的负面信息。智能投顾下的尽调评估则通过"机器+算法"自动化完成，对大数据仓库和历史数据进行挖掘提取，较之前的人工尽调，节省了巨额人力成本，且出具评估结论也更为高效。

组合构建及再平衡

投资组合再平衡指当投资组合资产配置与目标配置不一致时，对资产权重进行及时修正以匹配初始资产配置目标的投资策略。投资组合再平衡是投资组合后续管理及风险控制的重要载体，有利于保证投资组合实现与投资目标的一致性。

（1）风险控制。再平衡虽然可能减少投资组合获得超额回报的机会，但在一定程度上规避了投资风险。再平衡策略的目的主要在于规避风险而非获取投资超额回报率。随着投资时间的推进，再平衡对投资组合市场波动及下行风险具有良好的平衡作用。因此，再平衡重新权衡了风险与回报，有助于投资者规避因市场剧烈波动而对部分资产类别承担过度风险的情况，也有利于投资者在所谓"投资热点"出现时规避泡沫陷阱。

（2）实现长期投资目标。由于趋利避害的人性驱动，投资者常常被一些暂时表现突出的资产吸引而"高吸低抛"，加剧投资组合的波动下行风险，再平衡有效地规避了这一点。再平衡可能迫使投资者大量减持表现优异的资产而增持表现弱势的资产。尽管该操作违背了投资者"买涨不买跌"的投资直觉，但再平衡策略符合"低吸高抛"的投资原则，能有效降低投资组合市场下行风险，有利于投资组合取得长期市场回报。

（3）市场大幅波动时，降低风险，提高组合回报。市场表现不良时，再平衡有利于降低投资风险，并提高投资组合回报率。未选择再平衡的投资者事实上是放任其投资组合随市场低潮波动，势必增加投资组合的跟踪误差和波动程度。在市场大幅波动时，长期买入并持有是一种被动策略，在环境不稳定时可能表现较差，采取"低吸高抛"的再平衡策略更为适合。特别是在金融危机情形下，投资者可以及时采取再平衡策略，从而削弱市场大幅波动对于自身的不利影响。

（4）再平衡的主要形式。

再平衡主要分为以下四种形式。

定期再平衡：在固定时点（通常设置为每季度或者每半年），可设法将投资组合再平衡调整至预设投资组合权重比例，也可调整至其目标空间。投资组合的跟踪误差通常较低，故该方法可适用于被动策略。关于再平衡的频率，逐日或逐月进行将产生高频交易量及高额费用，投资回报率提升也相对有限，而每隔一年以上进行再平衡则可能因市场波动导致投资组合发生较高的跟踪误差。因此每季度或者每半年进行再平衡是大多数主权财富基金、养老基金等机构投资者通常选择的策略。

临界再平衡：在投资组合偏离资产配置区间达到临界时（如偏离基准±2）进行再平衡，将资产组合再平衡至投资组合目标或收益标的区间，区间的选择依据投资者的风险偏好来设定。

现金流再平衡：当现金流持续良好时，机构投资者通过调整投资组合以不断进行再平衡，吸收低估资产，并减少持有的高估资产。增持所需资金主要来源于利润收入，包括投资利润（利息收益、股息、股利）及非投资性利润。

战术再平衡：战术再平衡相对灵活，即允许各类资产配置与战略资产组合相偏离。各类资产在不同市场形势下表现不一致。故仅当某类资产比重超过预设目标比重且该类资产被市场严重高估，或者某类资产比重低于预设目标比重且该类资产被市场严重低估时，方可进行再平衡。

此外，再平衡策略可以根据程度不同划分为三类形式。

再平衡至预设目标：为实现风险控制优化、跟踪误差减小，通过资产比例的调整，使得投资组合回归至预设平衡状态。但这种方式可能使再平衡的成本超过收益。

再平衡至临界值：较之于再平衡至预设目标，采用这种方式可以降低交易成本，但亦有可能导致投资组合次优。

再平衡至目标的一半：此种策略下再平衡的规模相对较小，但频率可能更高。

以上方式各有特点，因此机构投资者选择投资组合再平衡策略时应综合考虑频率及误差的容忍限度、再平衡的程度、现金流配置的方法择取、监控及执行再平衡的投资管理人择取等。

各类资产的特征与再平衡

建立与机构投资者投资理念一致的再平衡，与资产组合的特性息息相关。再平衡对股票、债券组合风险具有良好的抑制作用，但对于对冲基金、大宗商品、房地产资产等资产类别，再平衡未必可以有效抑制风险。

相关性（correlation）：如果资产类别收益之间关联性较高，这些资产类别往往会同向运动。当组合中所有资产的收益均朝同一方向运动时，资产配置的权重也趋于保持恒定，以此降低偏离目标配置的风险及再平衡需求。

波动性（volatility）：收益波动性的提高会加剧资产类别权重的波动，同时目标重大偏离的风险随之加大。波动性越大，再平衡越必要。故当波动性随时间变化时，再平衡在波动剧烈时更为频繁。因此，如果将大宗商品纳入再平衡范畴，由于其市场波动较大，再平衡的频率也需要适当提高。

预期收益（expected return）：特定资产预期收益越高，资产组合配置权重越倾向于该特定资产类别。组合各部分在预期收益上的重大差异，会加剧目标重大偏离的风险，对于再平衡的需求则会随之提高。

投资时限（time horizon）：投资时限的延长使组合偏离目标配置的可能性增加，从而增加了收益重大偏离的风险。长期偏离使再平衡显得更为必要，同时亦为弥补再平衡成本提供了更长时间。对于投资时限较短的投资组合，再平衡的成本较高，而最优的再平衡频率将随着投资组合到期日的临近而逐步下降。

组合管理

投资组合管理的目的是依据投资者的个性化需求，用证券、基金等各种资产构建投资组合，并通过对投资组合的管理实现投资目标。依据风险偏好和投资回报率目标，投资组合管理的目的是，在投资者可承受风险范围内，实现投资回报率的最大化。

投资组合的思想如下。

1. 传统投资组合理念——Native Diversification

（1）注重投资多样性，即"不要把鸡蛋放在一个篮子里"。

（2）投资组合中资产类别和数量越多，风险越分散。

2. 现代投资组合理念——Optimal Portfolio

（1）最优资产比例：投资组合风险与组合资产收益息息相关。一定条件设定下，存在一组使得组合风险最小的投资比例。

（2）最优组合规模：投资组合中的资产种数增加，组合的风险随之下降，组合管理的成本也相应提高。但当投资组合中资产的种数达到一定数量后，风险难以继续下降。

投资组合的构建过程分为以下步骤。

首先，界定适合选择的资产范围。部分投资者着眼于普通股票、债券、货币市场工具等主要资产类型；部分投资者将诸如国际股票、非美元债券等资产也纳入备选资产类型，使得投资具备全球性特征；还有些投资者将房地产、风险资本也吸纳为资产备选，进一步拓宽投资范围。依据投资者的个性化需求、理财能力、资金实力选择不同的资产范围，有利于量身打造适合不同投资者的投资方案。

其次，投资者还需计算各类股票、债券及其他资产类型的潜在回报率期望值及其承担的风险范围，以便对比分析何种资产更具竞争力。投资组合的价值很大程度上取决于组成资产的潜在价值。

最后，投资组合构建过程的实际最优化应涵盖各种资产的选择及投资组合内各资产类型比重的确定。在把各种资产类别集合形成预设投资组合的过程中，不仅需考虑各个资产类别的风险及回报率特性，还需考量各资产类别随着时间推移可能产生的相互作用。马科维茨（Markowitz）模型从客观而简练的角度为确定最优投资组合提供概念性框架及分析办法。

管理投资组合是一个连续性的过程，同时涵盖静态资产与动态资产（如项目等）的管理。实际运行中，投资组合管理的难点在于必须时刻保持对市场的高度敏感，持续动态分析及检验，分析不断出现的新兴市场机会、现有资产类型的表现及企业为了捕捉机遇而及时更新的资产配置等。

在瞬息万变的市场形势中，影响投资组合的资产性质及项目价值均处于随时波动的市场环境中，波动因素可能来自外部，如市场地位变化、行业更新换代或者公司竞争地位的变化，亦有可能来自内部，如公司战略、产品种类、分销渠道的调整，或成本、质量等竞争基础的变化。

风险控制

智能投顾应该做好以下几方面的风险分析：一是市场风险，二是道德风险，三是流动性风险，四是运营风险。市场风险的应对策略包括对冲的策略组合、风格错配、多元化分散投资、投资产品多于2只且少于10只等。道德风险提示投资者警惕不同寻常的绩效，预防偏离一般水平过多的组合方向，防止投资风格出现偏移或突然发生剧烈的变化，评估管理层换人可能带来的风险，同时预防管理的资产及合同条款发生重大变化。流动性风险主要考虑提高资金使用效率，动态监控对接的精准时间，确保申购赎回。运营风险要求系统能够环环把控风险点，防范可能出现的投资损失。风险管理原则是尽可能谋求绝对收益并控制下行风险。要实施风险管理，就要尽可能地做好量化指标管理、事前控制、事后跟踪、动态管理等。

智能投顾市场案例分析

Wealthfront 模式

投资顾问公司 Kaching 是 Wealthfront 的前身，于 2008 年 12 月成立，并于 2011 年 12 月正式更名为 Wealthfront，转型成为一家专业的在线财富管理公司，目前已快速发展成为美国两大智能投顾平台之一。该平台通过计算机模型、技术等，为客户定制涵盖股票配置、股票期权操作、债券配置、房地产资产配置等一系列业务的服务体系。

Wealthfront 的主要增值服务是减少配置冲突，降低成本，提高资本收益。其主要的实现方式是自动化投资理财咨询：通过分析用户行为、市场趋势和产品本身的属性，发现用户的风险偏好及可接受的投资收益预期，充分利用云计算、智能算法等建立用户投资模型，帮助用户对接喜欢的产品，获得投资收益。

Wealthfront 提供的产品模式为多类别资产组合与不同账户需求进行匹配。具体而言包括 11 类资产类别，分别是市政债券、公司债券、自然资源、美国通胀指数化证券、房地产、新兴市场债券、美国国债、股利股票、新兴市场股票、海外股票及美股等。Wealthfront 的赢利模式主要以客户咨询为主，对于 10 000 美元以上的项目，公司会向用户收取 0.25% 的咨询费用。

Wealthfront 的主要优势有三个方面：避免客户与投资顾问之间的利益冲突；减少客户投资理财的成本支出；多元化投资组合，提高投资收益。

摩羯智投："人+机器"模式

摩羯智投为 2016 年 12 月招商银行发布的投资产品，通过"人+机器"模式提供定制化理财服务。通过标准化与个性化相结合的方式，摩羯智投力求兼顾普通投资者与高净值投资者的投资需求，实现业务范围利益最大化。摩羯智投产品的推出，标志着我国银行业开始正式引入智能投顾服务，非高净值客户也逐渐成为传统银行的理财服务对象。

摩羯智投的投资服务导向是利用自身优势，分散基金组合。产品主要以公募基金为基础，面向全球市场，主要包括境内外股票、境内外债券、大宗商品、现金产品等。摩羯智投的自身优势主要体现在两方面：一是大类资产配置能力，二是基金金融的大数据整合、分析及处理能力。它通过对客户及大数据的分析形成组合产品，产品的构成有固定收益类、股票类、现金及货币类等。

摩羯智投通过"人＋机器"的深度融合，充分发挥机器在数据处理、模型化处理等方面的优势以及人为构建非结构化数据库方面的经验。与国外"去人性化"不同，摩羯智投结合人为经验，这是针对国内情况进行本土化创新的成果。移动互联网时代促进了商业银行革新，形成通过数字化渠道获取金融服务的主流模式。大数据、云计算、人工智能、生物识别等技术也引领着其他金融领域的创新。处于探索期的中国智能投顾领域发展前景非常广阔，商业银行、券商等金融机构已争先进入该领域，智能投顾结合传统投顾业务的服务方式将成为中国理财的新趋势。

谱蓝：切入市场教育

谱蓝为新兴金融科技企业创必承旗下的个人向导型智能投顾产品，于2017年7月获得了数千万元的融资。谱蓝坚持倡导定投的投资理念，其低门槛、低费用的特征使其服务具备普惠性，受到市场的广泛欢迎。创必承以市场教育为切入口进入智能投顾领域，通过旗下理财巴士等理财教育平台进行市场推广并吸引客户，结合专家顾问服务和智能投顾服务提供专业的理财服务。在智能投顾市场热潮下，互联网创业企业在金融理财市场上风生水起，未来智能投顾将成为互联网创业领域的新风口。

谱蓝智投的服务模式是：数据算法匹配资产组合，情境模拟控制资产风险。通过对历史数据的分析来寻找相关性低的资产，同时对宏观经济数据进行分析来预判资产未来走势，从而对股票类资产、债券类资产、现金类资产和实物类资产进行组合和配比。第一步，构建智能算法，寻求投资者的风险收益平衡点，在全球资产配置中寻求适合的投资组合。第二步，通过"压力测试＋情景模拟"的手段，对每个投资组合进行模拟测试并计算每个组合的最大回撤及回本周期，对投资风险进行严格控制。具体服务模式如图 5.1 所示。

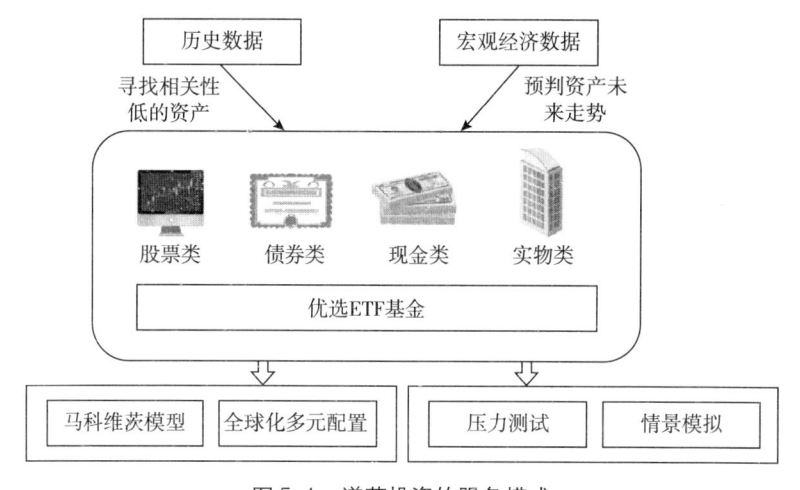

图 5.1 谱蓝投资的服务模式

从市场教育切入是谱蓝的特色之处。首先，通过谱蓝母公司和谱蓝 App 内课堂频道对客户进行理财培训；然后，对平台注册用户进行问卷调查以评测其风险承受能力；最后，对理财需求强烈的客户提供一对一的专家理财服务和智能投顾服务，同时对市场情况进行实时监控，每日对账户表现进行跟踪，以不断智能优化资产配置比例。

较之美国的智能投顾市场，中国 ETF 数量较少且投资群体的智能投资理念尚未成熟。中国的智能投顾理应寻求创新之路，例如，谱蓝投资及其母公司创必承以市场教育为市场切口，提供智能理财和专家理财相结合的综合理财服务，可以有效解决第三方创业机构的用户获取难题，又有利于企业合法合规发展，受到投资方认可，未来极有可能成为智能投顾行业中的一匹"黑马",得到市场认可。

京东智投:生态优势支撑

京东智投是电商巨头京东推出的智能投顾产品,于2015年8月进入市场。作为京东金融生态布局的重要环节,京东智投采用个人导向型智能投顾为投资者提供投资服务。互联网巨头企业涉足智能投顾领域,具有互联网用户体量优势,其内部资源及生态场景可为智能投顾提供巨大支持。对数据资源、生态资源和资金资源的整合,不仅可以构建更具优势的投资模型,还具有更好的资金优势及合规性。京东智投的资源整合如图5.2所示。

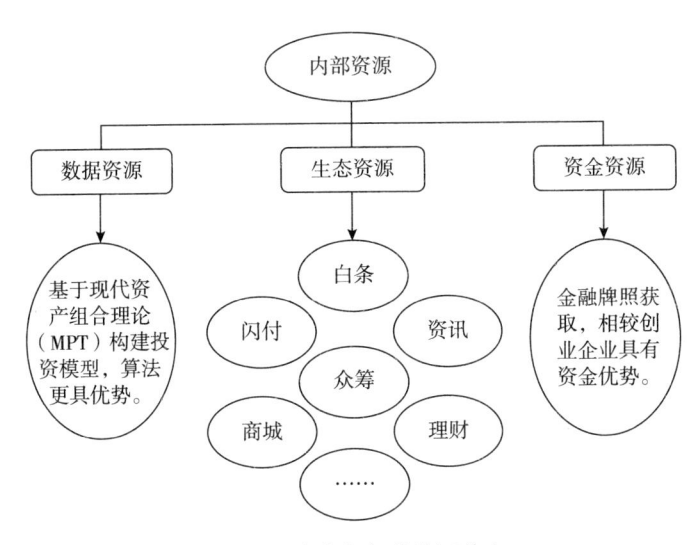

图5.2 京东智投的资源整合

京东智投的服务模式是提供个人导向型匹配资产组合。首先,通过问卷调查确认客户风险类型;然后,根据个体用户的风险类型,向其推荐资产,资产类型主要包括债券、股票、货币基金、海外基金、黄金基金等资产;最后,根据科学分析和个人用户的投资偏好,进一步提供"一键式"

购买通道，帮助用户随时随地配置资产，获得相应收益和财产增值。

虽然智能投顾产业在国内起步较晚，但是结合人工智能提供金融服务的模式具备良好的市场前景，将构成互联网金融服务的重要环节，亦已成为各大互联网巨头在金融领域的重点关注方向。近年来，互联网巨头如阿里巴巴、腾讯、京东等在互联网金融领域持续发力，在智能投顾方面也积极投入，较之于初创企业，互联网巨头涉足智能投顾领域具有用户资源、服务渠道优势，较之于传统金融机构，互联网巨头更为灵活。未来互联网巨头支撑的智能投顾产品将会成为智能投顾产业的重要组成部分。

新技术浪潮下的智能投顾

人工智能

所谓智能投顾就是指智能的投资顾问，投资顾问的工作包括上述的资产管理、风险管理、产品设计，还有客户画像、算法匹配等方面。目前在国内市场，由于专业人员稀缺、产品种类繁多复杂、国内投资用户规模庞大等，智能投顾的前景是相当广阔的。

基于大数据的人工智能，与同样以大数据为基础的量化投资策略相比，具有深度学习能力，能通过各种结构化数据和非结构化数据进行分析学习，得到更优秀的决策组合。在人工智能深度学习的支持下，以大数据分析为基础的量化策略会实现质的飞跃。人工智能投顾的最大优点是可以生成海量的、合适的投资策略，并且分发给不同的投资者，以避免交易策略重叠，从而降低投资趋同的风险。

人工智能投顾生成的投资策略完全不同于人工输入的计算模型，而是智能机器自己学习得出的策略，其生产量庞大，而且会得出一些人类从未想到过但收益会很好的策略，这一点是相当有意义的。对理财产品一无所知或不太了解的用户完全可以考虑使用智能投顾，但能否获得预期收益要看两个方面：一是该智能投顾的投资者适应性，二是该智能投顾的拟定算法或模型所带来的收益价值。

在市场风险规避方面，人工智能投顾做得相当不错。在行情不好时，合理的投资策略很难通过系统生成，此时可以提示投资者不要投资，空仓就是系统能给出的最好的投资策略。

此外，全球资本市场以及风险事件都可以通过智能投顾算法进行实时监控，自动调整组合中相应资产的比例，以降低投资组合的风险。相较于过去以人为主的传统投顾服务，智能投顾将带来更好的用户体验、更及时的风险控制，尤其是在波动性市场投资方面。智能投顾是在理论指导的前提下，总结实践经验，运用恰当的投资算法模型，提供个性化的、具有针对性的投资建议。这个过程可以消除个人情绪带来的影响，有效地助力投资者成为交易规则的严格执行者。

资料显示，国内目前已有超过 20 家互联网理财平台宣称具有智能投顾功能或者正在研发智能投顾服务。虽然近年来智能化飞速发展，国内涉及相关智能化领域的平台繁多，但它们中的大多数目前仍处于较为初级的发展阶段，与境外智能投顾机构存在一定差距，具有较大的发展潜力。

区块链

人工投顾获利的本质是产品方分利或者顾问佣金，因此从利益的角度来说，卖出产品是人工投顾的利益出发点，人工投顾大多数时候并不是真正站在客户的角度上，这就会出现人工投顾怂恿用户多进行申购/赎回等频繁交易的情况。在"区块链＋智能投顾"的预设条件下，产品规定就是一份智能合约，例如，某产品风险等级为 R2，任意时间点上的最大回撤不超过 10% 等。产品方则可以通过该智能合约提供相应的承诺，任何一项条款触发，合约里的相关金额（虚拟货币）将被自动转给智能投顾方所指定的账户，约束产品方提供正确的、无差错的、无分歧的信息。智能投顾合约可针对性地对某个或某几个相关产品进行推荐，其约束条件可以是产品在某个时间段内的价格表现或组合内产品的相关性。在该合约内，用户和智能投顾方按照约定比例，如 10∶1，投入一定金额。智能投顾方可以通过智能合约提供相应的承诺，如任意一项条款被触发，合约里的相关金额（虚拟货币）将自动转给用户，否则到期后该合约将自动转账给智能投顾方，第三方无法进行干预。这更加促使智能投顾方尽力提供符合市场规律的、有价值的建议。区块链上的智能投顾模型如图 5.3 所示。

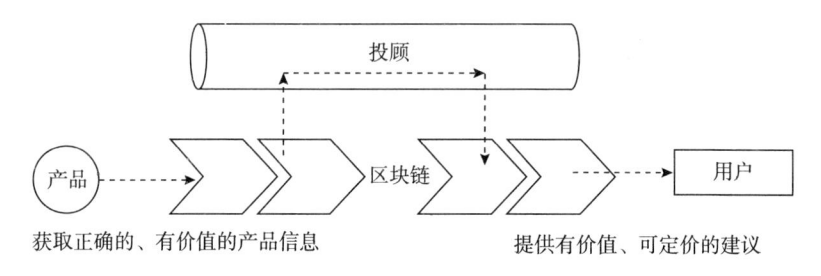

图 5.3　区块链上的智能投顾模型

深度学习

深度学习适用于智能投顾吗？自从 AlphaGo（阿尔法围棋）面世以后，深度学习成为市场潮流。尽管很多人声称自己开发的产品使用了深度学习技术，然而这个词在学术上是有严格定义的。深度学习是机器学习研究中的一个新领域，其基础原理在于建立模拟人脑进行分析学习的神经网络，模仿人脑机制综合分析及解释数据，包括声音、图像和文字。而机器学习亦形成了诸多模型，如决策树模型、SVM 模型等。目前，深度学习在智能投顾上的应用还存在一些局限，所以我们采用机器学习的另一种模式。其局限主要包括：一是深度学习所需要的计算量相当大。二是深度学习往往会陷入局部的最优解，但智能投顾需要的是对趋势的判断和分析，即需要一个全局解。三是深度学习有时候会产生过度拟合的问题，例如，A 股市场有个巧合，招商证券一开策略会，A 股就会跌，我们都知道这仅是一个巧合，但是一个成熟的智能投顾系统是否可以判断这两者是存在因果关系还是仅为巧合？再如，某对冲基金发现 1983 年到 1990 年，斯里兰卡黄油的出口和美国股票指数的走势呈高度相关，而到 1991 年这种重合突然消失，智能投顾系统可能无法判断其中的深层次原因。四是风险控制的问题，既然智能投顾系统具备 99.9% 的准确性，是不是就可以在投资时下重赌注？金融投资市场瞬息万变，如果下重赌注却不幸产生相反的结果，那么很有可能导致投资者破产。

智能投顾基金组合背后的投资模式存在较大差别，有依据选择基金的能力、量化模型等对全市场基金进行甄别筛选的，也有依据自身产品特点、配置建议等推荐适合的投资组合的。智能投顾基金组合提供了更多与风险收益匹配度相契合的产品和建议，可以更好地适应客户需求。其与基金中的基金（FOF），除底仓资产均为基金外，依然存在一些共同点和差异点。许多基金中的基金的构造方法以及资产配置的技术，如行业轮动、基金优选、目标风险识别、目标日期等，均可在资产组合投资中使用，但同时亦受限于部分智能投顾组合公布持仓的硬性要求，采用跟投的模式，其调整的频率不应过高。在发展初期，那些方法论比较清晰以及定时调仓的策略通常被智能投顾组合采用，随着金融科技的逐步发展以及国内账户投顾资格的进一步放开，未来智能投顾系统将应用更多新兴智能化策略，包括较为复杂的动态配置类投资策略。

第六章

区块链技术变革供应链金融业务

第六章 区块链技术变革供应链金融业务

供应链金融应运而生

什么是供应链金融

随着社会经济的不断发展以及社会生产方式的进步与改善，市场竞争也逐渐升级，由原来的客户间的竞争逐渐向供应链之间的竞争转变，同一供应链中的各方在竞争中相互依存。同时，在现代的交易模式中，赊销成为主流方式，这不利于供应链中上游供应商的发展。这些供应商难以通过信贷融资，而资金不足会造成后续环节的中断，甚至会导致"断链"现象的产生。因此，提高资金周转效率、维护供应链的发展已成为现代企业的重要研究课题。在此背景下，供应链融资类产品应运而生，有效降低了供应链管理成本。

那么什么是供应链金融？简而言之，就是银行通过提供灵活的金融产品和服务，增加资金的流动性，从而把核心企业及上下游企业联系起来的一种新型融资模式。

在原始供应链金融业务中，银行和企业是主要的两类参与方。2016年，我国商业银行由于信贷规模受限，发放的贷款金额无法满足企业的经营需求，转而借助信用证等延期支付工具，这强化了企业之间的合作关系，并稳定了客户。因此，供应链金融业务受到了银行业的高度重视，成为各大银行经营策略转型的一个重要突破口。供应链金融是一家企业得以生存和发展的重要支柱，是企业利润的源泉，其在企业中所发挥的作用被众多企业管理者认可。

此外，供应链金融对于商业银行的价值还有如下几点。

一是通过供应链金融可以促进银企之间的互利共赢。银行以一个全新的、更广阔的视野来帮助其成员企业进行资金筹集，通过对中小型企业与核心企业进行资信绑定来提供授信。

二是供应链金融可以有效地减少商业银行的支出。依据相关规定，相较于一般的信贷业务，贸易资金筹集项目的风险比重仅为20%。此外，供应链金融包括授信、电子化金融工具等，在扩展和延长银行业务方面能够发挥重要的作用。

供应链金融快速发展的根本原因在于其既能解决企业资金筹集难的问题，又能延伸银行业务。

供应链金融恰逢其时

中小微企业发展迅速，规模庞大，已经成为促进就业、稳定社会、改善民生以及发展经济的重要力量，也是一个城市的经济主体中数量最多、最有活力的企业群体。因此，中小微企业的健康发展关乎我国整体经济水平的提高。然而，融资难、融资贵的问题，长久以来阻碍了中小微企业的进一步发展。由世界银行、国际金融公司以及中小企业金融论坛联合发布的《中小微企业融资缺口：对新兴市场微型、小型和中型企业融资不足与机遇的评估》指出，中国目前近40%的中小微企业难以从正规金融体系中获得外部融资或融资无法满足其需求，融资缺口近12万亿元。据前瞻产业研究院预测，到2020年，国内供应链金融市场规模将达到15万亿元，前景广阔。

此外，国家政策也鼓励供应链金融发展。2017年以来，相关政策频繁落地，促进了供应链金融的进一步发展，为中小微企业提供了更加高效便捷的融资渠道。供应链金融相关政策如表6.1所示。

表6.1　供应链金融相关政策

时间	机构	文件	主要内容
2017年5月	中国人民银行、工业和信息化部、财政部、商务部、国务院国有资产监督管理委员会、国家外汇管理局、中国银行业监督管理委员会	《小微企业应收账款融资专项行动工作方案（2017—2019年）》	开展应收账款融资宣传推广活动；发挥供应链核心企业引领作用；优化金融机构等资金提供方应收账款融资业务流程；推进应收账款质押和转让登记；优化企业商业信用环境
2017年10月	国务院	《关于积极推进供应链创新与应用的指导意见》	积极稳妥发展供应链金融，鼓励商业银行、供应链核心企业等建立供应链金融服务平台，为供应链上下游中小企业提供高效便捷的融资渠道，有效防范供应链金融风险。研究利用区块链、人工智能等新兴技术，建立基于供应链的信用评价机制
2017年12月	上海证券交易所、深圳证券交易所、机构间报价系统	《企业应收账款资产支持证券挂牌条件确认指南》、《企业应收账款资产支持证券信息披露指南》	对企业以应收账款资产证券化融资的基础资产、风险管控、现金流归集和信息披露等环节提出明确要求

供应链金融的优势

企业融资新渠道

在中小微企业的资金筹集发展理念以及技术遇到障碍时，供应链金融的出现为其提供了一个完美的解决方案。大型企业也逐渐开始关注供应链金融，对大型企业来说，它可以作为一个新的融资渠道，弥补受到银行压缩的流动贷款额，同时还能借助上下游企业来方便其进行资金筹集，从而减少其对流动资金的需求。

产业链竞争日益激烈，核心企业一直占据上风，在供应链的结算当中，很大一部分都是赊销。借助赊销方式进行营销已在企业中掀起一股潮流，该方式造成了许多应收账款的出现，使得中小微企业资金流动性不足的风险越来越大。另外，如何对应收账款这一潜在的资金流进行利用以及信息、风险管理，也变得尤为重要。在新的时代背景下，解决中小微企业供应链融资问题的有效途径就是通过创新工具盘活应收账款，例如，招商银行开发的应收账款管理系统就受到了各大企业的关注。据相关人员介绍，该系统的优势在于，其能为供应商以及消费者提供安全有效的应收账款管理服务，这在很大程度上简化了传统的操作流程，特别是在买卖双方的债券转让确认方面，该系统能够快速有效地帮助企业进行融资。

银行开源新通路

供应链金融的出现为企业提供了一个切入和稳定客户的新渠道。国际银行之所以重视供应链金融，是因为供应链金融能带来比传统业务更高的利润，同时也加强了客户关系。在金融危机的背景下，上述两点更加突出和具有说服力。供应链金融的发展空间十分大，根据 USP（Unique Selling Propostion，独特的销售主张）模型的估计，全球市场上共有 1.3 万亿美元的应收账款，贴现市场潜力为 1 000 亿美元，资产支持贷款市场潜力为应收账款的 3.4 倍。2008 年，全球规模前 50 名的银行中，有 46 家银行已经开始发展该项业务，其他 4 家也正在筹办该项业务。招商银行相关人员表示，利用供应链金融，银行的服务主体可以包括更多小微企业。如果某家企业没有达到银行的风险控制标准，那么可以通过该企业与核心企业间的贸易业务来进行授信，从而完成整个交易。

经济效益和社会效益显著

供应链金融带来的社会效益和经济效益也非常突出。据东方财富网统计，2017 年中国供应链金融市场规模达到 14 万亿元，预计 2020 年将达到 27 万亿元。同样，供应链金融为欧洲的 1 000 家公司盘活了应收账款、存货、应付账款，共计 460 亿欧元。

供应链金融实现多流合一

　　供应链金融可以促进物流、资金流、信息流等的整合。我国的供应链金融发展还处于探索阶段，但是得益于融资租赁市场以及商业票据的发展与进步，供应链金融呈现出快速发展的态势。当前我国的供应链金融主要应用在化工、医药、电力设备等行业。供应链金融竞争的主要参与者包括电子商务平台和核心企业。随着信息时代的不断发展，"互联网+"的出现促使中国的供应链金融市场呈现增长趋势，预计 2020 年将达到 15 万亿美元的规模。

　　供应链金融起源于银行，与信息技术擦出火花后，金融门槛逐渐变低，互联网的发展为市场提供了更大的选择空间。在该模式下，对于核心企业来说，与其供应链相关的企业仍旧可以为其分担一部分资金风险；对于核心企业的上下游企业来说，可以借助核心企业的信用支持，以低成本获取高额贷款金额；对 P2P 一方来说，可以与核心大企业建立合作关系，掌握供应链上的信息流等数据，将单家企业无法控制的风险转变为供应链整体可控的风险，进而更加有效便捷地控制风险。

　　2016 年 2 月，央行等八部委印发《关于金融支持工业稳增长调结构增效益的若干意见》。在该文件中，涉及供应链的内容有以下两点：一是要积极推广发展应收账款资金筹集，引导更多供应链加入应收账款质押融资服务平台；二是积极探索和促进产业与金融的融合，积极构建金融公司产业链金融服务试点并鼓励引导大企业设立产业创投基金，给产业链上下游创业者提供创业资金。在国家开放性政策以及"互联网+"的推动下，核心企业、电商平台等多种参与方将利用自身优势在供应链金融领域中相互合作和竞争。未来我国供应链金融领域将会出现更加多元的创新服务以及发展模式，逐渐成为我国产业结构优化和国民经济转型的着力点。总而言之，我国供应链金融发展前景广阔。

常见的供应链金融的业务模式

预付账款融资模式

所谓的预付账款融资模式是指买方以金融机构指定的既定仓单向金融机构申请质押贷款，卖方承诺进行回购的一种融资模式。如图6.1所示，该模式中提货权由金融机构控制。具体的业务过程如下：

（1）中小微企业（买方）和核心企业（卖方）签订购销合同，并通协调由过中小微企业申请贷款，支付购买款项。

（2）中小微企业通过签订的购销合同提交仓单质押贷款申请，并承诺将其用于交易支付。

（3）金融机构评估和审核核心企业的信用状况和回购能力，并审批核心企业的回购协议。

（4）金融机构和第三方委托方即物流企业签订仓储监管协议。

（5）卖方收到买方成功融资的通知后，将货物交付金融机构委托的第三方物流企业仓库，并将仓单交给金融机构保管。

（6）金融机构在确认仓单到位后，向卖方支付款项。

（7）中小微企业缴存保证金后，金融机构释放一定的货物提取权，并通知物流企业允许中小微企业提取规定数量的货物。

（8）中小微企业取得货物提取权，到仓库取得规定数量的货物。重复该循环，直到保证金账户的余额等于汇票的金额，即提取完货物为止。随后相关回购协议、质押合同进入注销程序。

预付账款融资模式极大地促进了中小微企业的杠杆化采购和供应商的大规模销售。在该融资业务中，中小微企业不必一次支付全部货物款项，而是通过金融机构释放的一定比例的提货权进行货物的分批支付，它不仅有利于缓解全额支付造成的中小微企业资金周转问题，而且解决了中小微企业融资困难的问题。此外，在预付账款融资模式下，供应链中的核心企业为中小微企业承担连带责任，并以金融机构指定仓库的既定仓单为质押，这大大降低了金融机构的信用风险，还为金融机构带来了经济效益的提升，实现了双赢。

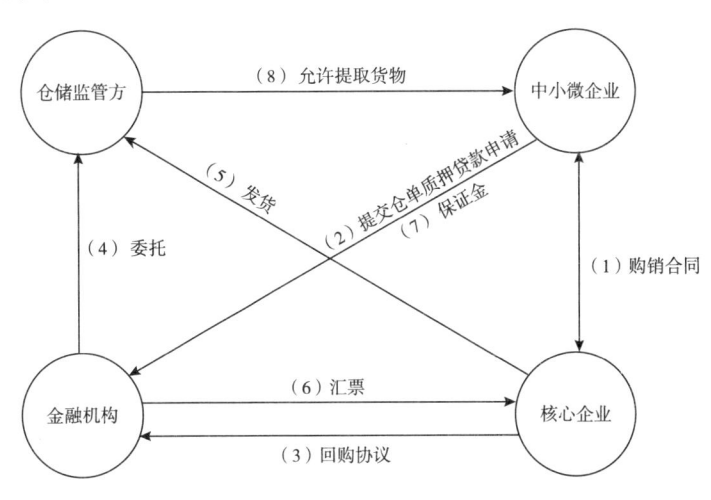

图6.1 预付账款融资模式

为相应减少现金流缺口，可在采购阶段便进行预付账款融资模式，使"支付"这一时点尽可能往后顺延；在企业日常运营阶段，供应链下的动产质押融资业务的运作可以补充从"现金支付"到"股票销售"期间的现金流差距。预付账款融资可以从产品分类的角度被解释为"未来库存融资"。

从风险控制的角度来看，预付账款融资的担保基础是预付账款下客户对供应商的提货权，与担保提货类似，提货权融资指的是客户利用从银行借贷来的资金向供销方进行预付款，并将供销方出具的提货单质押给银行，根据银行分批下放的提货权进行提货。一般而言，企业销售能力较强，其库存物资也相对较少，这就意味着供销方排产才是融资的主要需求。在此基础上，一旦买方承运货物，银行将通过指定的物流企业实现运输物资的质押，以控制运输环节；而一旦卖方承运，则采用提货权质押。买方收货之后，客户可继续向银行申请在库的存货融资。在此过程中，预付账款融资成为库存融资的"中间桥梁"。

从广义上来看，预付账款融资是直接包含银行对客户采购的信贷支持的，例如开具信用证，因此传统流动资金贷款金额也可被指定为预付账款的偿付。但是在这种情况下，银行通常要求其授信授权的申请人提供不动产质押或担保以覆盖敞口，这与供应链中的预付账款融资概念截然不同。融资项下的贸易取得恰恰是融资的担保，客户融资已经得到了最大限度的资产支持。供应链下游中小微企业从上游核心企业获得的贷款付款期通常非常短，有时甚至需要预付账款。这一点对于短期内资金周转不灵的中小微企业而言是相当致命的，因而预付账款融资模式中针对预付账款的特殊融资和金融机构的信贷支持，对缓解企业资金周转困难的状况非常有帮助。

动产质押融资模式

所谓动产质押融资，是指以贷款方自己的动产作为质押向银行贷款的业务。动产质押融资一直不受金融机构青睐，即使中小微企业名下有很多动产，也很难获得银行贷款。由于动产的强流动性以及我国对抵质押生效条件的规定，金融机构经常需要对动产进行综合的物流跟踪、存储监控、价格监控等。一旦企业破产，金融机构还需进行变现清偿债务，过程中风险极大。为解决这个问题，供应链融资模式引入了供应链下的动产质押融资。在这一模式之下，基于下游债务企业对其进行担保以及物流企业实行代管的双重保险，银行同意上游债权企业动产质押融资。融资过程中，下游债务企业会与金融机构签订担保协议或动产质押回购协议，在上游债权企业无法偿还贷款时，下游债务企业需负责偿债或收购其质押的动产。供应链下游债务企业往往运作规模较大，综合实力水平较高，因而具备为上游债权企业提供担保的资格，其不仅帮助融资企业解决资金周转困难的问题，还进一步降低了金融机构贷款风险，从而建立起与金融机构、融资企业的良好合作关系，获得融资企业长期稳定的供货来源或供销渠道等。此外，动产托管和价值评估等动产监管是融资企业与金融机构之间的桥梁，使得融资过程进行得更加顺畅。动产质押融资模式实际上降低了金融机构贷款面临的违约风险。

具体的运作过程如下：

（1）上游债权企业向金融机构申请动产质押融资。

（2）物流企业受金融机构委托评估质押动产的价值。

（3）物流企业通过价值评估程序向金融机构出具评估证明。

（4）金融机构应核实符合质押条件的动产贷款金额，并与融资企业签订动产质押协议，与下游债务企业签订动产回购协议，与物流企业签订动产监管协议。

（5）动产质押转让。

（6）物流企业应当检查动产质押，并通知金融机构发放贷款。

（7）融资企业收到融资贷款。

供应链下的动产质押融资模式是一种融合物流、金融服务与仓储服务的一体化的创新服务模式。此种模式使物流、信息流、资金流能够有效地结合、互动，方便综合管理，有助于实现业务拓展、资源优化，促使运营效率和供应链整体绩效整体提升，最终达成整个供应链核心竞争力的有效提升。

随着市场竞争的加剧和客户需求的多样化，供应链下的动产质押融资模式逐步创新发展，库存质押业务的核查是该模式的创新之处和重要环节。其与非核定库存质押业务最大的区别在于是否验证库存质押。除了核实融资企业货物质押率和授予一定数量的信贷外，新的库存质押业务还将根据相关质押动产的价值建立最低价值控制线。如果质押动产的价值高于最低价值控制线，则融资企业可以向第三方委托方，即物流企业，提交交付或更换货物的请求；反之，融资企业必须向金融机构申请，再由金融机构向物流企业下达交付或更换货物的命令。这一规定比非核定库存质押业务更加合理，在非核定库存质押业务中，除非融资企业事先补交保证金、归还银行授信或具有第三方担保凭证，否则是不得随意提取或更改质押动产的。除此之外，质押动产也可根据仓单质押模式进行运作，仓库业主受货主委托将货物验收入库并开具存货证明，该存货证明指的便是仓单。仓库收据可以作为权利证书承诺。仓单质押模式可分为标准仓单和非标准仓单。其中，标准仓单是指期货交易所统一制定的仓单，确认无误后，将作为期货交易所发出的货物授权文件发给业主。标准仓单可用于交付、转让、质押等。向出质人提供贷款信贷并以标准仓单作为质押的业务被称为仓单质押业务。而非标准仓单是指商业银行评估后认可的第三方物流企业出具的一种权益凭证。商业银行向出质人提供贷款信贷并以非标准仓单作为质押的业务被称为非仓单质押业务。在中国商业银行与第三方委托方即物流企业的商业合作领域，非标准仓单质押业务似乎更具代表性。

应收账款融资模式

所谓应收账款是指未在信用账户下收回的应收账款，由卖方提前转入金融机构，作为金融机构为卖方提供融资的资金。该商业模式的前提是供应链下的应收账款融资。然而，该融资过程要求上游债权企业和下游债务企业必须共同参与，一旦上游债权企业出现问题，将使金融机构遭受损失，债务责任由下游债务企业承担。此外，在同意向相关融资企业提供贷款前，金融机构应对企业进行风险评估。在风险评估过程中，要对企业信息进行验证，特别是查看该企业的资产规模、资产负债情况、整体资信水平等。一般而言，传统的银行信贷在提供贷款给融资企业的过程中，更加注重该企业是否具备足够的资产规模，资产负债表是否良好，以及公司的整体信用评级是否足够高。应收账款融资模式的运作根据融资企业在市场上拥有的产品的盈利能力以及公众接受的程度而有所不同，而且是通过签订企业之间的贸易合同来实现的。该融资模式下的银行融资风险评估倾向于关注下游债务企业的偿付能力、交易风险和整个供应链的资本运作，而不是仅仅关注企业自身的信用评级。事实上，在应收账款融资模式下，银行的贷款风险大大减弱。下游债务企业可以与信誉良好的银行保持良好的长期稳定信贷关系，因而可为上游债权企业提供担保，当然一旦担保失败，仍然要承担相应的债务。同时，借助这种担保机制，上游债权企业倾向于加强自身企业信用建设，以维持与大企业的长期贸易伙伴关系。应收账款融资模式是以供应链金融业务为基础的,下游债务企业为融资企业提供担保,不仅解决了上游债权企业因自身资产规模、盈利水平、财务状况、资信情况等达不到银行贷款的要求而无法进行信贷的问题,还在一定程度上降低了银行的信贷风险。

具体运作过程如下:

(1) 上游债权企业和下游债务企业启动货物交易。

(2) 下游债务企业向上游债权企业发行应收账款,成为其货物交易的债务方。

(3) 上游债权企业向金融机构申请应收账款融资。

(4) 下游债务企业应当向金融机构出具应收账款凭证并提供承诺保证。

(5) 上游债权企业融资成功,成为融资企业。

(6) 上游债权企业利用融资资金购买原材料等生产要素,扩大生产规模。

(7) 下游债务企业销售产品并收到付款。

(8) 下游债务企业在金融机构账户中收到应收账款金额。

(9) 应收账款质押合同注销作废。

传统供应链金融痛点

中小微企业融资难且成本高

考虑到风险控制,银行主要关注核心企业的存货周转能力以及销售调节能力,一般只愿意为那些对核心企业有直接应付账款义务的上游供应商(仅限一级供应商)提供保理业务,或为其下游经销商(主要供应商)提供预付款或者存货融资。供应链金融的业务量受限,导致中小微企业融资需求无法满足,出现缺口,产品质量也容易因此产生问题,严重时会破坏整个供应链体系。

融资操作烦琐

传统供应链金融通常为核心企业的上下游提供金融服务，核心企业的上游供应商可以凭借核心企业确认的应收账款转让通知，向金融机构申请应收账款质押融资或应收账款转让融资（即保理融资）。但在实践中，它们涉及的操作非常烦琐，需要核心企业对供应商应收账款转让通知进行确认，这实际上是金融机构对所受让应收账款的权利主张，为的是确保核心企业在履行还款义务时能第一时间还款至金融机构或通知到金融机构，并通过转让登记或质押登记确立优先受偿权。

资金端风险控制成本高

目前的供应链金融业务中，银行或其他资金端不仅关注企业的还款能力和还款意愿，而且也比较关注交易信息本身的真实性。一般而言，交易信息记录在核心企业的 ERP 系统，虽然篡改 ERP 比较困难，但交易信息的可信度绝达不到百分之百，银行依然担心核心企业和供应商或经销商勾结，篡改信息，因此认为有必要投入人力和物力去验证交易的真伪，从而增加了风险控制的成本。

供应链金融难以推广

在国内，供应链金融经过十多年的发展，从 1.0 的"1＋N"模式发展到如今 3.0 的"N＋N"模式。IBM 研究表明，近 75% 的供应链金融产品是存货融资和预付账款融资，银行仍受限于传统的质押贷款思维；另外的近 25% 主要是保理业务，而银行仍无法恢复基于贸易融资的具有自偿性的特性授信，简而言之，银行出于风险控制，不能仅凭买方还款作为第一还款来源进行授信。由于银行依托核心企业的信用状况来进行风险控制，垂直地对其上下游授信，为了确保银行的债权，银行推广供应链金融业务往往面临以下几个困难。

授信对象的局限性

由于全国征信系统仍不完善，供应链上的中小微企业存在信息不对称问题，因此银行难以直接对其授信。由于银行授信是以核心企业的信用为基础，无论是核心企业对上游供应商的最终付款责任，还是对下游经销商的担保责任或销售调整，都是以核心企业的信用为杠杆而衍生出来的授信。除了与核心企业的合作外，银行也只能局限于核心企业的一级供应商或一级经销商（即与核心企业直接签约的供应商与经销商），至于二级以上的供应商与经销商，则因为与核心企业没有直接的采购或销售合约，无法通过银行满足其融资需求。

科技整合的局限性

虽然核心企业可以满足银行单独授信的标准，但其自身的技术系统能否将供应链上的上下游企业交易信息整合在一起，使链上的采购信息与销售信息透明可靠，决定了银行能否获得对称信息，并为上下游企业提供授信。另外，交易信息的真伪应该如何验证？交易信息是否被篡改？这些问题也影响了供应链金融业务的推广。

交易全流程的可视性受限

供应链金融通过整合信息流、物流以及资金流等实现多流合一。如果线上的信息流与线下的物流信息不透明或者无法全程可视，那么银行对押品的控货权可能存在风险疑虑，这也限制了供应链金融业务的进一步发展。

高新技术促进供应链金融发展

大数据推动供应链金融步入信贷时代

传统供应链金融的融资极度依赖对应收账款、动产以及提货权等的质押。随着大数据时代的到来以及各种移动终端、手持扫描设备的普及，企业之间的货品周转及流水已经高度信息化、数字化。数据仓库及数据池能够提供大量原始数据，可以通过深入挖掘这些原始数据来跟踪某家特定企业的销售数据，从而对其进行信用评估，即了解企业的"芝麻信用"状况，使得金融机构对供应链企业提供融资不再单纯依靠物理质押物。这不仅提高了效率，而且使得融资过程更加灵活且科学。

例如，基于供应链大数据分析发行的"短贷通"，金融机构可以根据借贷方与核心企业之间的历史交易数据及现金流状况，如当公司经营稳定且与核心企业往来现金流状况透明可见时，为借款方提供无质押信用授信、综合额度授信以及质押物放大授信等多种授信方案。这款产品最大的特点是不需要质押，且授信额度最高可达销售收入的50%。当然，如果可以提供质押且符合金融机构的条件，授信额度可以放大1.5倍以上。此外，授信额度下可分多次用款，用款方式也更灵活。这款产品的主要服务对象是核心企业上下游的中小微企业供应商。具体如图6.2所示。

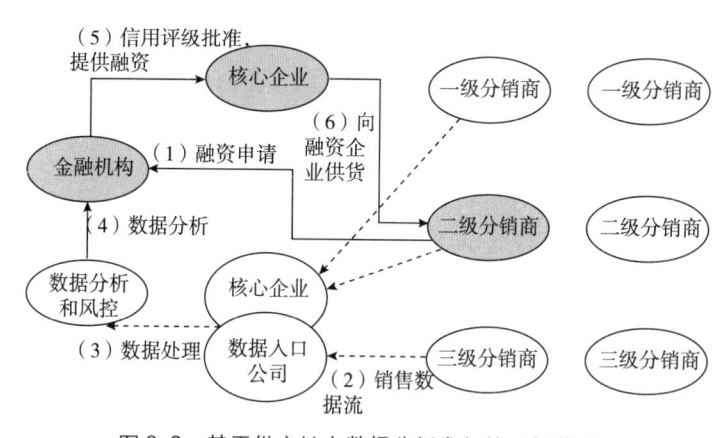

图6.2 基于供应链大数据分析发行的"短贷通"

相较于传统的供应链金融业务，大数据以及人工智能时代的供应链金融业务更加关注数据分析、信用分析及尾端融资等新兴业务。其中，利用数据分析，可以对上下游企业的数据进行跟踪，分析上下游企业的经营状况；信用分析通过对企业的经营数据进行充分挖掘和分析，对企业的信用等级进行评估,在信用基础上而不是货款/货仓质押基础上进行授信和融资。传统供应链业务一般是对核心企业的直接上下游企业进行融资对接,而在高新技术的支持下,金融机构可以获得更多的新数据,从而帮助供应链融资向前后延伸,真正为供应链上信誉良好且有融资需求的企业提供服务。

下面我们通过一个具体的供应链方案来加以阐述,该方案是针对快销企业的供应链融资业务。

(1) 提取企业经营数据。针对快销核心企业一级分销商,提取一级分销商 3~6 个月的数据、分销商企业数据、法人和实际控制人数据。

(2) 设定风控分类数据。如企业注册年限大于等于 2 年;法定代表人或实际控制人从业经验大于等于 4 年;信用评级大于等于 CCC;企业和管理者个人信用记录均良好;本身是快销核心企业的一级分销商。

(3) 设定利息率。风险高,利息高;风险低,利息低。产品利息为 12%~16%;基本授信额度为某一分销商 1~2 个月的销售额度(100 万~200 万元);依据借款方与核心企业往来的历史及现金流状况,在企业稳定与核心企业往来的现金流可见的情况下,为借款方提供无质押信用授信、质押物放大授信、综合额度授信等多种授信方案。

- 无质押信用授信额度最高可达销售收入的 50%。
- 能够提供质押且符合金融机构条件的,可以放大 1.5 倍额度及优惠利率。
- 借款额度项下可分多次用款,用款方式灵活。
- 专款专用;货品扫码跟踪,账号托管;核心企业货款对接。

(4) 建立分销企业授信机制,如图 6.3 所示。

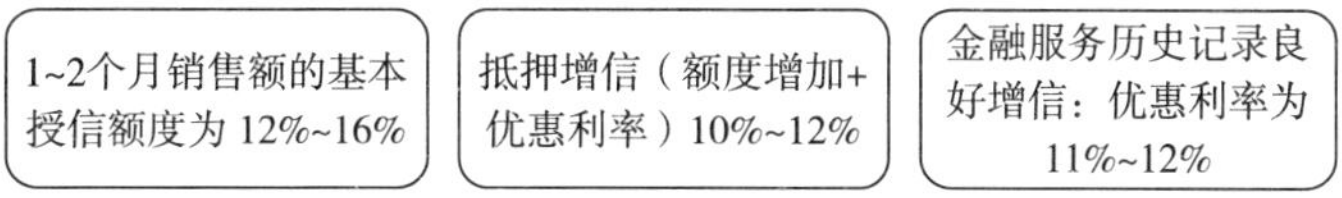

| 1~2个月销售额的基本授信额度为 12%~16% | 抵押增信(额度增加+优惠利率)10%~12% | 金融服务历史记录良好增信:优惠利率为 11%~12% |

图 6.3 分销企业授信机制

实践证明，上述产品在该核心快销企业的分销商供应链中很受欢迎，尾端的分销商由于数据的支持，其融资需求也能得到满足，而且门槛低、融资快。这不仅使核心生产企业销量迅速提升，而且分销商也可以缩短进货周期和提高进货量，降低了分销成本。提供融资的金融机构在风险可控的范围内，也获得了对应的投资收益，这是一个典型的多赢模式。

区块链重塑供应链金融模式

自从区块链出现以来，该技术已经从极客圈子中的小众话题迅速成为一项学界和社会大众广泛关注的创新科技，并成为金融科技领域中耀眼的明星。Venture Scanner 发布的一项报告表明，区块链领域吸引的风险投资持续增长，2012 年仅为 200 万美元，2016 年已高达 6 亿美元，增长了约 300 倍。

区块链技术之所以会在短时间内受到大众的广泛关注，主要是因为它被很多人看作可以改变现有交易模式、从底层基础设施重构社会的突破性技术。马尔科·扬西蒂（Marco Iansiti）、卡里姆·拉哈尼（Karim Lakhani）在《哈佛商业评论》（*Harvard Business Review*）中发表了题为《区块链的真相》（*The Truth About Blockchain*）的文章，系统地总结了区块链的运作原理。他们认为区块链本质上是一种开源分布式账本，可以高效记录买卖双方的交易，并保证这些记录可追溯且永久储存，通过智能合约也可以自动发起交易。其运作原理可以具体概括为，分布式数据库、对等传输、透明的匿名信、记录的不可逆性以及计算逻辑。

这些特征使区块链在供应链金融领域脱颖而出，在对现有供应链金融存在的难点与痛点的解决上具有巨大的潜力。

一是建立 P2P 的强信任关系。区块链采用分布式部署存储，实现多点存储，数据不是由单一中心化机构统一维护，因此不会因为个人利益而被操控，拥有较高的可信度。

二是建立透明供应链。区块链中保留了完整的初始数据，所有参与者都使用相同的数据来源，而不是分散的数据，保证了供应链信息的可追溯性，实现供应链透明化。

三是满足金融应用的高级加密安全性。通过加密机制对交易进行加密，数据无法被删减或者篡改，分类账本几乎不可能受到损害。

四是个性化服务。区块链本身的可编程性可以满足各类消费者的个性化需求。

五是可审计性。区块链中通过记录每次数据更改的身份信息，可以进行可靠的审计跟踪。

区块链技术的这些特性使其有潜力为供应链金融行业的经济和交易制度创造新的技术基础。未来，随着区块链技术的进一步发展，其将深刻改变供应链金融行业的商业运作模式，这种改变远远大于供应链行业自身的改变。

桑坦德金融科技风险投资基金会（Santander InnoVentures Fund）预测，到2022年使用区块链技术的银行每年可以节省200亿美元。总体而言，区块链对于供应链金融领域的变革值得期待。

区块链用于供应链金融的场景

上述区块链的各种特性可以帮助有效解决当下供应链金融的问题，并促进供应链金融价值链的重塑。或许在现在看来，很多创新方式我们难以想象和预测。下面我们尝试从三个角度描述区块链与供应链金融碰撞出的火花。

区块链提高供应链金融行业的透明度

射频识别技术（RFID）长期以来被用于提升供应链的透明度，区块链同样可以确保物品从物理世界向虚拟世界映射的透明度和安全性。区块链将分类账上的货物转移登记为交易，以确定与生产链管理相关的参与方以及产品产地、日期、价格、质量和其他相关信息。由于分类账呈现分散式结构的特点，任何一方都不可能拥有分类账的所有权，因此不可能存在某参与方因谋取私利而操控数据的情况。此外，由于交易被加密且难以被篡改，分类账几乎不可能受到破坏。这对于供应链金融来说意义非凡。未来在区块链技术的支撑下，供应链金融的整体透明度将提高，行业风险将降低，参与各方将明显受益。

区块链可以提供交易的实时状态和可靠视图，有效提升了交易的透明度，极大地方便了中介机构基于常用的发票、库存资产等金融工具进行放款。其中，质押资产的价值会根据现实时间进行实时更新，有助于建立一个更稳定可靠的供应链金融生态系统。

截至目前，将区块链技术应用于供应链金融管理中的案例层出不穷。例如，IBM 推出了一项允许客户在安全云环境中测试区块链并通过复杂的供应链追踪高价值商品的服务。区块链初创企业 Everledger 借助这项服务推动钻石供应链透明度的提高。英国伦敦区块链初创企业 Provenance 致力于为用户提供可追踪产品原材料以及产品起源和历史的网络平台。另一家伦敦区块链初创企业 BlockVerify 利用区块链技术提升行业透明度，打击伪劣产品。

区块链大大降低整体供应链金融交易成本

区块链技术可以解决不同交易主体之间的信任问题。例如，A、B 两家公司要在国际上运送大批量货物，如铜矿石，其中 A 为发货方，B 为收货方，双方约定到货 10 日后付款。A 找到第三方中介金融机构 C 为其提供供应链金融服务，机构 D 为其增信。

在这个案例中，A、B 两家公司以及中介金融机构 C、D 都面临运输风险。以前往往是通过签订复杂的纸质合同来规避上述风险：当事方必须管理托运方的中介金融机构和接收方的中介金融机构之间的协议，以及记录货物价值和装运方式的其他协议。一般情况下，需要原始合同来验证信息真伪。

如果使用区块链技术，公司可以将所有合同信息存储在区块链上，且这些数据信息无法被篡改。如果出现问题，当事方可以通过区块链技术定位特定日期快速找到特定版本的合同信息，这对于处理纠纷至关重要。区块链上的所有合同信息对所有人来说都有完全平等的访问权，参与方可以快速访问存储在链上的目标信息数据，并且这种访问建立在高度的信任关系以及所有交易记录的可追溯性和可验证性的基础上。实际上，区块链包含对供应链金融至关重要的所有必要组件：时间戳、不可逆性和可追溯性。

因此，一旦发送且接受完合同文件，当事方可以通过区块链上的智能合同进行支付。交易双方可以事先约定合同的处罚条款，例如"当满足条件 X 时，B 将支付 N 美元给 A"。这种方式不仅为借贷双方提供了更加个性化的服务，也实现了文件和价值的交换。

区块链催生新的供应链金融商业模式

区块链技术对供应链金融而言不仅是一项技术变革，还可能影响供应链金融交易过程中的合同、交易及其记录，从而催生新的商业模式。随着信任壁垒的去除以及交易的高度透明化，供应链金融平台服务水平将显著提升。

这个新型供应链金融平台有多方参与者，包括平台本身、保理机构、银行等金融机构、企业、个人投资者等。供应链金融平台负责提供供应链信息、客户信息等基础服务；第三方中介机构可以通过整合平台提供的信息，提供更加个性化、精细化的供应链金融服务。

对于传统的应收账款融资模式，在这个新型供应链金融平台上，我们可以将应收账款进一步细化，根据不同的节点状态来建立金融模型，从而产生不同的金融产品。所有的金融模型将根据供应链的实时状态进行数据更新，对标的资产或借款方持续评估。其中，算法公司可以通过平台提供的 API 来开发新的金融模型，提供给第三方金融机构等。

总而言之，区块链技术将提高市场中质押资产的流动性，改善当前最常用的供应链金融工具，如保理、仓单融资、动产质押融资等。区块链技术的不断成熟，将催生新的供应链金融商业模式。

基于区块链的供应链金融技术架构

实现所有权和价值转移的公有链

公有链是一种对所有人开放，任何人都可以参与的区块链系统架构。进一步说，公有链是任何人都可以参与信息的读取、记录、传播、储存和验证，并最终达成全民共识的区块链结构。公有链是完全去中心化的架构，是最符合区块链技术本质的架构。具体而言，公有链具有以下特点：(1)保护用户免受开发者的影响。在公有链中，系统预先由开发者设定，用户只能利用这个系统参与信息的记录、传播等，但不能对系统本身进行修改和重新设定，这保证了系统的稳定性和中立性。(2)人人皆可参与，为区块链走进千家万户和落地应用奠定了良好的基础。(3)在不泄露隐私的前提下，数据和信息公开透明度最大化。在当前中心化架构中，隐私泄露严重与数据公开程度不高两大问题并存，而公有链可让以上问题迎刃而解，可在匿名的情况下让信息得到最大化公开，为价值信息的传递和转移提供了技术保证。

在应用方面，公有链最为著名的表现形式是比特币，其次是以太坊、超级账本等应用。以以太坊为例，它是一个开源的区块链平台，更确切地说，是可编程的区块链，允许任何人基于其代码构建去中心化的复杂应用。

支持和记录高频、高速成交过程的私有链

私有链仅对单独的个人或实体开放，不对外部无关人士开放。在私有链架构下，信息的读取、记录、传播、储存和验证都受到很大程度的限制，只有参与私有链的人才有权限进行。从本质上看，私有链不仅节点数量少，而且可能所有节点最终都由一个实体控制，比如某一家公司内部的区块链系统。相比于公有链，私有链在商业上更具应用前景：(1)交易

速度更快，交易成本更低，这主要得益于私有链的封闭性，减少了很多节点，使得达成交易验证和共识的时间大为缩短，时间成本降低，交易流程简化；（2）更大程度地保护隐私，公有链通过加密算法来保护隐私，但私有链在加密算法之外，另外加了一层保障——圈子，没有进入这个"圈子"的人根本无法接触这些信息，因此私有链对信息有双层保障。对外溢性较强的金融、互联网等行业来说，私有链无疑更具吸引力。

对接数字货币、银行系统、核心企业及其他供应商系统

数字货币是对传统货币的颠覆性改革，这势必给以货币融通为主业的银行带来较大的冲击。当然，其影响程度也取决于将采用何种数字货币模式。

目前，数字货币体系主要有两种模式：一是由央行直接向公众发行数字货币，二是遵循传统的"央行—商业银行"的二元模式。但是，无论采用哪一种模式，与传统货币体系相比，央行的地位都不会得到任何削弱，反而会由于数字货币的可追踪、可编程等特性，扩大权力和影响力范围。

但对于商业银行来说，数字货币模式的选择至关重要。若采用第一种模式，那么货币发行将打破传统方式，央行绕过商业银行，以数字货币形式直接向个人和企业供应，商业银行的货币信用创造功能消失，在货币体系中的作用大为降低，贷款功能趋于边缘化。同时，货币存储于虚拟网络节点中，国民也不需要为了安全在商业银行储存大量货币了，因此商业银行的存款额将大大减少，甚至归零。无存款、无贷款，这对于当前依靠存贷利差获益的银行业来说，无疑是巨大的挑战。但是否就可以由此推断大多数商业银行将倒闭呢？这倒不一定，因为商业银行累积的稀缺的金融服务经验仍可以发挥作用。例如，在数字货币交易中，个人直接放贷给其他个人或者企业时，商业银行可以在风险识别、评估和定价方面提供专业咨询服务。商业银行在货币体系中不断被边缘化，那么转型为纯粹的金融服务咨询机构或许是未来发展之策。

第二种模式指由央行发行数字货币至商业银行，再由商业银行向公众提供法定数字货币存取等服务，并与央行共同维护法定数字货币发行、流通体系的正常运行，这也是目前我国央行比较倾向的模式。在这种模式下，商业银行发挥的作用与当下类似，受影响的程度较小。总而言之，数字货币是金融科技快速发展的大环境下的产物，对银行业是一种鞭策，促使银行业在降低交易成本、提升交易效率方面不断做出改革。

对于当前我国的银行业来说，与其说是数字货币在变革传统银行，倒不如说是去中心化、分布式、以区块链为代表的第四次工业革命技术在变革各个行业。因此，深度研究数字货币技术，并结合自身业务定位，探索业务改进和转型空间，提前应变以适应数字货币体系下的银行业发展，或许是更为可取的应对之策。

以某供应链金融平台区块链系统为例，其包含以下功能模块。

一是交易追踪系统，更加适用于与核心企业 ERP 系统进行对接，利用区块链技术更新交易状态，在得到核心企业确权后，实现电子"通证"的不可篡改性，有利于资金机构对应收账款真实性的认可，且有助于形成产业数据库。

二是"通证"流通系统，利用区块链底层技术，创造平台通用的债权凭证，并且可切分、可错配，使平台用户可以无差别融资，有助于降低底层供应商融资成本，打破了传统供应链金融仅能覆盖一层贸易关系的局限性，解决了核心企业的信用无法有效向深层供应链传递的问题。

三是符合行业特性的风控模型，基于独有的交易追踪系统，并结合传播营销行业的特殊属性，依托核心企业及"通证"系统特性，利用区块链及大数据等技术，设计行业专属的风险定价模型，实现批量化、快速化的项目审核机制。

区块链应用于供应链金融的实践分析

区块链应用于应收账款融资

应收账款指账户核算企业因销售商品、材料、提供劳务等，应向购货单位收取的款项以及代垫运杂费和承兑到期而未能收到款的商业承兑汇票。应收账款是企业在销售过程中被购买单位所占用的资金。企业应及时收回应收账款以弥补企业在生产经营过程中的各种耗费，保证企业持续经营。对于被拖欠的应收账款应采取措施，安排催收；对于确实无法收回的应收账款，凡符合坏账条件的，在取得有关证明后，应当按照规定的程序提价核准，并做坏账损失处理。

根据《中国商业保理行业发展报告 2015》（以下简称《报告》），2015 年，我国企业应收账款规模超过 10 万亿元，带动了商业保理业务的发展。近些年，我国新增商业保理公司数量、保理业务量和融资余额等大幅上升。截至 2015 年年底，全国共有注册商业保理企业 2 514 家，其中新增商业保理公司 1 294 家，同比增长 44%，商业保理融资业务量超过 2 000 亿元，同比增长超过 50%。按照整体 20% 的开业比例计算，500 余家已经开业的商业保理公司在 2015 年大约服务了 31 500 家中小微企业，平均每家企业获得保理融资额 635 万元，商业保理逐渐成为中小微企业融资的重要渠道。此外，《报告》预测，到"十三五"末，我国商业保理业务将达到万亿元级规模，约占中国整个保理市场的 1/3。随着商业保理业务的发展，其将成为我国贸易融资和风险管理领域不可或缺的重要产业。由此可见，应收账款融资正在成为现阶段我国企业融资新的重要途径，其规模将迅速扩大。

传统应收账款融资的痛点

（1）传统的应收账款融资通过线下交易确认的方式完成，而伪造交易、篡改应收账款信息等风险的存在导致交易参与方信任度低。

（2）应收账款交易中参与方众多，业务内容复杂，当面对大量的传统应收账款的融资申请时，金融机构需要进行大量、复杂且耗时的贸易背景审查。

（3）由于存在互信问题，传统应收账款在交易市场上流通困难。

区块链对于应收账款融资的意义

一是构建信用交易平台。传统线下交易存在伪造交易、篡改应收账款信息等风险，导致交易参与方信任度低。通过区块链平台完成全流程操作，实现了应收账款交易的全程签名认证并且不可抵赖，同时使用智能合约实现权限和状态控制，使应收账款更加安全可控。

二是交易全程可追溯。业务参与方众多，面对融资申请，金融机构需要进行贸易背景审查。区块链平台通过时间戳来记录应收账款的整个生命周期，从而使所有市场参与者都可以看到资金流和信息流，排除了造假的可能性。

三是实现跨机构互通互利。传统的应收账款由于存在互信问题，在交易市场上流通困难。以数字资产的方式进行存储、交易，其不易丢失和无法篡改的特点使这一新业务模式可以快速推广，在提高客户资金管理效率的同时降低使用成本，不同企业间形成互信机制，多个金融生态圈可以通过区块链平台互通互利。

区块链应用于此场景的建议

1. 区块链技术系统的优势

（1）区块链连接各个供应链主体以降低信任成本。以区块链为底层技术，搭建一个多中心化的供应链体系，可以将物流、信息流、资金流统一运行在区块链平台上。同时，区块链本身作为一种分布式账本，具有不可篡改性、可追溯性、价值传递功能，将其应用于整个供应链的大规模协作网络，可以大大降低信贷机构和上下游企业的信息不对称程度，降低信用成本，从而降低融资成本，促进实体经济的发展。

（2）可凭借区块链留存数据发展企业征信。应用基于区块链的供应链管理体系后，凡是在区块链上留存的交易信息都具有可追溯性和不可篡改性等特性，各机构可根据不同企业在供应链体系中的信用表现对该企业进行征信，从而使企业信用具有可积累性，不断推动供应链企业征信业务的发展。

（3）区块链可直接传递票据等价值载体。票据保理是解决传统保理痛点的有效手段，而区块链具有的诸多特性，恰恰使其可以作为票据传输的一个价值载体，从而使信息流、物流、资金流可以在一个统一的平台上流转，显著降低了管理成本，进一步降低了供应链系统的复杂性。

2. 需求分析

典型场景一：核心企业 B 向上游供应商 A 购买原料，并要求赊销，由于 B 的强势以及 A 对其还款能力的信任，A 同意赊销并形成应收账款，这样 A 在备货过程中就需要垫资，资金流动性受到较大影响。

典型场景二：一级供应商 A 持有核心企业开出的银行票据或商业票据，向二级供应商购买原料进行账款转让时，如持有银行票据，支付时仅可以整笔贴现，使用部分金额支付货款，存在利益损失；如持有商业票据，则难以转让和贴现，从而需要垫资或放弃购买原料，资金流动性与公司运转效率均受到巨大影响。

基于区块链的应收账款多级流转平台极大地增强了业务场景的透明度，使核心企业的信用能够有效流转。凭借基于核心企业信用的应收账款凭证，供应商可以便捷地将应收账款进行拆分、转让和融资，这将使除一级供应商外的多级供应商明显受益，而传统的供应链金融难以实现这一目的。核心企业的信用资源实现了有效的多级传导，通过引入外部金融机构，为应收账款提供低成本融资利率，实现了自金融模式的融资。

总体而言，区块链技术被应用于应收账款融资将有效盘活供应链资金。借助区块链技术的时序特征，债务人、原始权益人、管理人及资产服务机构等各参与方可以在区块链上看到应收账款的全生命周期；借助区块链技术的去中心化、公开透明、不可篡改等特性，资产信息透明度、应收账款的真实性和安全性均大幅提高；借助区块链的智能合约，可有效提升资金清算与结算效率。

区块链应用于票据

票据融资是目前市场融资的一种重要方式，随着其市场规模不断扩大，票据的融资功能已经被充分挖掘。然而，我国大部分银行对中小微企业的信用资质比较担忧，融资难、融资贵一直是中小微企业面临的难题。

区块链技术被用于解决票据背书痛点

（1）在区块链上发行、运行一种数字票据，可以在公开透明、多方见证的情况下对其进行随意的拆分和转移。这种模式相当于把整个商业体系中的信用变得可传导、可追溯，为许多原本无法融资的中小微企业提供了融资机会，极大地提高了票据的流转效率和灵活性，降低了中小微企业的资金成本。互金平台点融网曾统计，过去传统的供应链金融机构大约仅能为供应链上15%的供应商提供融资服务，但采用区块链技术以后，85%的供应商都能享受到融资便利。

（2）银行与核心企业可以打造一个联盟链，提供给供应链上的所有成员企业使用，利用区块链多方签名、不可篡改的特点，使债权转让得到多方共识，降低操作难度。

（3）区块链作为"信任的机器"，具有可溯源、共识和去中心化的特性，且区块链上的数据都带有时间戳，因而区块链能够提供绝对可信的环境，降低资金端的风控成本，缓解银行对信息被篡改的忧虑。

（4）区块链打破供应链金融的瓶颈。基于风险管理的考虑，银行仅愿对核心企业有应收账款义务的上游供应商（一级供应商）提供保理业务（应收账款融资），或是对其直接下游经销商（一级经销商）提供预付款融资或存货融资，因为银行信赖核心企业的控货能力或调节销售能力。反之，除了一级供应商或经销商外，银行一般不愿直接授信。另外，在金融实际操作上，银行非常关注应收账款债权"转让通知"的法律效力，所以会要求一级供应商或核心企业签订"债权转让同意书"，如果一级供应商或核心企业无法签订，也会导致银行不愿授信。

如果银行借助区块链技术开发出一个供应链金融"智能保理"系统，提供给供应链上所有的成员企业，二级供应商可以利用"智能保理"系统向一级供应商开具发票，将发票上记载的该应收账款已转让给某银行的哈希值 A 发布在区块链上，然后一级供应商在此发票记录上添加其他必要的哈希值 B 之后，连同原转让信息的哈希值 A，变成编码 A + B，再发布在区块链上。当核心企业货款到期时，依法直接将款项付给银行。此外，银行也可以利用"智能保理"系统追溯每个节点的交易，呈现交易的全流程图。区块链技术为推广供应链金融保理业务到核心企业二级以上的供应商提供了良好的基础。

银行除了担心中小微企业的还款能力外，也关注其交易数据信息的真实性。在供应链金融业务实际操作中，核心企业以其 ERP 系统为中心，连接上游采购信息与下游销售信息，因此银行必须调查核心企业所用 ERP 系统的生产商。虽然国内外大厂家生产的 ERP 系统结构较为复杂，交易信息不易被篡改，银行对其信息比较信任，但银行仍然担心核心企业与供应商或经销商勾结，篡改交易信息，所以会投入大量人力与物力反复验证交易信息的真伪。

区块链具有一致性、可溯性和去中心化的特点，因此可将供应链上所有的交易数据记录分散在所有节点上的数据库，且区块链上的数据都带有时间戳，可以追溯数据的来源，缓解了银行对信息被篡改的忧虑。

另外，银行在操作供应链金融的"存货融资"和"预付款融资"的贷后管理时，必须编列一定人数的"巡核员"来核实押品是否存在与押品价值是否减损等，因此会投入很多的人力与物力，增加了操作成本，使中小微企业融资成本提高。如果利用区块链的"智能资产"功能来管理供应链上的交易押品，银行不但能够验证押品的真实性，监控押品的转移，还可以减少大量用于巡核与盘点押品的人力，减少操作风险和作业成本。

"海票惠" 落地应用

1. 票据背书转让流程

票据背书转让系统实现了区块链数字资产和数字票据在企业之间的流转，如图6.4、图6.5所示，背书转让流程包括：

（1）当一笔订单生成后，收票企业或借款人提供货物交与收货商，即出票企业或承兑人，收货商使用汇票进行支付。

（2）当汇票生成后，出票企业将商业汇票信息数据上传至电子商业汇票系统（ECDS），电子商业汇票系统负责出票、收票和票据担保。

（3）当电子商业汇票系统成功生成汇票后，出票企业在票据平台上申请出票，申请信息将上传至担保机构（银行、非银金融机构、保理机构、P2P平台等），等待审核。

（4）通过担保机构审核后，该笔票据归收票企业所有，可兑换成区块链数字资产或用于融资和交易。该数字票据信息将被上传至区块链，生成数字票据资产合约地址。

（5）收票企业可将票据信息发布至区块链票据信息平台，或者在电子商业汇票系统进行转让。

（6）投资机构可将资金转入电子商业汇票系统获得数字票据的所有权，或在区块链票据信息平台筛选标的，对选中的票据进行支付并获得票据的所有权。当有资金方选择企业票据时，票据信息平台将收到资金方转入的资金，并记录在区块链上，发行数字结算资产，转入智能合约地址，同时通知收票企业有新的一笔交易等待操作。

（7）当票据背书转让完成时，投资人确认票据后，区块链后台将执行智能合约，投资人将收到票据资产地址，出票企业将收到出资人资金资产地址，完成整套票据背书转让流程。

（8）区块链数字票据可由担保机构或银行进行承兑，数字资产换成人民币后可以从银行卡中取款。

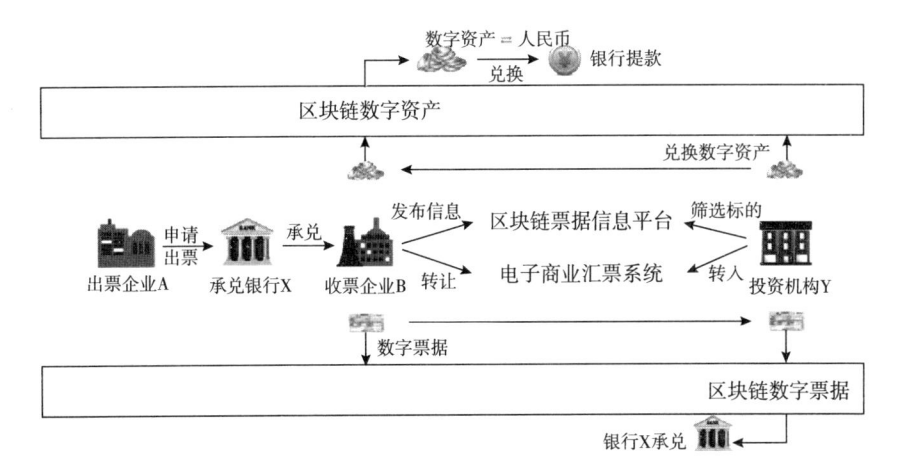

图 6.4　票据背书转让流程（1）

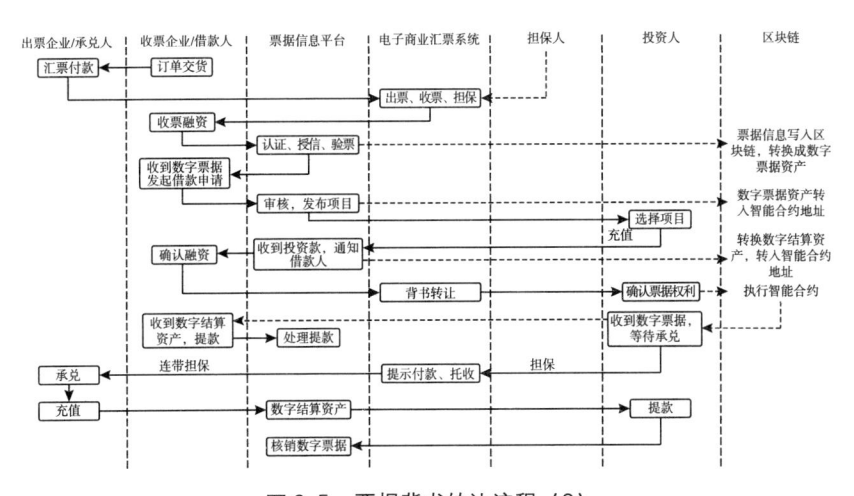

图 6.5　票据背书转让流程（2）

2. 区块链智能合约执行流程

融资企业将手中的数字票据上传至"海票惠"平台后，会生成一个安全的票据地址，并存储在区块链中。当某企业将手中的流动资金转换为数字资产时，同样会生成一个数字资产地址，存储在区块链中。当协定达成时，区块链的智能合约撮合系统会自动执行，将融资企业的票据地址提供给出资企业，将出资企业的资产地址转移给融资企业。智能合约系统有效地解决了传统票据背书中先给票还是先给钱的问题，智能合约使双方无须信任即可完成票据交易，堪称电子商票交易行业的支付宝。具体如图6.6所示。

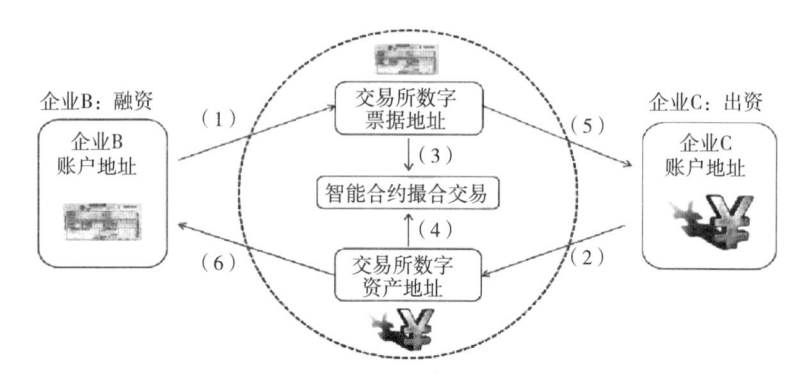

图6.6　交易所的区块链智能合约执行流程

区块链应用于仓单金融

为仓单金融市场提供可靠安全的信息系统架构

系统成员在进行认证时，需要在Linux中的OpenSSL生成密钥pem文件，然后将生成的公钥转换为pkcs#8格式并将其上传到公钥池。私钥会保存在本地，用于对交易数据进行数字签名。仓单交易平台收到交易申请数据时，会根据成员信息从公钥池中提取对应的公钥用于确认，并对其记录的签名进行验签。然后，将提取交易数据中的密文索引信息作为一个记录，把所有记录汇总到当前区块，并与前区块生成如图6.7所示的区块链。

在图6.7中，T_1通过T_2公钥将经过自己私钥签名的交易数据发给T_2，T_2使用T_1的公钥来验证和确认T_1的身份和数据的有效性，确认之后将数据进行重组。然后，T_2会用自己的私钥对T_2和T_3的交易数据和之前的交易数据进行数字签名，发送给T_3。T_3使用T_2的公钥来验证和确认T_2的身份，从而生成包含交易数据的新区块。随着区块链的不断增长，区块链中的信用也在不断增长，区块之间的相互证明体制，可以保证仓单交易

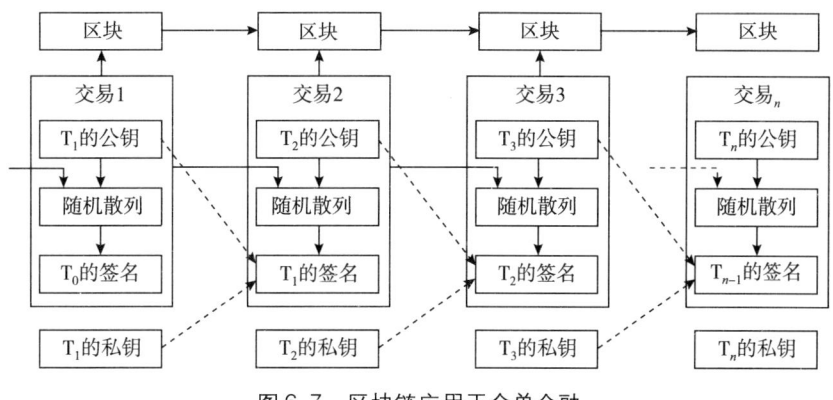

```
┌────┐    ┌────┐    ┌────┐    ┌────┐
│区块│───▶│区块│───▶│区块│───▶│区块│
└────┘    └────┘    └────┘    └────┘
┌─────────┐┌─────────┐┌─────────┐┌─────────┐
│  交易1  ││  交易2  ││  交易3  ││  交易n  │
│┌───────┐││┌───────┐││┌───────┐││┌───────┐│
││T₁的公钥│││T₂的公钥│││T₃的公钥│││Tₙ的公钥││
│└───────┘││└───────┘││└───────┘││└───────┘│
│┌───────┐││┌───────┐││┌───────┐││┌───────┐│
││随机散列│││随机散列│││随机散列│││随机散列││
│└───────┘││└───────┘││└───────┘││└───────┘│
│┌───────┐││┌───────┐││┌───────┐││┌───────┐│
││T₀的签名│││T₁的签名│││T₂的签名│││Tₙ₋₁的签名││
│└───────┘││└───────┘││└───────┘││└───────┘│
└─────────┘└─────────┘└─────────┘└─────────┘
┌─────────┐┌─────────┐┌─────────┐┌─────────┐
│ T₁的私钥 ││ T₂的私钥 ││ T₃的私钥 ││ Tₙ的私钥 │
└─────────┘└─────────┘└─────────┘└─────────┘
```

图 6.7 区块链应用于仓单金融

信息的不可篡改性。此外,它还有助于保证仓单流转的安全、实时、可追溯。

提高仓单金融市场透明度,实现存货仓单化、仓单电子化

将仓单录入区块链,所有业务信息都储存在区块链中,以确保信息安全、透明且不可被篡改,从根本上保证仓单的真实性和唯一性。利用区块链技术,可以实现信息共享,加速信息流动,减少信息不对等带来的风险。

降低仓单金融市场的跨境监管成本

在传统的仓单金融市场,由于信息不透明和信息滞后,仓单金融市场的跨境监管成本高,难以实施。而通过区块链技术,所有的信息都存储在区块链上,以确保信息安全、透明和不可被篡改。这大幅降低了金融监管机构对仓单金融市场的监管成本。

区块链助推仓单金融发展

注册阶段:用户注册成功后,立即上链,解决了多方参与认证的问题。区块链技术可以保证信息安全、透明、不可被篡改,任何市场参与者都能清楚地看到用户信息,解决了认证手续繁杂、效率低下的问题。

交易阶段：促进交易自动化、智能化。凭借区块链安全、透明、低风险的特性，交易的安全性得到提升，结算与清算速度加快，资金利用率大大提高。

交割清算阶段：实现即时交割结算。区块链上的数据是分布式的，每个节点都可以获得所有的交易信息，一旦发生变更即可通知全网。更重要的是，在共识算法的作用下，交易过程和清算过程是完整和同步的。先手发起的记账，必须获得后手的数据认可才能完成交易。最后，交易过程完成了价值转移和资金清算，提高了资金结算和清算的效率，大大降低了成本。

风险管理：区块链不可篡改的时间戳和全网开放性可以有效防止传统仓单市场中的"一单多押"问题。这降低了系统中心化带来的运营和操作风险，还可以真实反映市场交易价格对资金的需求，控制市场风险。

信息披露及风险提示：在传统中心化业务模式中，不同金融机构间的数据难以实现高效的交互，使得重复认证成本较高，也间接带来了用户身份被某些中介机构泄露的风险。利用区块链可以实现数据实时交互，无须二次认证，又可以防止信息泄露。

仓单金融实践

2018年7月15日，复杂美、浙江涌金和华清智芯在杭州联合举办了"区块链仓单交易平台"正式上线的发布会，代表着中国第一个基于区块链技术的仓单交易平台正式上线。该平台由复杂美提供技术支持，通过将仓单上链，商品入库生成数字仓单，把商品品质、数量、规格、照片等信息写入区块链，解决了仓单数据造假等问题。当实体仓单成为数字仓单，并且记载在区块链中，可以反复交易、溯源，仓单的转移和交易变得更加容易。该区块链仓单交易平台将开放给全国的金融仓储公司，所有金融仓储公司都可以在该平台上交易标准数字仓单。中小微企业可以凭借数字仓单对接银行，融资更高效。在该区块链仓单交易平台上，所有仓单代表的实物商品都记录在区块链上，成为方便流转和交易的数字资产，流通性大大提高。此外，所有交易流程也记载在区块链上，解决了一单多押、货不对单、仓单数据造假等问题。

总而言之，区块链仓单可以根据数字化仓储管理以及仓储提供商的利益和操作习惯，解决资方对融资方的核心风控要求。它使线上的数字资产穿透到最底层的物理资产，实现了网络世界和物理世界信息的有效对应，同时通过网络控制物理世界的问题，极大地提高了系统化信息的真实性，降低了资金风险。可以预计，未来区块链仓单将实现：一是仓单与实际货物画等号，仓单交易实质为仓单对应货物的交易；二是区块链仓单与物联网技术有效解决货物收发属性（品名、规格、型号、质量、数量）不一致问题；三是有效地解决仓单上客户信息、交易信息泄露的问题，同时为资方提供有效存证依据。

区块链 + 供应链金融的落地实践

点融网供应链平台

互联网金融平台点融网创立于 2012 年，它正在借助区块链技术搭建平台，解决供应链金融和中小微企业融资难题。公司携手富士康旗下金融平台富金通共同建设的区块链金融平台 Chained Finance（简写为 CF）已成功在电子制造业的供应链上运行。

以 CF 平台为参考，基于区块链的供应链融资平台整体架构按照参与方的角色可分为四个部分：核心企业、资金方、平台维护方和一般参与方（供应商）。

每一个部分拥有一个完整的用户交互前台、业务逻辑中台及区块链节点。各个部分的信息通过区块链节点进行传输和记录，完成整个供应链融资的业务流程。各个部分的功能主要包含如下三个层面：用户交互层、业务逻辑层以及区块链账本层。CF 平台系统架构如图 6.8 所示。

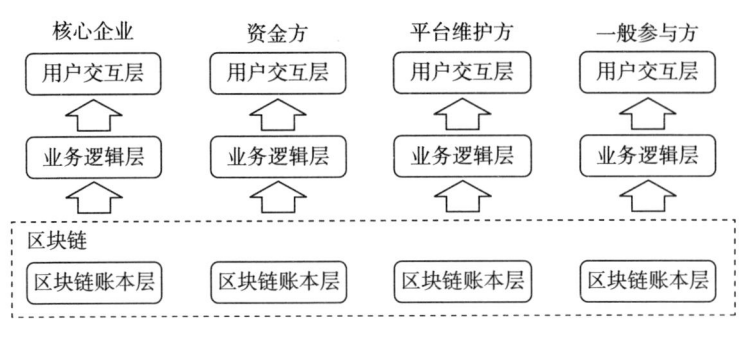

图 6.8 CF 平台系统架构

1. 用户交互层

此层作为用户进入平台的交互入口，是用户交互界面与业务逻辑关联的体现。特别地，CF 平台对系统参与方的角色进行了相应的划分（资金方、平台维护方以及核心企业），对每一个系统参与方的内部用户体系也有相应的设计，如对普通用户与管理员用户界面进行了分离，二者的可操作功能不同，展示数据也不同。

2. 业务逻辑层

平台中不同角色的业务逻辑也略有不同。核心企业具备发行应收账款的功能。在 CF 平台中，为了保护应收账款发行中相关交易对手方的隐私信息，某些字段采取链下加密操作，即业务逻辑层对某些应收账款字段采取了加密措施。具体来说，业务逻辑层对不同应收账款利用不同的密钥进行加密，而对敏感字段访问权限的控制通过密钥分发的机制实现。最后，经过字段加密的应收账款信息将会被提交到区块链账本层进行上链操作。另外，对应收账款信息隐私字段密钥的分发亦通过业务逻辑层完成。核心企业可以对相关参与方进行授权，即发送密钥，允许相关参与方解密某个应收账款的相应字段。

平台维护方的业务逻辑层主要包含如下两个方面。

一是 CF 平台参与节点的准入管理。

平台维护方提供平台节点注册功能，新加入的成员通过平台节点维护方的用户交互层提交成员信息。针对加入成员的私钥管理，CF 平台提供两种模式：CF 平台托管及成员自管。在 CF 平台托管模式下，由平台维护方为新加入成员生成配对的公钥和私钥，平台维护方将新加入成员的公钥提交到区块链系统中，而将成员私钥的副本交与新加入成员，便于新加入成员接入平台。

二是 CF 平台参与节点的权限管理。

平台维护方对各个参与节点具有权限管理功能，如核心企业节点具有发行和注销应收账款的权限，资金方具有对应收账款进行承兑记录的权限，一般参与方具有应收账款支付权限等。

资金方业务逻辑层主要负责对应收账款信息的查看以及对应收账款承兑信息的更新。

一般参与方（供应商）具有对所属应收账款进行拆分及支付的权限，可以在业务逻辑层保留其所拥有应收账款的信息备份以及操作记录，并且在上链操作前对应收账款信息进行链下校对，保障其上链操作的准确性与一致性。

3. 区块链账本层

在 CF 平台中，区块链账本层包含了主要的业务逻辑功能。其主要利用区块链的智能合约来实现对整个系统的准入、权限管理以及业务功能的实现。在 CF 平台中，区块链账本智能合约分为如下两个部分。

一是平台接入节点管理合约。

在平台接入节点管理合约中，平台维护方具有管理员权限，主要负责对加入 CF 平台的成员进行准入及注册。合法的成员信息（即公钥）将会被记录进此合约中。任何对区块链账本层的访问都需要携带成员私钥的签名进行身份确认，无法通过签名验证的访问请求会直接被区块链账本层拒绝，从而保证整个 CF 平台的安全性。

二是应收账款管理合约。

在应收账款管理合约中，每项应收账款功能，如发行、支付、承兑及注销，都有相应的权限控制。目前，平台内对权限的控制是基于成员公钥的验证，只有持有相应公钥的成员才能对相应的功能进行调用，而未持有相应公钥的成员的调用会被区块链账本层拒绝，保证了区块链系统账本的可信性。另外，每个应收账款功能都有相应的业务规则在智能合约中实现，如应收账款支付时额度和有效时间的校验以及应收账款承兑时的交易记录校验等，保证了业务运行规则的有效性及一致性。

由于 CF 平台为金融类业务平台，其系统安全性是技术设计时的重要考虑因素。在 CF 平台中，系统安全性主要体现在如下三个方面。

一是用户交互层到业务逻辑层的加密数据传输。

在 CF 平台中，用户交互层到业务逻辑层的数据交互采用了被广泛应用的 HTTPS（超文本传输安全协议）加密信道传输，以保证传输数据的安全性。

二是业务逻辑层对隐私数据的加密保护。

如前所述，业务逻辑层对涉及企业隐私信息的应收账款字段（如供应商具体信息）进行了"一次一密"的保护，只有当核心企业需要对某个参与方进行数据授权时，应收账款加密密钥才能被分发到相应参与方。同时，业务逻辑层的密钥分发传输信道同样是基于加密信道。

三是区块链账本层对参与方的权限控制及数据传输保护。

平台接入节点管理合约及应收账款管理合约对用户的准入及权限进行了细粒度的划分。因此，即使某些参与方可能造成数据泄露，平台维护方也可以将作恶方及时杜绝在外，保证其无法参与区块链节点的任何数据访问和交易。另外，在 CF 平台上，任何节点间的数据传输亦基于加密信道，只有 CF 平台的合法成员能够解析网络中传递的区块信息，保障平台数据信息的安全。

浙商银行——应收款链平台

2018 年 8 月，银行间市场清算所股份有限公司（简称上海清算所）官网显示，浙商链融 2018 年度第一期企业应收账款资产支持票据成功发行，这是浙商银行首张基于区块链的企业应收账款资产支持中期票据（Asset-Backed Medium-term Notes，简写为 ABN），发行金额为 4.57 亿元，发行期限为354天，债项评级为AAA。与传统资产支持中期票据不同的是，其基础资产是应收账款，底层支撑平台为应收款链平台。

应收款链平台是由浙商银行于2017年8月推出的，基于区块链技术为企业和银行提供办理应收账款的各项相关业务，包括签发、承兑、保兑、支付、转让、质押和兑付等搭建的平台，有效解决了我国企业应收账款的痛点和难点问题。对于企业来说，它不仅盘活了应收账款，减少了现金的流出，而且增加了财务收入，降低了资产负债率水平。无论是核心企业还是上下游企业，通过共同构建这一供应链商圈，实现"无资金"交易，明显降低了整体成本。

该平台采用了趣链科技（Hyperchain）底层技术，核心企业与银行等机构为应收账款流通提供信用支撑。而上游企业在收到应收账款后，可以在平台上直接支付以采购商品，也可以转让或者质押从而盘活企业资金。具体而言：

- 区块链技术的去中心化特性可以实现企业签名的唯一性，密钥一旦生成就不能被篡改，银行等机构也不能更改应收账款的交易信息，这保证了应收账款的信息安全。
- 区块链通过分布式账本技术来记录应收账款信息，而不是像传统应收账款那样依赖纸质文件或者电子数据，从技术层面确保了数据难以被篡改或者伪造。
- 区块链智能合约技术通过设定规则，可以实现应收账款的各类交易根据合约规则自动执行。

易见股份——易见区块

易见股份是一家以制造业供应链管理、商业保理为主营业务的上市公司。目前，它正积极利用区块链、"互联网+"以及云计算等技术，将资金流、信息流、物流等进行融合，探索新型经营模式，使供应链金融服务更加便捷与高效。

2017年4月，易见股份携手IBM中国研究院联合发布了区块链供应链金融服务系统——易见区块，帮助多家企业和机构完成供应链金融业务，涉及医药、制造、化工、物流、航空等多个行业。

自从易见区块上线以来，医药场景就是其主推项目，吸引了多家医药流通企业在易见区块注册。易见区块成功为这些企业提供了高效便捷且成本较低的融资渠道。随着与医药流通企业的进一步合作，公司对其的投入加大，易见区块进一步凸显了其价值。

丰收科技——丰收供应链平台

丰收科技成立于2018年2月，由先锋集团联合旗下金融科技板块网信集团共同孵化，专注提供供应链金融服务，通过布局智慧产融生态链，打造了丰收供应链平台。该平台致力于破解供应链难题，提升授信和风控水平，以满足企业融资需求，上线以来，获得了业内的广泛关注。2018年6月，丰收科技宣布获得5 000万元Pre-A轮融资。其自主研发的分布式总账系统，已在网信集团千万级用户基础上完成验证，交易处理笔数高达15 000笔/秒，实时交易延迟低于100毫秒/笔，建立了高效便捷的交易模式。

丰收科技推出的E系列产品结合了区块链、人工智能、大数据等多项技术，实现了应收账款凭证电子化。其中，丰收E链是E系列产品的代表，它可以生成基于核心企业与一级供应商之间的应收账款的虚拟凭证，并且为平台上所有供应商提供可拆分、可流转以及可贴现的债券融资模式。

目前，丰收供应链平台已经覆盖汽车、纺织、快消、农业以及计算机等领域，未来随着公司与银行、保险公司等加强合作，丰收供应链平台服务水平会逐渐提升。

复杂美——供应链金融平台

目前复杂美已打造了多个基于区块链的供应链金融平台，包括多家世界五百强企业。供应链金融平台为企业提供了应收账款资产登记、支付、质押融资等功能。应收账款融资这一供应链金融模式，是指通过向资金提供方转让应收账款（供货企业向核心企业销售商品会取得的账款），让供货企业提前获得销售回款，加速流动资金周转。供应商的每笔融资申请都需要在真实的贸易背景下建立，核心企业、资金提供方、供货企业的每笔交易记录都不能被伪造、篡改。此外，贸易合同等文档与数字签名存证，皆确保不可被篡改和伪造；线上的资产撮合、自动执行、自动结算的记录一样不可被篡改。

区块链技术也可被用于贸易合同的签署。核心企业与融资企业进行数字签名，完成贸易合同的在线签订，也可以线下签署合同，然后上传应收账款。应收账款的哈希值和关键信息（出账企业、收账企业、账款日期、承兑日期等）被写入区块链。同时，区块链存放所有账款融资记录。融资企业向资金提供方申请，双方达成协议后，生成应收账款融资记录。融资记录的哈希值和关键信息（出账企业、收账企业、资金方、放款金额、应付日期、状态等）被写入区块链。区块链技术同时被用于应收账款代币和结算代币的发行，以便资金在供应链中流转。

星贝云链

随着供应链金融的不断发展，越来越多的行业开始借力供应链金融焕发生机。

据前瞻产业研究院发布的供应链金融市场相关报告，预计到2020年，国内的供应链金融市场规模将接近15万亿元。近年来，大健康产业频获政策支持，特别是在中共中央、国务院印发的《"健康中国2030"规划纲要》中，"健康中国"正式上升为国家发展战略，大健康产业成为中国经济的新引擎。据相关预测，截至2021年，中国大健康产业的市场规模将接近13万亿元。健康产业已成为国家重点布局的重点民生领域之一。

2017年年底，国内首家基于区块链技术的供应链金融平台——星贝云链诞生。它以区块链技术为底层技术，是国内第一个基于大健康产业构建的供应链金融平台。它涵盖了资产确权、交易确认、记账、对账和清算等功能，并得到了资金端百亿级别的授信额度。

星贝云链现阶段主要关注大健康产业行业龙头及其各级供应商、分销商、代理商、经销商及终端用户的采购、物流、销售、资金流等数据，给予授信支持，利用链上的整体信用来降低风险，提供低成本、高效率的金融服务，分别有应收账款融资、仓单质押融资、预付账款融资、信用授信等模式。

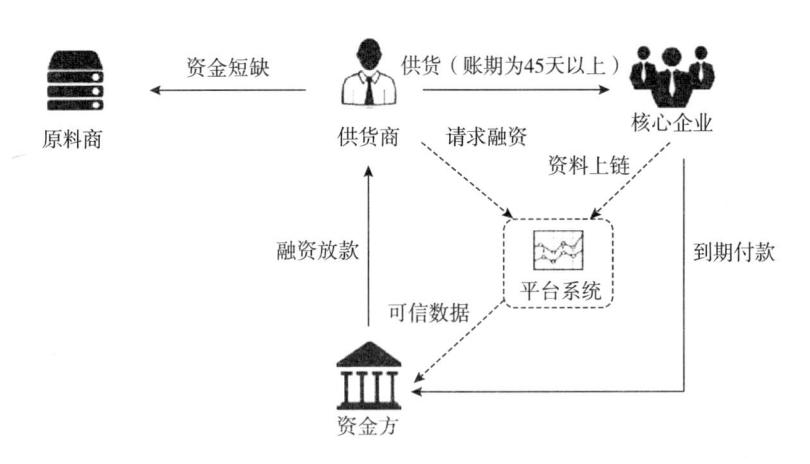

以上游应收账款融资举例，上游应收账款融资模式如图6.9所示。

上游供应商通过星贝云链平台将给核心企业提供商品/服务贸易所产生的应收账款转给资金方。资金方需要对贸易的真实性进行穿透检查。通过区块链技术，可以获得核心企业ERP直接生成的数据、第三方物流仓储数据。结合区块链的时间戳以及不可篡改特性，资金方在需要时可快速跟踪、验证链上相关的资料、数据，加快融资款项的审批。

在项目的下一阶段，星贝云链与包括核心企业、一级供应商、多级供应商以及资金方在内的多个参与方对基于区块链技术的平台共同进行数字化管理。因此，应收账款可以继续往下流通，每一级都可以做到信息数据渗透。

图6.9 上游应收账款融资模式

以下游经销商订单融资为例，下游经销商订单融资模式如图6.10所示。

对于大直销行业的门店，提供物流数据上链的增信服务可以降低门店的融资成本。同时，由于各方的融资信息都被记录在区块链中，下游经销商一旦违约，其信用评级会大大降低，即违约者要承担链上巨大的商誉成本。

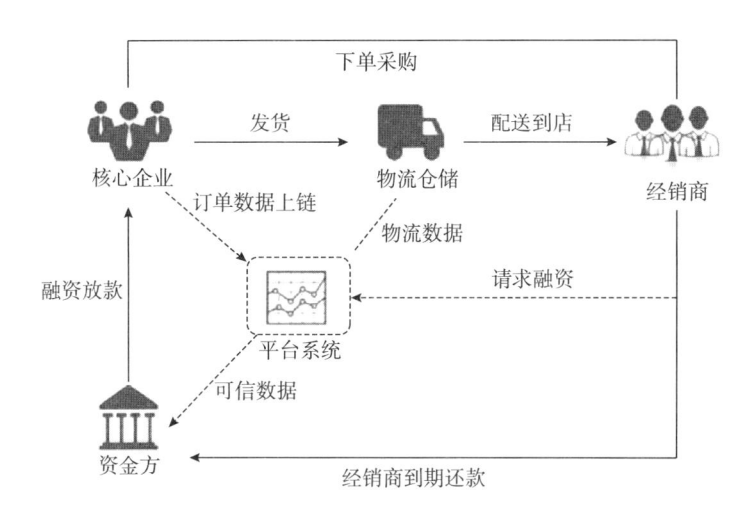

图 6.10　下游经销商订单融资模式

未来，星贝云链将围绕大健康产业行业龙头及其上游一、二级至 N 级供应商，下游代理商、经销商及终端用户的采购、物流、销售、资金流等数据给予授信支持，真正意义上实现 S2B2C[①]。

供应链和供应链金融正在向智慧化延伸，不仅实现产业与金融的结合，还包括产业金融与技术的结合。协调一体的金融科技也会成为推动智慧供应链金融建立的主导力量。

区块链在供应链金融中面临的问题和挑战

相关司法和监管机制还不完善

区块链技术日新月异，然而其司法及监管机制仍不完善，导致区块链

---

① S2B2C 是一种全新的电子商务营销模式。其中，S 指供货商，B 指分销商，C 指采购商。这是一种将供货商、分销商和采购商无缝结合的供销一体化营销模式。——编者注

技术在金融领域的应用面临着不同程度的合规问题。将区块链技术应用于当前金融系统的成本较高，区块链技术的大规模应用不仅会重塑 IT 架构和业务流程，还需克服内部文化理念的冲突。因此，区块链技术的真正落地，需要金融行业的协同才能达成。

如何处理区块链的去中心化与传统金融机构的中心化的关系

在交易支付领域，区块链具有去中心、无须信任系统、不可篡改和加密安全等优点。这种无须信任的点到点模型，将使商业银行作为支付中介和信用中介的必要性变低，同时削弱了传统商业银行在货币创造过程中的作用，从而影响其存款与信贷部门。传统金融中介机构的功能不仅在于对社会资源的合理配置，还在于其扮演着一种"隐形信用"的角色。现代商业社会的根本逻辑在于追求成本最小化与效率最大化，高度中心化的企业诞生的根本原因在于其削减了交易成本，而技术的进步则能进一步缩小成本、提高效率。交易成功的根本在于交易双方对制定合同的认同，中心化公司体制运作的主要原因是，在现行商业社会下，还不存在被普遍认同的完全合同。

目前的金融体系仍然主要依靠中心化方案解决信用问题，即通过政府、银行等权威机构建立信用。区块链技术通过技术背书而非中心化信用机构来促成交易。智能资产的核心思想是控制所有权。在区块链上注册的数字资产可以通过私钥来随时使用。在互联网上贷款时可以使用智能资产作为质押，智能合约的自动执行可以锁定智能资产。在贷款还清后，可确认合约条件来自动解锁，借贷双方出现争议的概率大大降低。

区块链不能完全解决供应链金融中的利率风险、操作风险等问题

区块链在供应链金融中的应用场景主要集中在融资端，未来应该扩展到整个链条，以发挥最大作用。在金融领域，信任较难建立，而区块链的特性有助于增强企业间的信任，使信息的传导更直接。基于区块链的供应

链金融平台处于早期发展阶段，还不够完善，为了规避风险，会参照传统系统特点，设定用户权限额度管理、市场准入制，权限有效期、白名单、黑名单管理机制，风险控制，用户支付信用信息统计，不同品种、不同市场、不同用户分类监控、防范、预警、处罚等程序。

企业对基于区块链的供应链金融接受程度不高

客观来看，基于区块链的供应链金融，最大的受益群体是核心企业，而非供应商。供应链金融的推广，改善了核心企业的采购生态和销售环境。从前，核心企业和供应商地位不对等。核心企业通过招标的方式进行采购，从而把采购的融资成本转移到小企业身上。相较于核心企业较低的融资利率，小企业的融资利率一般要高 2%～4%。

小企业只能将融资成本加到产品上，再出售给核心企业。结果，供应链生态不断恶化，核心企业付款给供应商时一般有两种选择：一是向金融机构贷款，这在资产负债表体现为负债；二是延长账期，将 3～6 个月的利息转移给小企业，小企业反过来将这些成本叠加在产品上再销售给核心企业。"区块链+供应链金融"中，核心企业的供应商在平台上启动融资申请，经核心企业确认后，金融机构即可放款。这个过程反映在核心企业的应付账款中，而非负债，此时供应商享受的是核心企业较低的贷款利率。但是，核心企业的信息、财务及采购部门往往难以就合作达成共识。毕竟，核心企业要完全上链，从可信数据源建设到支付的智能合约是一个庞大的系统工程，尤其还需要连接外部企业的系统。这些对于传统企业来说，是一个很大的心理障碍，大部分企业对于用区块链来解决采购、销售的操作痛点还处于观望状态，还没有完全敞开心胸来拥抱它。

区块链技术还不成熟

区块链技术仍在继续发展。对于区块链技术本身，其处理性能及扩展性依然是其应用的两大主要障碍,而为了解决这些问题,基于链上链下的系统协同设计成为目前主流的应对方案。另外,由于基于区块链技术的平台通常涉及私密数据的存储,而区块链技术透明、不可篡改及去中心化的管理机制的不断应用和发展完善,必然引起人们对数据加密和数据保护技术本身的关注。在目前的应用中,大多数的做法依然是将隐私数据链下存储,将其哈希值上链,或者直接将隐私数据加密后上链进行操作,从而避免泄露隐私数据的风险。

区块链的智能合约概念目前依然处于早期发展阶段,许多业务逻辑所衍生的法律条款及规则在智能合约上的实施方式依然需要探索。因此,在实际的应用中,智能合约依然无法从法律意义上完全替代正式的法律条款对业务逻辑和规则进行约束。换句话讲,在实际的商业应用中,真实的法律条款依然是解决业务争端、保护各参与方的最好方式。

第七章

**区块链与人工智能的融合方式：
区块链的智能化和平台化**

第七章　区块链与人工智能的融合方式：区块链的智能化和平台化

区块链与传统数据库的对接探索

在当前各项实用应用技术中，区块链技术可以算是一项颠覆性技术，它不仅为许多应用程序的开发注入了新的动力，也为许多领域带来了新的运作模式。区块链技术本质上是一个新型数据库应用，它没有中心数据服务器，且其数据以分布式存储方式存放在地理上分散的网络节点中，即所谓的分布式数据库。

区块链技术是一种新的分布式基础设施与计算模式，是多种成熟技术的综合运用。具体来说，它使用区块和链表的数据结构来验证和存储数据；使用共识算法在分布式节点之间生成和更新数据；使用加密技术确保数据传输和访问的安全性；使用智能合约进行编程和实现对数据的操作。总体来说，区块链以一种非常巧妙的方式将多种成熟的技术结合起来。

作为一种去中心化（没有中心服务器）的分布式数据库，区块链技术相较于传统数据库具有以下优势：区块链系统独特的设计使数据具有安全性高，不可伪造或修改的特点；区块链系统分布式的数据存储方式降低了系统的维护成本；区块链创造性地通过共识算法传播和复制信息。

区块链和数据库技术的对接，将数据基础设施从单一的主范式的体系结构转换为混合型体系结构。传统的中心化数据管理方案在登记、结算、审计、资产核查等业务场景应用中，需要大量的人工干预，成本高且效率低。纵然企业将业务数据集中到中央数据库，但仍需要手工审计、管理数据和维护系统运行，而结合了去中心化的分布式账本技术和传统集中式数据库的统一平台，能够满足企业相关业务的复杂计算和数据处理需求。以一种混合数据系统架构为例，它既可以利用分布式账本技术实现自动化的交易登记和结算验证，也可以实现原始数据的集成并进行一致的访问、分析和挖掘。这种混合型体系结构能极大地减少人工干预，弥补传统管理方案的缺陷。

区块链分布式数据库的快速索引技术

区块链的块链结构保证了其数据库中所有记录的可查找性和可验证性。换言之，主链中的每个交易记录都可以溯源，并且可以进行逐个验证。从数据库的角度来看，区块链是一种新型的数据组织模式。区块链快速索引技术主要依靠其底层数据结构——块头，每个块头包含块标识符，使其能够唯一、明确地确定一个区块。块头中的哈希值实际存储在节点的永久存储设备中，同时也存储在一个单独的数据库表中，这样便能实现区块的快速索引，从而更快地从磁盘检索区块。

区块链与传统数据库的数据交换对接

从原始文件系统发展到较晚的实体关系模型（ER 模型），数据库是一个有着悠久历史的 IT 领域。在实体关系模型的基础上，许多优秀的数据库公司和软件诞生了，例如 Sybase 数据库、Oracle 数据库、IBM 的 DB2 数据库、微软的 SQL Server 数据库和 MySQL 数据库等。之后，随着互联网的普及，MongoDB 成为有代表性的 NoSQL 数据库，作为一个主流的研究方向，数据库技术一直随着科学技术的进步而不断发展，传统数据库的三个主要成果包括实体关系模型、事务处理和查询操作优化，现在非结构化数据（语音、图像、视频等）处理技术、以 XML 为代表的半结构化数据表示和近年来较受欢迎的大数据等，都属于数据库技术的研究范畴。可以说，数据库就是 IT 行业的基石，几乎所有的 IT 技术都与数据库有着密切的关系。

那么，作为一种新兴技术，区块链与数据库之间有什么关系呢？

第七章 区块链与人工智能的融合方式：区块链的智能化和平台化

区块链技术是新业务需求和数据库技术发展的必然结果。从数据库技术演进的过程可以发现，区块链技术具有满足新业务需求、创建各种独特数据处理技术的持久生命力。换言之，每一代数据库技术的创新都是由实际需求驱动的。例如，最早的文件系统之所以会演变成实体关系模型，是因为新型银行金融服务的发展产生了支持高并发数据的写入和访问以及快速计费的需要，这种需要直接推动了实体关系模型的产生和快速发展。互联网的快速发展对数据库技术提出了新的要求，互联网项目的开发时间非常紧张，项目需要快速迭代，所以人们无法容忍传统的 SQL 数据库。因为在实体关系模型中，数据库表的设计要求业务逻辑定义非常准确。而互联网项目的快速迭代，必将促使业务逻辑不断快速调整。如果一切从头开始设计，然后编写中间访问层，必然导致中断，这是人们无法容忍的，因此 NoSQL 出现了。NoSQL 数据库在一定程度上解决了这些难题，使用 NoSQL 数据库技术的用户即使不了解 SQL 语句，也可以编写优质的数据库应用程序。当然，NoSQL 还有很多其他优点，例如，NoSQL 技术可以实现数据快速写入，而无须进行太多更改和删除。然而，当我们使用非关系数据库、分布式存储和其他技术时，业务需求将会发生变化。在解决大规模数据处理问题的同时，下一个问题将会出现，例如如何扩展数据，如何解决数据真实性和有效性的问题。这种需求也很容易理解，就好像人们对食物的需求。在食物短缺时，人们对食物的要求就是解决温饱问题。之后由于粮食生产实现了工业化，温饱问题得到解决。此时，人们就会进一步追求有机食品，而这一新的需求，将继续促进有机食品工业的产生和发展。需求推动发展，数据库开发也是如此。采用实体关系模型或使用 NoSQL 可以解决数据存储和数据访问问题。下一个要关注和解决的问题将是数据真实性和有效性的问题，就像我们现在需要有机食品一样。因此，新业务需要保证数据的真实性、不可伪造性、不可篡改性和有效性，这就推动了区块链技术的诞生。与现有数据库技术相比，区块链技术是一个全新的开端。越来越多的人意识到，数据库和区块链的融合几乎是不可阻挡的，就像电影行业与虚拟现实技术的融合是不可阻挡的一样。

金融行业再次成为这项新技术的倡导者和使用者，这与数据库技术发展的历史惊人的一致。对数据真实性、不可伪造性和不可篡改性的需求可能会催生一批区块链数据库公司的诞生。由于数据库是 IT 行业的基石，可以认为，融合了数据库技术的区块链对 IT 世界的影响将是深远的，特别是在人工智能领域。

区块链数据、数据库与人工智能

近年来，人工智能成功解决了人们数十年来一直无法解决的诸多问题，例如语音识别、围棋博弈等。收集和学习海量数据的能力得到质的提升，是取得这些成就的主要原因。大数据或许正在改变人工智能，并达到了令人难以置信的水平，区块链技术也将以独特的方式革新人工智能领域。区块链技术被广泛应用于人工智能领域，例如人工智能模型在审计方面的应用，有些应用甚至违反直觉、不易于理解，例如人工智能去中心化。

可扩展的区块链技术在人工智能领域具有巨大的应用潜力。区块链的一些优点将为人工智能的科学研究带来新的途径和机会。以下为区块链技术在人工智能应用方面所具有的优势。

1. 去中心化/共享式控制、鼓励数据共享

（1）带来更多的数据，因此带来更好的模型。

（2）带来全新的数据，因此带来全新的模型。

（3）十分便捷地实现人工智能训练数据和模型的共享控制。

2. 不可篡改审计跟踪记录

在人工智能模型训练和训练所用的样本数据管理方面，所用数据和模型的可靠性得到提高。

3. 可以作为原生资产交换中心

（1）在区块链环境下，训练、训练数据及训练模型将变成拥有知识产权（IP）的资产，去中心化的数据和模型交换中心也将建立起来。这在一定程度上可以更有效地控制上游用户的数据资源使用。

（2）区块链技术在人工智能中的应用，将促进人工智能DAO（去中心化自治组织）的发展，这种新型人工智能可以积累知识财富。

总之，区块链在很多方面能够促进人工智能发展，反过来，人工智能也能在很多方面促进区块链技术的进步，例如区块链数据的挖掘。再看人工智能和数据之间的关系，也存在很多人工智能利用大数据取得理想结果的案例。当然，也并非总是如此。

20世纪90年代，人工智能研究的典型方法有以下几种：一是采用固定数据集（通常是少量的）；二是设计一种改进性能的算法；三是在会议或杂志上发表文章。

大多数人工智能工作仍局限于学术界而没有得到实际应用，在笔者看来，人工智能许多分支的发展都是如此，例如，在神经网络和模糊系统进化计算中，有些甚至不像人工智能的算法，如非线性规划和凸优化。

2000年前发表的人工智能相关论文，很多只是发明或改进了一种算法，且这些算法往往只在一个或几个小数据集上进行了实验。

2000年后的人工智能和大数据发展非常迅速。2001年，微软的两名研究人员米歇尔·班科（Michele Banko）和埃里克·布里尔（Eric Brill）寻求改进Word程序语法检查的方法。在实验中，当他们训练使用的数据只有500万时，结果像朴素贝叶斯定理（Naive Bayes）和感知器的旧算法一样，最小错误率高达25%。但是当使用的数据有10亿时，其中一种简单算法的准确率从原来的75%提高到了95%以上。随着算法学习所用数据量的增大，整体误差率已经降到了5%以下。这些实验的结论是：在某些情况下，大数据能够有效地降低人工智能系统的错误率，有时甚至比更新人工智能系统的算法更有效、更重要。

区块链平台上的人工智能模型

区块链和深度学习是自2015年以来IT领域两个重大的创新和突破。这一轮人工智能的核心技术——深度学习，来自长期积累的人工神经网络技术。一方面，由于 GPU（图形处理器）计算能力的不断提升，机器可以进行更加复杂的神经网络多层并行计算，这也是深度学习的核心。另一方面，CPU（中央处理器）与 GPU 运算能力的提高，也为区块链技术的成熟奠定了硬件基础。区块链和人工智能需要 GPU 来完成相应的科学运算，其根本原因在于两者都需要概率论知识的支撑。只有深入理解区块链技术，才能真正体会到区块链技术的重要性，才会坚信该技术未来一定能带来翻天覆地的变化。

人工神经网络（Artificial Neural Network，简写为 ANN）可以理解为人工创造的类似人类神经网络的网络结构体，它可以通过软件模拟得到，也可以是相应的硬件系统。该网络中的基本功能单位被称为人造神经元，其主要作用是模拟神经细胞的功能。人造神经元与人造神经元之间存在着不同的连接，连接的强弱可以用一个数值来标识，该数值被称为权重，通过调节人工神经网络中不同节点之间连接的权重，可以成功实现对人类大脑记忆功能的模拟。整体来说，人工神经网络能够实现对人类大脑的绝大多数功能的模拟。人工神经网络非常复杂，根据具体模拟方式和实现技术的不同，又可分为很多具体的类别，如图 7.1 所示。

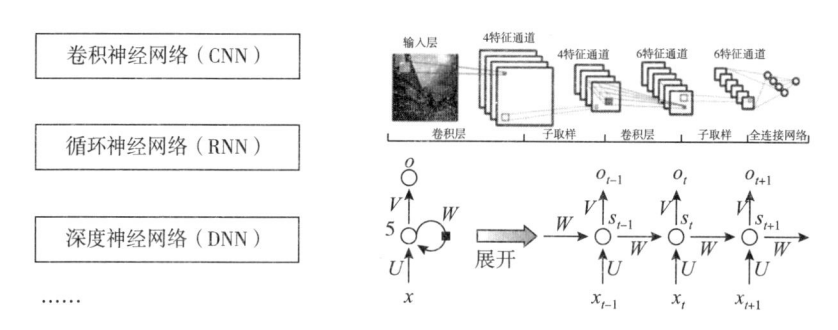

图 7.1 人工神经网络分类

近几十年来，人工神经网络领域诞生了丰富的科研成果，并在许多应用领域取得了重大进展，例如智能控制、模式分类与目标识别、机器视觉、无人机、医疗诊断、经济预测等领域，利用模拟智能，已成功解决了很多实际问题，其中人工神经网络能模拟的智能如图 7.2 所示。

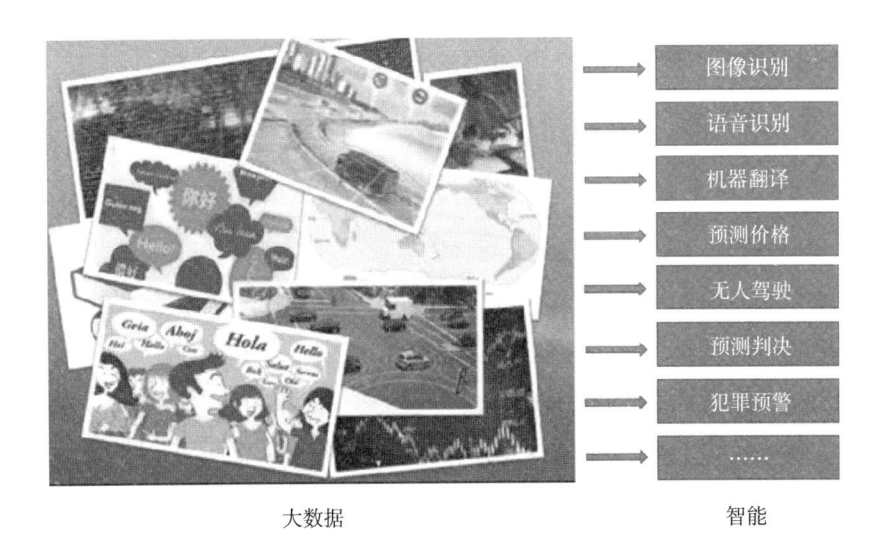

第七章　区块链与人工智能的融合方式：区块链的智能化和平台化

大数据　　　　　　　　　　　　　智能

图 7.2　人工神经网络能模拟的智能

机器能够识别图像和声音，是因为它能看到太多的图像以及听到太多的声音，从而产生对某种图像和相关语音的认知。具有智能的机器可以被用于预测价格，预测无人驾驶汽车在接下来几秒内的行动，甚至预测法官的判决，预测一个地区可能发生的违法犯罪。这同样是因为机器掌握了大量的历史数据，通过学习和分析挖掘出了数据内在的规律。根据这些规律，可以预测在不远的将来，大概率会发生什么事情。未来不可能完全重复过去的时间和空间，因此，人工智能所预测的结论都是基于概率。例如，我们判断某动物是不是一只猫，不是因为机器知道，而是机器通过计算，得出的结果是该动物是一只猫的概率大于是一只狗的概率；预测一个地区可能要发生的恐怖袭击，在现实中只有发生和不发生的区别，而在人工智能的世界，这是一个概率的问题。

毫无疑问，人工智能在某些方面提高了社会生产力、降低了劳动强度和人工成本、改善并提高了我们的生活质量。同样，在不久的将来，区块链技术也将改变人工智能技术的现状，并为人工智能技术的发展带来无限的动力。未来，机器利用大数据技术与区块链技术，不但可以识别和预测，而且可以创造。例如文本生成（写稿机器人、机器作曲）、语音生成

(TTS)、图像和视频生成（把图像帧组合起来就是视频）、把模糊的视频转为高清、把旧的黑白胶片照片转换成好看的彩色照片，甚至从监控嫌疑人故意遮挡的脸部信息推断出脸部的正面图像等。未来，在区块链和大数据技术的推动下，机器的智能化将会达到前所未有的高度。下面将介绍一些技术应用。

部署在区块链上的神经网络模型

由无数独立决策个体组成的神经网络通过模拟神经元的传导结构形成"合力"决策。例如，我们可以将 P2P 网络传输和下载工具理解为一个简单的神经网络结构，下载工具可以根据链接数量、上传下载速度等指标选择下载的 P2P 链接点。

同样地，如果上述假设适用于地铁转乘 App，则可以实现每个人决策的实时分享功能。例如，第一条线路人更多时，许多人会选择第二条线路，如果地铁转乘 App 可以判断 10 分钟后的情况，第一条线路和第二条线路的拥堵程度将达到平衡，那么就不需要更改路线。这就是分享决策的数据价值。

如果我们能够利用区块链的 P2P 网络来构建人工神经网络，并让整个区块链的 P2P 网络成为一个庞大、复杂的人工神经网络，那么区块链网络也就可能具有一定的智能，并通过其自身获取数据的优势，不断地进化完善，区块链网络就能够具备根据实际情况做出最优决策的能力。

部署在区块链上的机器学习算法

利用区块链的 P2P 网络和资源，可以成功构建人工神经网络，并实现机器学习与大数据的完美结合。下面以机器学习中的平行学习算法为例，来探讨区块链上的机器学习问题。

平行学习是在近几年兴起的机器学习理论框架，该框架的优点是适合

第七章 区块链与人工智能的融合方式：区块链的智能化和平台化

现有机器学习的理论框架，其主要观点是利用大规模计算来模拟、预测和引导复杂系统，并通过整合人工社会、计算实验和并行系统等方法构成一个新的计算研究系统。平行学习在数据准备阶段，主要是从原始学习的样本数据集中挑选出合适的"小数据"，然后利用建立的计算软件系统，通过运算产生大量新的样本数据，再将这两部分样本数据整合在一起形成新的样本数据集合，这就是所谓的"大数据"。最后，"大数据"通过强化学习，得到适用于具体场景的"小规则"。

我们说的平行学习基于实际的"小数据"与人工"大数据"的混合数据，这里的人工"大数据"是指将来可能出现的虚拟数据。传统的机器学习方法大多基于实际的历史数据，所以如果说传统的机器学习是"面向历史的机器学习方法"，那么平行学习就是"面向未来的机器学习方法"，是虚拟与现实系统相互依存、终身学习的新型机器学习方法。

近年来，平行学习方法已经得到应用，AlphaGo 是一个典型的案例。此围棋程序的成功，证实了该机器学习方法的优越性。此程序首先采集真实的博弈数据，进行分析学习，然后通过"对打式"的虚拟博弈实验，产生大量的虚拟围棋游戏，同时产生虚拟空间"大数据"，通过算法判断形势并确定价值网络和策略网络等"小知识"，最后通过与虚拟棋手的不断对决实现平行进化。

相应地，平行学习和区块链技术的整合产生了平行区块链系统——人工块链系统。该系统能够通过区块链系统获取真实的实验数据，然后在这些"小数据"的基础上，建立实际的区块链模型，并通过灵活调节区块链的参数来产生新的模型，然后通过实例化产生大量的虚拟实验大数据。

进而，人工块链系统生成大量的虚拟学习场景，利用这些场景在算法驱动下进行自博弈学习。在学习过程中，利用学习结果不断进行完善和改进，产生人工块链"大数据"，加上开始的"小数据"，就生成了用于区块链系统进化的平行数据。

此时，可以用普通的机器学习方法，利用"小数据+大数据"来训练区块链系统，从"大数据"中获得适用于某些固定场景，能够解决某个特定问题的"小知识库"。基于生成的"小知识库",当实际的块链系统遇到特定的情况或问题时,便可以快速查询该知识库,得到与当前情况相匹配的精准知识,并将该知识应用到实际系统中。

由此可知,未来机器学习与区块链技术必将相互融合,通过自学习进化出前所未有的机器智能。

部署在区块链上的深度学习框架

深度学习从本质上或实现技术上来讲,是一种特殊的人工神经网络应用模型,只不过该应用模型具有多个隐藏层,通过学习海量训练数据,可以提高分类运算结果或预测运算结果的准确性。与传统的机器学习相比,深度学习最大的特点是拥有多层网络结构,但其从本质上来讲仍是机器学习的一种。深度学习与区块链的关系,与上文所讲的"部署在区块链上的机器学习算法"非常相似,在此不再赘述。

物联网与区块链的结合

物联网的前身是传感器网络,是基于互联网和各种通信技术来实现互联的。物联网有两层含义:首先,物联网本质上是一种特殊的互联网,可以理解为互联网的一种创新;其次,在互联网的基础上,物联网进一步延伸和扩展节点,使得任何物品都可以交换信息和通信,即所谓的物物相连。传统的物联网系统是客户端/服务器模式,这意味着物联网设备之间的互联必须通过中央服务器的转发才能实现。这种模式有其固有的缺陷,即所有设备都必须通过服务器连接,这就要求中央服务器具有强大的存储和运算能力。如果中央服务器发生故障,就有可能导致整个物联网的瘫痪。另外,设备之间的连接只能通过互联网实现,即使它们之间仅有几米的距离。这种模式虽然已经存在了数十年,并且仍然支持小规模物联网网络,但是已不能满足日益增长的物联网体系的需求。

第七章 区块链与人工智能的融合方式：区块链的智能化和平台化

当前的物联网运行、维护费用都很高，主要原因就是过多地依赖中心服务器，而大型中央服务器的维护成本非常高。不断扩大的物联网规模对中央服务器性能的要求将成倍增加，整个物联网的运维费用将急剧上升，甚至有可能超出企业的承受能力。即使克服了前所未有的成本和工程挑战，中心化的服务器仍然是一个瓶颈。服务器的故障可能使整个网络受到影响，甚至导致全网瘫痪，在当前人类的生活、健康变得越来越离不开物联网的情况下，这是不允许发生的。

区块链主要从以下两方面解决了这些困难。

第一，解决安全隐患，保护用户隐私。

当前，物联网安全隐患的主要根源是所有的信息数据（包括控制信号）都要经过中央服务器。犯罪分子如果攻破中央服务器，就有可能盗取存放在上面的个人隐私数据，例如家庭摄像机传输的视频信息、用户的健康信息等。犯罪分子甚至可以通过中央服务器，攻击入侵联网的家庭设备和家庭网络，然后入侵电脑窃取个人数据。设想一下，如果黑客入侵了你家的冰箱，获取了你的日程安排以及个人信息，然后进入你的私有云，在网络中窃取你的家庭照片，甚至控制你家里的智能门把手，会导致什么样的结果呢？肯定是令人毛骨悚然的。

更重要的是，查找问题节点对物联网来说也是一个巨大的挑战。以前，对于中心化的数据库而言，因为网络中节点较少，中心服务器可以很容易地查出有问题的节点。而现在，在一个包含数亿节点的网络中查找问题节点无疑是一项庞大的工程，不出差错几乎是不可能的。同时，保护用户隐私也是一个巨大的挑战。安全工作人员必要时可能会强行审查存放在中央服务器上的用户隐私数据；互联网运营商为了获取非法利益，有时也会把中央服务器上的用户隐私数据非法出售。事实上，这些行为已经侵犯了物联网用户的基本权利。

物联网安全缺陷的核心是设备和设备之间缺乏相互信任的机制。物联网的数据中心需要和所有设备进行数据核对，一旦中央数据库崩溃，整个物联网将遭受巨大的损失。前面提到的区块链分布式网络结构提供了去中心化的共识机制，以维持设备之间的共识，它无须数据中心验证，即使一个或多个节点被破坏，依然可以保证整个网络系统数据的可靠性和安全性。

第二，降低物联网的运营成本。

正如上面提到的，传统的物联网最终要把数据信息汇总到中央服务器。成千上万的节点将产生大量数据，而将来会有越来越多的信息。在这种情况下，数据中心或中央服务器将承受巨大的压力，数据的计算和有效存储等都将难以进行，不仅如此，运营成本也会增加很多。

此外，智能设备的消费频率过低。一般来说，诸如门锁、LED 灯泡、智能板等物联网设备，可能要好几年才更换一次，这对服务提供企业和生产企业来说是一个不利因素，因为它们在管理和维护这些设备时会消耗大量的人力、财力，这无疑增加了它们的成本。

区块链技术通过点对点的方式实现互连，而不是通过占用中央服务器的资源传输数据。这种分布式计算的结构，能够充分利用网络上大量空闲设备的资源。同理，区块链技术也可以充分利用网络上闲置的带宽、存储空间等其他资源，极大地降低计算和存储的成本。

此外，区块链解决方案还可以为企业或服务商降低设备维护保养成本。例如，结合智能合约技术，可以将原来独立的网络节点或物联网设备，转换为具有一定自我维护、自我调节能力的节点，这样就能有效地节省用于维护的人力和财力。

人工智能方法与区块链的结合方式及方向

算法层面的深度结合

我们需要借助人工智能算法对区块链记录的海量数据进行分析，并进行深入的学习，从而提高机器的智能。我们已经见证了大数据与人工智能算法相结合的巨大潜力。早在 1999 年，机器智能就曾打败人脑。在 2016

第七章　区块链与人工智能的融合方式：区块链的智能化和平台化

年的人机对垒中，人类又一次败给了谷歌公司研发的智能机器人，这标志着人工智能技术又上了一个台阶。事实上，想让机器人获胜并不容易，因为每一步棋离开大量的计算和复杂的算法是不可能实现的。

未来，机器学习算法与区块链技术的融合，将有可能使机器变得越来越聪明，也就是说，机器的智能化程度将越来越高。在接下来的几年里，我们不得不面对这样一个问题：基于区块链的机器学习算法，将有可能成为我们的老板，成为我们的客户服务提供商，并取代我们现在的工作。此外，人工智能算法可以利用各个方面的数据来帮助我们做出决策，甚至董事会也可能要听取算法给出的建议。优秀的机器学习算法结合区块链的优势，将有可能实现机器学习算法与区块链数据资源的点对点对接，从而获得前所未有的海量数据，最终促进机器学习与人工智能的超前发展。

分布式人工智能的结合方式

分布式人工智能（Distributed Artificial Intelligence，简写为DAI），是人工智能和分布式计算的结合，它已经适应了设计和构建大型复杂智能系统和计算机支持协同工作（Computer Supported Cooperative Work，简写为CSCW）的需求，其主要目的是研究如何在逻辑上或物理上实现分布式智能的行为和方法，以及如何利用这些分布式智能实体实现对有确定目标问题的求解。例如，在分布式智能社区中，研究如何协调和操纵这些智能组织和群体的知识、技能和规划，以实现多任务系统。

目前，分布式人工智能的研究可以分为两类：一类是分布式问题求解（Distributed Problem Solving，简写为DPS）；另一类是多智能体系统（Multi Agent System，简写为MAS）实施技术。对于更复杂的分布式问题求解系统，要解决的一般问题通常被分解为若干子问题，并且每个子问题都可以被分解为若干个子任务，系统通过设计一个个子系统来解决每个子任务。为了实现这一过程，首先，需要智能地确定任务分配策略，即如何将总任务的各个子任务分配到某个具体的模块或节点上；其次，需要智能地确定工作任务协作策略，即基于分散的、耦合松散的知识源或节点，实现复杂问题的协作解决方案。在这里，分散是指在没有全局控制和全局数据的情况下，任务的操作和可用的资源是分布式的。知识源分布在不同的处理节点上，并且可以根据某些规则共享针对数据、知识、信息的问题的答案。

区块链是块链数据库，其中各区块之间以链的方式链接在一起。区块链系统的节点连接在一起，共同遵循交换协议，并加入区块链系统的网络。在传统的数据结构中，数据集中存储，存在很大的体系结构风险。而区块链是去中心化的分布式系统，可以被看作一个分布式问题求解系统特例。区块链构建起一个分布式网络架构，由相关算法生成块内信息内容并加入时间戳，然后将该部分数据链入区块链中，也就是基于规定的信息交换协议，将数据信息传播到整个网络的各节点，从每个节点获得确认之后，完成数据的分布式存储操作。该类数据库的本质或核心技术是去中心化的分布式数据库。

目前，人们认为区块链技术对各行业创新和发展的价值主要表现在以下几个方面：去中心化的平台和交易成本的降低；实现实时事务计算，提高交易效率；分布式存储交易数据，数据安全性高，不能被伪造或篡改；结合人工智能算法，实现交易活动的自动事务处理。我们认为，区块链技术能从以下四个方面应用于分布式智能。

第一，资源共享。使用分布式账本技术，利用其分布式特性与分布式网络存储，实现学习者与数据信息资源的点对点对接和资源共享，从而减少不必要的访问和资源浪费。

第二，实现学习场景多样化。区块链可以利用其网络系统，利用分散在不同地理位置上的各种各样的学习环境，打破传统学习训练环境、场景单一的现状，实现学习场景多样化，并且可以实现正式学习与非正式学习的有效结合，带来机器学习场景方面的重大变革。

第三，促进学习资源的建设。智能合约算法可以使资源符合互认标准，实现资源共享和获取的自动化，实现学习资源和学习空间的"自组织"式构建。

第四,记录学习过程和学习成果。学习的所有信息都可以存储在区块链系统中,并以分布式存储的方法记录在各个节点中,包括学习开始前的相关信息、学习过程中的细节、学习进程的先后顺序、学习评测记录等基本信息。在维护信息安全的基础上,共享学习资源和为其他学习过程提供学习资料,是提高学习质量的重要环节。

第八章

新一代自主智能合约

第八章 新一代自主智能合约

1994年，计算机科学家尼克·萨博（Nick Szabo）首次提出智能合约的概念，指出智能合约的本质是一种能够自动执行相关代码与合同条款的计算机程序。智能合约设计人员可以根据实际需要开发相应的程序，当满足设定条件时，被触发的合同条款将立即自动执行，从而完成智能资产的交易和转移。虽然智能合约的概念比区块链早几年提出，但由于当时缺少对应的软硬件平台，该技术一直没有被广泛使用。近年来，日趋成熟的区块链技术为智能合约提供了一个可行的执行平台。

智能合约相较于传统合约具有巨大的优势：智能合约可以在最小化信任的基础上解决问题，最小化信任可以用完全自动执行取代人工判断。然而，智能合约的使用仍面临两个问题：一是公众不理解，推广需要时间；二是社会需要制定和完善相关的法律法规，为智能合约的执行提供相应的法律保护。

传统区块链智能合约

对于用户而言，智能合约相当于担保机构。从智能合约的底层技术和底层实施角度来看，智能合约是一种建立在区块链技术上并在区块链系统运行的合约程序。由于区块链技术本身具有公开透明等特点，且智能合约程序和相关数据都保存在区块链上，智能合约对每个用户都是公开透明的。这保证了所有用户有权并且能够对智能合约进行有效的监督，智能合约一旦订立就不能被篡改，只能被区块链系统中的挖矿设备智能地执行。

智能合约相当于在区块链上编程的汇编语言。虽然大多数用户不会编写类似汇编语言的智能合约代码，但是他们可以使用更容易理解的高级语言进行编写，例如Solidity（与JavaScript类似的编程语言），此代码可以很容易地与区块链交互（加密货币的传输和事件记录等）。

智能合约代码的执行是自动的，要么成功执行，要么所有被更改的状态都被撤销，包括从当前失败的契约发送或接收的信息。这一点非常重要，因为它避免了合约被部分执行，例如，在证券交易中进行购买操作，证券所有权的转移操作已经被执行，但是数字货币的支付操作失败了。同时，这一特点在区块链环境中也尤为重要，因为区块链技术是去中心化的，没有第三方权威机构的参与，即便风险产生，由此引发的错误操作也无法撤销，如果对方不合作，就没有办法将贸易撤销。

然而，智能合约仍面临着一些问题。

智能合约仍处于起步阶段，并没有取得真正的进展，其关键在于信任问题仍未解决。这类似于影响区块链实现应用的问题，即系统在无须信任的环境中运行，这意味着错误不能被纠正。例如，在区块链中，如果你将货币发送到一个地址，操作就不能被撤销，如果你和一个骗子交易，或者把货币发送到错误的地址，那么损失是无法弥补的。

在某种程度上，智能合约能够避免欺诈问题，这也是智能合约的设计目标之一。首先，合约能够根据需要监控合约参与各方的履行情况，参与者也就无法进行欺骗。然而，此举并没有有效解决欺诈问题，只是增加了一个看似安全的新"面纱"。所以，为了更有效地避免欺诈，需要确保编写的智能合约代码本身没有欺骗性，这就要求编写智能合约的高级语言能够真实、充分地向参与方描述该代码的真实目的。

在区块链上真正执行的智能合约底层字节码，是由高级语言编写的智能合约程序经过编译直接得到的。编译之前，智能合约的源程序需要经过严格的审核，从而杜绝"乌龙指"操作，如股票交易中工作人员操作失误，引起重大损失。

目前，这些问题可以通过第三方权威机构介入和事后处理得到解决。有效解决上述问题，也成为智能合约在各个领域得到广泛应用的前提条件之一。

智能合约的应用

智能合约遍地开花

智能合约使许多不同类型的程序和操作实现了自动化，其中最明显的就是支付流程。同样地，智能合约的应用也可以扩展到其他业务和组织活动中。2017年美国"首届智能合约专题研讨会"组织来自区块链领域的专家，讨论了智能合约技术颠覆未来的可能方式，并发布《智能合约白皮书》，白皮书中描述了以下几个商业合同和其他合同的应用案例。

数字身份

智能合约允许个人拥有和控制数字身份，允许个人决定向对手披露什么样的数据。同时，数字身份也为公司提供了深入了解客户的机会。此外，在交易活动中，数字身份使交易对手不必通过出示相关证件就可以验证身份。

代码文件记录

通过智能合约技术，可以实现统一商业代码（Uniform Commercial Code，简写为UCC）的数字化，实现业务代码文件更新和发布的自动化，从而降低执行此类功能的法律成本。

证券

智能合约可以实现部分证券交易流程的自动化，例如利息的自动分配、股权债务的管理、分红操作等。同时，智能合约在证券交易中的合理运用，可以有效降低风险和交易成本。

贸易金融

智能合约在贸易金融的应用包括快速信用证、贸易支付、货物自动转移、提高融资效率等。

财政数据记录

金融机构可以使用智能合约来制作准确、透明的财务记录。智能合约可以提高财务报告的透明性，合理地利用智能合约可将审计成本降到最低。同时，利用区块链的共同维护特征也能有效降低会计成本。

抵押

智能合约在条件满足时可自动触发，实现抵押条款的自动执行。同样地，一份智能合约可以自动处理付款，并在贷款支付后，从本地记录中自动释放留置权。智能合约还可以提高所有参与者记录的可见性，并有效跟踪和验证付款流程，从而减少人工错误，降低成本。

土地所有权记录

利用智能合约实现自动产权转移，不仅可以有效避免欺诈，还可以降低审计成本。为了实现这一目标，政府需要制定相关的公开协议。

汽车保险

在汽车保险方面，智能合约可以实现索赔的实时化、自动化，简化烦琐的理赔流程，降低报告的重复率，节省成本。然而，这需要跨行业的合作来解决技术问题，可能会给监管和财务相关部门带来新的挑战。

临床试验

智能合约可以在有效保护患者隐私的情况下，让宝贵的实验数据实现跨机构共享。同时，数字身份的使用可以有效地简化各机构之间复杂的数据访问的信用验证过程，从而提高效率。由于在区块链上执行智能合约需要身份验证、授权等技术的支撑，开发智能合约代码时仍需关注这些方面。

癌症研究

在保护病人隐私的前提下，智能合约可以更好地实现癌症数据的共享。同时，这需要一种新的区块链技术，来提供实时访问和数据保密的功能。

智能合约的注意事项

《智能合约白皮书》审查了智能合约代码对法律分析的影响。当逐行代码成为合约时，会生成以独立形式存在的智能合约。

2018版区块链白皮书补充协议承认，点击生效协议是一种可执行合同形式。如果交易存在主观的分析、可逆性、复杂或模糊的编程，或者区块链系统需要和外部进行频繁交互时，开发智能合约可能会很困难。在"信息如何进入区块链"这一点上，双方必须达成一致。在某些领域，有时需要信任外部参与者。

为了预防和解决争议，智能合约编程人员需要把诚信、公平交易以及其他主观概念录入智能合约程序。虽然智能合约的自动执行有效地降低了人力的消耗，但在必要的情况下，还是需要合理的监管，如要求员工审查和解释智能合约的代码。

实现基于人工智能算法的智能合约

基于区块链的以太坊、量子链等平台，具备图灵完备性，也就是说，凡是能够计算的问题，都可以在这些平台上解决。以太坊的本质是具有智能合约功能的区块链应用系统，它的智能合约本质上是代码，与其他编程语言所写的程序相似。合约被定义为"两方或多方之间自愿签订的具有法律保证和法律约束力的合同，形式包括审议、接受、提议和要约等"。显然，智能合约不符合这些标准。

早期，在区块链行业中，"非法律约束"常常被视为一种特有的功能，而不是一种缺陷。许多积极分子和业余爱好者经常聚集在加密货币领域，逃避传统的法律形式。他们通过转化为以代码为基础的自治形式，达到取代传统组织的目的。然而，智能合约当下仅使交易合同更快、更便宜、更容易获得，但它能否工作并取得令人满意的结果，还有待观察。

如果只使用智能合约，参与合同的各方很快就会发现自己无法在理论上或实践中达成复杂合同约定。最好的情况是建立一些有实用价值的智能合约，例如，完成自动支付后，可以根据房屋租赁的智能合约，自动解锁房门。如果房屋租赁中的智能合约能够保证数字货币稳定且不可撤销地从租赁方转让到出租方，则智能合约会触发与其相关的其他合同，如打开公寓门，即使彼此之间不熟悉，也不相互信任。但是，双方都将面临把资金、资产委托给这样一个过于依赖开发人员的智能程序的情况。鉴于智能合约的不变性和不可撤销性，其开发者的地位甚至有可能高于律师。

为了保证代码的可靠性，就要确保在智能合约被调试和存档的过程中不出现差错，这将导致合同的开发成本增加，有时甚至会高于中等规模的 A 轮预算。绕过这样的预防措施是有可能的，但是必须承担相应的风险。除了这些安全问题之外，代码本身缺乏真实合同的基本要素，例如条款、条件、解决未来争议的指导方针、相互意图以及可接受的证据等。最重要的是，这些代码一旦开发完成，便不能再更改，缺乏建立真正商业关系所需的灵活性。真正的自动化合同或智能合约需要持续的用户输入，以便 A 可以确认 B 已履行其义务。在某些情况下，会出现诸如 B 履行义务，但 A 拒绝承认等问题。在这种情况下，可以借助第三方的相关设备、服务、权威和信用来解决问题，但是必须让用户可以轻松地与该系统进行交互，并理解其功能。目前，区块链平台上的智能合约还无法满足这样的要求。

用人工智能打造智能合约

尽管智能合约技术尚处于初级发展阶段，但毫无疑问，这是一项突破性的创新，且将来很可能成为数字商务的基石。图灵完备的区块链和物联网的出现，使智能合约能够安全快速地转移资产。通过与实体交互，当前需要消耗大量人力和时间的业务流程，可以实现自动化。但是，为了取代传统书面合同，这些自动化流程必须灵活、智能，并且被嵌入一个友好的界面中，让使用者能够理解并接受。

此外，法律程序不容忽视。智能合约将降低法院出面解决纠纷的概率，但并不能完全消除这种需求。在前文提到的智能房屋租赁合同的例子中，付款完成后房门会自动打开，非常方便。但是，当此权利被侵犯时，依靠法律获取援助显然会更好。因此，为了使智能合约数字化并有效地取代传统的纸质合同，智能合约必须满足以下要求。

（1）对用户无障碍。传统的法律文件很复杂，通常只有专业人员才能正确理解。智能合约应该解决这一问题，而不是用不明确的代码取代自然语言。智能合约的用户界面应该和通用软件一样友善，易于理解。

（2）具备法律可行性。为了成为法律文书，智能合约必须包含接受特定条款的证据以及对要约、相互制约意愿的描述，更重要的是，要能够以一种官方认可的、不可改变的方式管理数字身份和签名。

（3）具有灵活性和可控性。为了适应真实的商业世界，智能合约必须得到有效管理，可以进行调整和重新谈判。当实际情况发生变化时，智能合约应允许参与者放弃对对方的权利或停止履行自己的义务。

（4）具有互动性。智能合约必须贯穿整个合约生命周期，根据用户输入将合约划分为不同的场景，使之成为不能拒绝执行的强制措施并保留证据。

（5）可监管、可分析。要使智能合约比传统合约更有意义，必须充分利用代码的优势。

（6）下一代智能合约将具有高度智能性。当其积累足够多的数据后，可以实现自动学习，一旦某个事件触发合约中的条款，代码将即刻自动执行。

智能合约给金融业务带来的新变化

在区块链技术的应用中，无论是业务层还是应用层，都要用到区块链的重要数据结构——去中心化的分布式账本。利用区块链智能合约，可以实现智能资产，即让智能合约代码成为资产分配和重组的共识算法；当外部条件满足时，触发执行这部分合约代码，自动实现智能资产的分配或转移。智能资产使智能合约能被广泛应用于汽车和房地产领域，以及股权、票据和数字货币等非物质产权中。

智能合约有着广泛的应用，例如智能法律合同。这是现有法律合同的延伸和扩展，将来有可能替代现有法律合同。未来的法律合同可能是一段有法律约束力的区块链代码。例如，可以利用运行在区块链上的代码来制定新的智能商业合同，代替传统的商业合同。

在金融领域，央行、金融机构以及很多大型企业都因为意识到智能合约具备前所未有的优势以及巨大的发展潜力而不断投入资金研发基于区块链的智能合约。

第一，可编程金融功能与可编程货币。央行发行数字货币的最终目的是，在区块链技术的支持下，通过给数字货币附加可运行的程序代码，让所有数字资源都可以嵌入智能合约。在这一点上，数字货币具有一些传统货币没有的特点，例如，如果想实施量化宽松政策或发出特定数量的货币到指定账户，央行可以将涉及的账户、批次、时间和其他信息，在智能合约中以代码形式预先写好，当条件满足时，相关智能合约条款就会被自动执行。另外，央行还可以根据需要收集数字货币和数字资产的拥有者信息，在此基础上制定特定的货币政策，提高调控能力和管控力。

第二，提高自动化交易水平。智能合约由运行在区块链上的代码定义，当条件满足时便会被触发并自动执行，不需要任何信任基础。为了节约成本，金融机构可以结合区块链分布式账本技术，将智能合约应用于各种金融产品中，根据合同约定，建立相应的规则和可运行的合约代码，实现自动支付功能，从而实现交易活动的自动化。例如利用智能合约实现贷款购车的自动化管理，如果车主没有按时还款，智能合约将发出指令，自动扣押车辆。

第三，确保金融交易安全和效率。智能合约一旦建立，交易资源便如同由整个区块链保管一样，在交易没有完成时，除了智能合约的规则或代码外，其他任何一方都没有办法控制、挪用该部分交易资金。另外，智能合约完全依据规则或代码，一旦规则或代码编写完成，就不再需要任何后续的操作（审核、维护等），这样后续相关资产的转移只能按照智能合约的规则或代码来进行，在外部条件被触发后，自动分配转移，无须过多人为参与，交易的效率与自动化程度得到了极大的提高。

第四，降低合约执行和金融交易的成本。智能合约底层区块链技术和代码的本质，保证了其自动执行和公共行为的透明度，使得交易活动的安全性更高、成本更低。由于智能合约在区块链系统上存放和运行，其数据以分布式方式存放于网络的每一个节点上，是共同维护、自动执行的，能有效地降低合约的执行成本。

第五，便于金融机构对交易行为进行管理。区块链本身是一个去中心化的账本，建立在区块链基础上的智能合约能够有效地利用该账本记录每一笔交易的详情，例如智能资产的分配、资产所有权的变更，所有详情都可以查询和溯源，这为金融机构的管理提供了支持。因为智能合约是区块链上的规则和代码，所以它可以自动运行，不需要人为干预和介入，减少了以监管权换取利益的情况，避免了交易的黑幕，便于金融监管。

新一代自主智能合约的金融应用场景分析

区块链的去中心化账本技术可以被用于注册、确认和转移各种类型的资产和合约。将智能合约与区块链的分布式记账技术结合在一起，许多金融交易活动都可以利用区块链技术实现，包括股票交易、债券发行、金融融资、众筹融资以及其他类型金融产品的交易活动。

智能合约意味着区块链交易活动将有更大的用途，而不仅仅局限于货币交易，区块链中也将有用途更为广泛的代码。传统的合约是参与各方就某件事情达成共识而形成的法律行为，各方必须相互信任，并履行各自的义务。智能合约不需要参与各方相互信任，因为智能合约不仅是由代码定义的，还是由代码强制执行的，同时代码是自动的、不受干扰的。

在金融服务方面，自主分布式智能合约的发展方向是利用数字货币技术，在传统银行以及金融市场领域进行创新。正在进行这方面研究的瑞波实验室（Ripple Labs）期望能够革新现有的银行交易系统，利用其支付网络，在不需要第三方中介机构的情况下允许跨国银行直接转账，进行外汇交易，允许地区银行直接将资金转移到两个或更多的地区银行。美国电商平台 Overstock 在研发基于区块链技术的新型证券交易应用系统。比特币借贷平台 BTCjam 在研发基于区块链的点对点网络借贷系统。贝宝（PayPal）也在做比特币应用于金融市场的研究。在众筹方面，自主分布式智能合约不仅能有效降低众筹项目的风险，还能有效降低众筹的审核成本，具有极高的实用性。

以太坊是一个建立在区块链技术上的应用平台，旨在提供图灵完备的脚本语言。作为一种图灵完备的区块链技术，以太坊技术结合了人工智能技术、数字通信技术、分布式数据库技术和密码技术等多项前沿技术。在更强大、更可靠的脚本系统与安全的网络环境支持下，基于区块链技术的智能合约和智能资产将得到更为广泛的应用。

在智能资产方面，区块链可以被用于资产的注册、存储和交易，包括有形资产、无形资产，并可被广泛应用于金融、经济和货币等领域。将智能合约与资产管理相结合，当资产被赋予区块链系统上可执行的编码和规则时，该资产便可被称为智能资产。换言之，智能资产是能够在区块链系统上自动交易、分配、转移所有权的资产。具体表现为，智能资产通过区块链和智能合约来控制所有权，并通过智能合约遵守现行法律。智能资产的一种典型应用是不需要信任背书的资产管理系统，例如，当一个人偿还了全部贷款后，系统自动将汽车从金融公司转让至其个人名下。我们未来的房产、车库以及门禁系统也许都会是被植入软硬件的识别设备，当我们使用时，它们会自动识别注册在区块链中的数字身份，然后根据相应的智能合约执行操作。智能资产有可能将我们带入一个更便捷的智能世界。

区块链技术与智能合约技术在智能资产中的应用是一个全新的概念。我们或许一时很难适应这种以代码来控制资产的方式，但是它的高便利性、低交易成本、低交易纠纷率等特性将使其在某些领域得到快速应用。基于区块链的智能资产让我们能够建立一个全新的资产管理系统，该系统将极大地简化资产管理的流程，提高资产管理的效率。可以预计，未来10年，基于区块链的智能合约将快速发展，并在某些领域迅速得到应用。

第九章

区块链应用的新发展与反思

第九章　区块链应用的新发展与反思

区块链的发展现状

2017年，比特币的爆红使加密货币的概念在大众中普及，而作为加密货币核心技术之一的区块链技术自诞生以来更是热度不减。但是，大多数区块链开发项目目前仍处于alpha测试期①或beta测试期②，区块键技术发展缺乏实际案例。此外，比特币价格的大幅波动也令人产生疑问：这项技术的可行性究竟如何？

工业和信息化部发布的《中国区块链行业发展报告2018》中总结了中国区块链行业发展的特点。

第一，区块链技术创新加速。

只有技术创新才能推动区块链行业的深入发展。国内区块链行业的技术创新明显处于加速阶段。从中国和美国2014—2017年在区块链领域公开的专利数量来看，两国相关专利数量都呈现明显的上升趋势。其中，美国的公开专利数量由2014年的150项增至2017年1~7月的390项，而中国则由2项增至428项。由此看来，中国公开专利数量的增长率远远高于美国，后来者居上的趋势明显。

第二，区块链融资增长迅猛。

2017年1~7月全球区块链领域私募投资金额相较于2014年呈明显上升趋势。鉴于ICO的快速发展，2017年全球区块链行业的私募股权投资

---

① alpha测试，是指由一个用户在开发环境下进行的测试，也可以是公司内部的用户在模拟实际操作环境下进行的测试。——编者注
② beta测试，是一种验收测试，是软件产品完成功能测试和系统测试之后，在产品发布之前进行的测试活动。——编者注

额与 2016 年相比有所下滑，但与 2014 年相比增长显著。从中美两国 2014—2016 年区块链领域的私募股权投资额来看，美国由 2.12 亿美元增至 3.94 亿美元，增长了 85.85%，而中国由 0.16 亿美元增至 0.76 亿美元，增长了 375%。虽然美国区块链领域的私募股权融资规模高于中国，但中国的规模增速高于美国。

第三，区块链应用范围广阔。

随着区块链技术的不断革新以及中国互联网消费群体规模的不断扩大，中国的区块链应用呈现出多元化和活跃化的特征。从 2014 年到 2017 年 7 月，中国区块链行业的私募股权投资分布于虚拟货币、钱包、挖矿、底层技术、交易所、基础设施、相关服务以及区块链应用等多个领域，投资范围如此之广，为中国区块链产业链的形成奠定了基础。

在这些领域中，区块链应用领域获得的私募股权投资占比最高。区块链应用主要集中在数据服务、金融、认证确权等 10 个领域，其中数据服务、金融、认证确权合计占总数的 79%。

第四，区块链行业组织竞相成立。

区块链技术的创新和应用依赖行业生态体系的构建和完善。截至 2017 年年底，中国仅在短短两年时间内便成立了约 20 个与区块链相关的行业协会或联盟，其中包括中国区块链应用研究中心、中关村区块链产业联盟、全球区块链商业理事会（GBBC）中国中心、中国信息通信研究院可信区块链联盟等众多专业组织。毫无疑问，不同背景的人员和行业机构借助这些专业组织开展的交流与合作将极大地促进中国区块链行业的可持续发展。

在区块链技术的教育培训方面，浙江大学区块链研究中心、上海财经大学区块链投资与发展高级研修班、同济大学金融科技研究院、北京邮电大学区块链研究实验室等相继成立，国内著名高校开始积极探索区块链技术的教育培训模式，它们开设了多种区块链相关课程，并且邀请业界专家开展系列讲座。通过一系列的相关教育培训，这些高校为中国区块链行业的创新发展源源不断地输送了人才。此外，其他相关机构主导的区块链培训也正在蓬勃发展，如由中国区块链应用研究中心和全球区块链商业理事会中国中心联合开展的区块链应用培训计划，截至2018年1月，已培训和认证了近千名区块链行业专业人员。

与此同时，国外的区块链技术和相关应用也在飞速发展。

《IBM区块链发展报告》指出，全球约90%的政府已将区块链投资提上日程。与此同时，多国政府预计区块链技术将为金融交易、资产管理、合约管理和监管等领域带来巨大收益，截至目前，超过半数的国家已在区块链上投入资源。

谈到全球知名的区块链联盟，我们不得不提全球最大的分布式账本联盟组织——R3联盟（2015年9月15日成立）。从纽约区块链创业公司R3CEV发起至今，R3联盟已经发展成为包括富国银行、美国银行、花旗银行、德国商业银行、德意志银行、汇丰银行、三菱UFJ金融集团、摩根士丹利、澳大利亚国民银行等42家大型金融机构的极具影响力的区块链联盟组织。作为国内第一家加入R3联盟的机构，中国平安目前已经在资产交易以及征信业务中应用了区块链技术。

数字货币与区块链——链克是数字货币吗

比特币掀起的数字货币浪潮

作为电子货币形式的替代货币，数字货币主要包括数字金币和加密货币等。数字货币不能完全等同于虚拟货币，因为它通常被用于真实的商品和服务交易，而不局限在虚拟空间（网络游戏）中。数字货币最大的特点是去中心化，即不需要中央发行机构，任何个人都可以参与其制造与流通过程。

区块链技术的概念最早可以追溯到2008年的一篇论文——《比特币：一种点对点的电子现金系统》。狭义上，区块链是一种链式数据结构，它是由按时间顺序相连接的数据区块组成，并使用密码学方式确保数据不被篡改和伪造的分布式账本。广义上，区块链技术是运用块链式数据结构来验证和存储数据，运用分布式节点共识算法来生成和更新数据，利用密码学的方式保证数据传输和访问的安全性，利用由自动化脚本代码组成的智能合约来编程和操作数据的一种全新的分布式基础架构与计算范式。

比特币是第一种使用区块链技术的数字货币，从某种程度上来说，它是第一个区块链应用。以比特币为例，客户端发起一项交易后，会将交易信息广播到网络中并等待确认。之后，网络中的节点会将一些等待确认的交易记录打包并形成候选区块。接着，这些节点将尝试找到一个随机字符串放到候选区块里，以使候选区块的哈希结果满足特定条件（例如大于某个值）。一旦这个候选区块被计算出来，它在格式上就是合法的，从而可以在整个网络上广播。其他参与者拿到候选区块后需要进行验证，一旦确定其符合条件，就承认这个区块是一个合法的新区块，这个区块就会被添加到链上。当然，上述过程在实现上还包含很多细节。

比特币的这种基于算力的共识机制被称为工作量证明。目前，并无已知的启发式算法可以让哈希结果满足一定条件，所以要实现这一结果只能进行暴力尝试，算出来的概率与尝试次数（即工作量）呈正相关关系。例如，通过调节对哈希结果的限制，比特币网络可以将每算出一个合法区块平均花费的时间控制在约 10 分钟。计算出合法区块的节点将得到区块内所有交易的管理费以及该协议发放的固定奖励费（目前为 12.5 比特币，每 4 年减半），这一计算新区块的过程俗称"挖矿"。

有些人会试图通过恶意操作破坏整个区块链系统，以获得非法利益，如不承认他人的成果、拒绝他人的交易等。事实上，因为系统中有着大量用户，每个用户默认只识别其所看到的最长链，因此只要采取恶意操作的用户不超过半数，最长链就可能成为合法的链，并且随着时间的推移，这种概率会越来越大。

中国数字货币交易所的发展

伴随着数字货币的快速发展，国内的数字货币交易所也开始兴起。

火币网：2013年9月成立，国内最大的比特币交易平台之一，已累计为全球约150万注册用户提供了比特币交易服务。

OKCoin：2013年5月成立，国内较大的比特币交易平台之一，因其系统能快速处理多种数字货币交易而广受用户欢迎。

比特币中国：2011年6月成立，国内第一家比特币交易平台，其单日最高交易量接近9万比特币，最高日交易额超过2亿元人民币。

链克是数字货币吗

2017年，比特币风靡全球，催生了一大批类似的数字货币项目，而国内最为人所熟知的要属迅雷公司推出的玩客币（现已改名为链克）。

链克是什么

2017年8月15日，新一代共享经济智能硬件——玩客云推出，用户购买玩客云后可加入玩客奖励计划，通过共享闲置带宽来获得收益。同时，玩客云还具有下载、存储、文件管理、远程操控、多媒体娱乐等功能。玩客云基本参数如图9.1所示。

玩客云基本参数			
中文名	玩客云	英文名	One Cloud
创始公司	迅雷网络技术有限公司	发布日期	2017年8月15日
核心算法	算法公式：M=（硬件能力×硬件因子+带宽×带宽因子+存储×存储因子）×（在线时长/24）	代币名称	链克（原名玩客币）
^	^	代币总量	15亿
^	^	是否ICO	否
^	^	是否挖矿	是
^	^	难度调整	玩客币数量每年递减50%

图9.1 玩客云基本参数

用户使用玩客云挖矿之后，公司会给用户玩客币作为奖励。用户可以使用奖励的玩客币购买网络加速、增值服务以及数字内容等。

迅雷公司共推出过三款水晶盒子，玩客云是第三代。

水晶盒子一代是 PC 有偿共享带宽加速，允许用户通过 PC 客户端接入水晶计划。用户带宽闲置时，水晶计划将一部分网络数据缓存到用户本地硬盘中，并为其他用户提供分散的 CDN（Content Delivery Network，内容分发网络）服务。公司根据用户共享的带宽和硬盘大小向用户付费。这一时期，PC 客户端加速了 P2P 时期的共享带宽。但因为耗能高，速度不稳定，各客户端在线时间不同，难以实现全天运行等缺点，第一代水晶盒子很快就被淘汰了。

第二代水晶盒子是赚钱宝。根据用户共享的带宽和硬盘大小，公司每个月向用户支付现金报酬。在赚钱宝时期，公司主要通过微信公众号接受用户的提现申请，并以微信红包的方式支付用户的上行带宽费用。第二代水晶盒子不仅可以速度可控地 24 小时在线，还可以极大地降低功耗。

应运而生的第三代水晶盒子就是玩客云。借力全球区块链和数字货币的浪潮，借鉴区块链技术和虚拟货币的运作机制，迅雷公司推出了玩客云。提到玩客云，就不能不提 CDN。

2015 年 6 月，全新 CDN 品牌——星域发布，星域旨在应用共享经济模式颠覆传统的 CDN 领域——向用户众筹闲置带宽和计算资源，借助大数据算法，将这些闲置带宽和计算资源重新分配。一个全新的商用 CDN 网络就此形成。技术创新给整个市场带来了巨大动荡，星域 CDN 的价格从 1.5 万~4 万元 1G 每月降至 1 万元 1G 每月。赚钱宝时期，公司作为中间商赚取闲置带宽的差价而略有盈利，赚钱宝也一直处于供不应求的状态。但实际上，销售端根本无法完全分销这些低成本的带宽和存储空间。

分布式 CDN 无法单独为用户提供服务，因此必须结合从电信租用带宽的传统模式。如果要为用户提供服务，公司必须首先制作一个传统的 CDN 网络，再结合 30 万个分布节点协同工作。由于必须在手机终端安装

SDK，一些视频和直播类用户对其安全性有一定的担忧，所以尽管星域 CDN 的价格较低，但其销量一直不太乐观。传统 CDN 与分布式 CDN 的对比如图 9.2 所示。

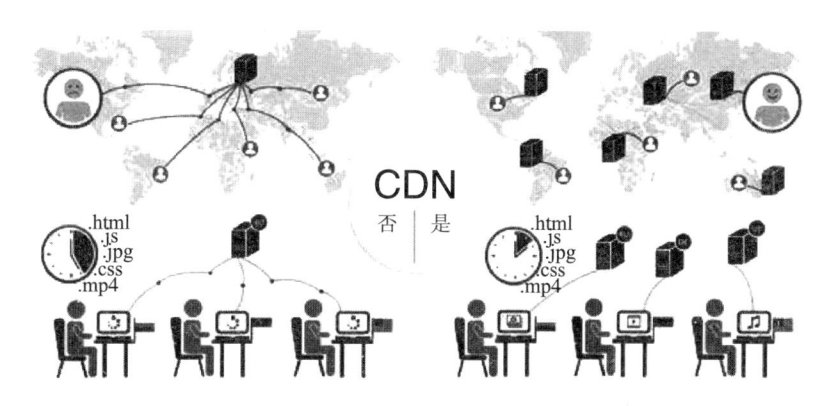

图 9.2 传统 CDN 与分布式 CDN 的对比

在不能完全销售的情况下，公司原本赢利的业务也极有可能陷入亏损，也就难以满足硬件发放的巨额资金需求。同时，分布式 CDN 只有在节点数量足够多的情况下才能体现其技术优势。如果节点数量不足，CDN 的服务质量就难以提高，销量也会受到牵连，从而无法增加节点数量，最终导致网络质量无法提高，形成恶性循环。而且许多企业也已经开始进入 CDN 领域，竞争加剧。这些因素催生了玩客云的诞生。

第三代水晶盒子推出后，原本向用户发放的现金奖励变成了数字货币，大大缩减了成本（现金成本和 CDN 建设成本）。数字货币概念的引入，解决了第二代水晶盒子成本高、推广难的问题。结合数字货币的热点，大量订单开始涌入。

2017 年 8 月 15 日，公司发布玩客奖励计划，即用户通过玩客云硬件分享闲置宽带等资源，可以获取回报，回报的形式有两种：一种是获得一定的玩客币，另一种是直接获得现金。具体如图 9.3 所示。

玩客币总量为 15 亿，其中可用于挖掘的有 12 亿，其余的 3 亿用于支付运营费用和激励团队。在玩客币推出的第一年里，全网每天放出约 160

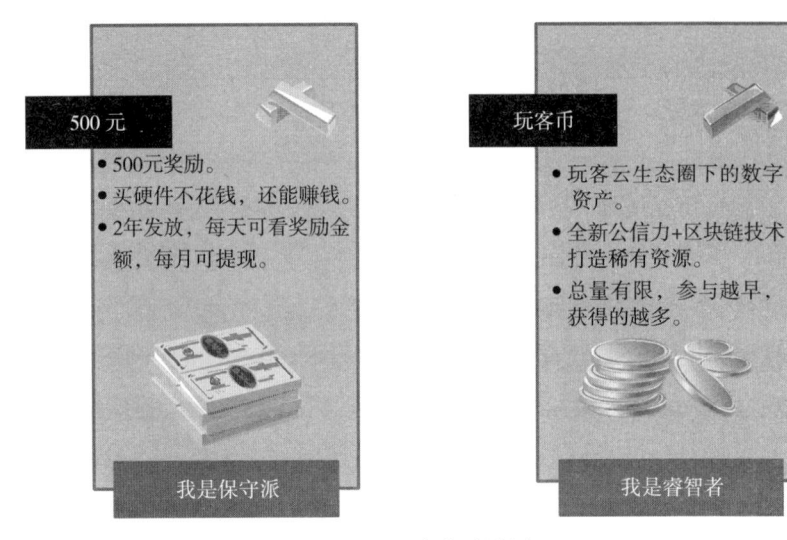

500元
- 500元奖励。
- 买硬件不花钱,还能赚钱。
- 2年发放,每天可看奖励金额,每月可提现。

我是保守派

玩客币
- 玩客云生态圈下的数字资产。
- 全新公信力+区块链技术打造稀有资源。
- 总量有限,参与越早,获得的越多。

我是睿智者

图9.3 玩客奖励计划

万玩客币,合计一年发放约5.9亿。之后每年玩客币放出量减半。

链克如何做到创新

目前,区块链货币最大的问题是代币本身不会产生价值,同时,费电、不环保的机器挖矿方式也饱受争议。然而,链克采用了"区块链+CDN"模式,CDN本身就是成熟的盈利模式,由于积累了前两代水晶盒子的经验,玩客云的商业运作显得更加成熟。同时,链克的推广还降低了其他企业CDN加速的成本,玩客云作为一个区块链商业化平台,商业价值明显。而且随着链克的机器越来越多,可能会产生更多可持续盈利的商业模式,例如算力租借、共享验证设备等。

链克的定性之争

2017年9月4日,央行联合其他六部委正式发布公告,叫停各类ICO融资活动。自玩客币出现以来,认为其是ICO的声音不绝于耳。

与此同时,公司官网也及时发布公告,表示不会进行ICO融资,玩客币的分配仅限于挖矿奖励、运营开支和创始团队激励,玩客币只用于兑换公司的网络加速服务与云存储服务等。然而，在玩客币总量有限并且获取难度越来越大的机制下，尽管第三方交易不断被限制，但现实状况远远超出了公司的控制范围。实际上，玩客币并不是 ICO，因为 ICO 是指公司发行虚拟货币进行融资，而迅雷并没有通过发行玩客币募集到任何资金。

为了平息争议，公司在 2017 年 12 月 9 日发布规范调整公告。公告内容主要包括以下两点。

第一，将玩客币更名为链克，玩客币钱包更名为链克口袋，此举传达了这样的信息：链克是基于区块链技术的虚拟数字资产，但公司希望与 ICO 划清界限。

第二，引入实名制，加大力度限制用户间的非法转账。引入实名制，可以通过控制公司生态体系内链克的消费和使用，有效防范投机性行为，既有利于保障普通用户的权益，也有助于项目的可持续发展。

第三，联合执法部门加强监管。这是保障链克用户长远利益的最有效措施，更重要的是，这表明该项目已得到了监管部门的认可，政策风险已经彻底消失。

中国在数字货币领域的探索

央行宣布推动的基于区块链的数字票据交易平台已成功通过测试，其发行的法定数字货币也已进入试运行阶段。中国对数字货币的积极探索释放出现有的金融支付体系可能被颠覆的信号，这也表明中国央行将加强数字货币及其实际应用领域的研究，为未来数字货币技术带来的变化做好充分的准备。

ICO 的未来在何方

ICO 是什么

ICO 是 Initial Coin Offering 的缩写，即首次代币发行。ICO 通过发行数

字加密货币来筹措资金,是区块链初创公司的一种新融资方式。通俗地讲,ICO与IPO(Initial Public Offering,首次公开发行)的唯一区别是:ICO募集的是数字货币,而IPO募集的是法定货币。

监管之路面临挑战

当前,针对区块链的监管体现在如下三个方面。

清退非法数字货币交易所

不同于日本以及欧洲的一些国家,中国一直对数字货币持谨慎态度。早在2013年12月,央行等五部委便发布了《关于防范比特币风险的通知》,该通知明确了比特币的性质,并要求防范过度投机、逃汇、洗钱以及涉嫌违法犯罪的潜在风险。正因为如此,中国所有的比特币交易平台都没有得到金融监管部门的批文。

2017年9月4日,鉴于ICO的影响,包括央行在内的七部委发布了《关于防范代币发行融资风险的公告》。该公告不仅叫停了ICO,还提出了对各种数字资产交易平台进行整顿的要求:代币融资交易平台不得从事法定货币与代币、虚拟货币相互之间的兑换业务,不得买卖或作为中央对手方买卖代币或虚拟货币,不得为代币或虚拟货币提供定价、信息中介等服务。

叫停非法ICO活动

截至2017年6月底,国内ICO市场筹资已达26亿元的规模。然而与此同时,由于缺乏政府监管,ICO市场的项目良莠不齐,并且存在发行方缺乏明晰规范的问题。投资者自身由于适当性欠缺、冲动入市等,也可能导致市场泡沫和诈骗情况的出现。

2017年9月,央行联合七部委发布了《关于防范代币发行融资风险的公告》,公告将ICO定性为非法活动,因而所有的ICO项目都被叫停。

从短期来看，受到 ICO 被叫停的影响，相关初创企业融资可能会遇到一些阻力，但从长远来看，金融监管的收紧可以有效防止资金流向非法集资项目和传销诈骗项目，对普通投资者予以警示，并规范市场秩序，防范一系列风险。

政府监管注重国家金融的安全和稳定

国务院通过设立金融稳定发展委员会来加强履行央行的宏观审慎管理和系统性风险防范职责，要求中国的监管机构做到：能够及时预见风险，对于比特币和 ICO 代币的集中交易及时叫停并予以处置，降低数字资产的市场风险，维护国家金融的安全和稳定。

案例

2017 年 11 月 28 日，一款名叫 CryptoKitties 的"云养猫"游戏在以太坊上线并迅速风靡全球。它是世界上第一款基于区块链的宠物游戏，只要花费以太币就可以购买虚拟猫。这款基于区块链的宠物育成游戏包括猫的收集、生育、购买和销售等一系列玩法，与传统的宠物育成游戏不同的是，每一只区块链猫都是独一无二的，都有 256 位的基因组。不同组合的基因序列决定了猫的稀有性，而猫的稀有性决定了它的价格。由于区块链的不可篡改性，区块链猫作为个人资产是不会消失的，因而成了人类历史上首个个人真实拥有的加密宠物，也是个人数字财产的一部分。

区块链猫为何如此火爆？

首先，这是一个有现金投资和收益的游戏。玩家可以付费买猫、付费生小猫、借用别人的猫生小猫、出售自己的猫用于配种生小猫，也可以直接通过拍卖的方式出售自己的猫，从而获得收益。区块链交易使用以太币进行，而以太币可以在国外交易所兑换成现金，因此区块链猫变成了一种能产生现金流回报的资产。其次，这是一个充满投机性的游戏。区块链猫的价格主要由其基因的稀缺性决定，基因越稀缺价格越高。而基因一部分由遗传决定，另一部分是随机决定的，基因标签的生成是个黑盒。从目前看来，基因稀缺的猫是随机产生的，游戏本身的程序设置可能包含随机参数。

这两点让区块链猫这个游戏不再仅仅是一个游戏。区块链猫不仅可以产生现金流，而且可以作为一种资产自由交易，同时它的价值由市场决定，因而具有不确定性。所以从本质上讲，区块链猫就是 ICO 的一种变换形式。

ICO 将何去何从

在 ICO 被紧急叫停后，国内最大的三家比特币交易所火币网、OKCoin 以及比特币中国相继宣布关停场内交易。

然而，监管政策暂停 ICO 融资模式，并不是禁止初创企业在融资活动中应用区块链，也不是否定以区块链为代表的金融科技。

相反，关于"区块链热"，目前的一些监管措施指出，必须治理已经引发的金融乱象，并防范可能产生的金融风险。区块链如何减少泡沫并利用技术造福社会，会成为区块链监管的新方向。

区块链新技术发展，机遇与挑战并存

2016 年 2 月，央行时任行长周小川明确表示，数字货币必须由央行来发行，数字货币的发行可选用区块链技术来实现。在此之前，央行还举办了数字货币研讨会，同时央行数字货币的票据原型试点也获得成功。

国务院发布的《"十三五"国家信息化规划》列出了系列重大任务和重点工程，该规划还强调必须加快区块链等战略性前沿技术的发展并做出超前布局。工业和信息化部已经与多家知名企业合作，撰写区块链技术白皮书，相关技术标准的制定也在进行中。对于区块链行业来说，这是最好的时代，也是最坏的时代——有机会、有可能，但挑战和风险并存。这是一个值得深思的问题，每个区块链从业者都应认真思考如何在区块链的实际应用中率先找到一条正确的发展之路。无论如何，未来的大门已经敞开，区块链的发展与我们每个人都息息相关。

中国区块链行业的乐观前景

《2018 中国区块链产业白皮书》已经发布，该白皮书指出在共享经济下，中国区块链行业的前景积极乐观。

第一，创业者积极参与，大量 90 后入场。

站在区块链的风口，如何面对新事物的机遇与挑战是当下人们争相讨论的话题。对于区块链这个新技术领域，成长在数字社会的 80 后、90 后这两代人有着超越其他时代人的认知能力，这一认知能力又转化为认知红利。

据互联网金融博物馆统计，超过 200 家区块链公司的创业者都是 90 后。这些年轻人积极拥抱区块链、参与全球竞争，相信属于他们的时代一定会到来。实际上，中国的企业家们已成为全球区块链创业和数字货币交易的重要主体。

第二，财富效应引起广泛关注。

近年来，以比特币为代表的全球加密数字资产规模持续扩大。据金融研究公司 Autonomous 发布的 2017 年报告，截至 2017 年年底，全球数字资产价值已经达到 6 千亿美元。而在 2016 年年末，这个数字仅是 2017 年的 3%。在一年之中如此快速的增长吸引了各方的关注。区块链和数字货币也走进了中国大众的日常生活，传统机构和国企间接入场。

第三，基金投资蔚然成风。

众多投资机构尤其是原本就专注金融科技领域的机构，开始关注区块链技术的发展与动向。资本市场的参与者积极投身区块链技术的改进之中，从而降低了信任成本和交易成本。

从 2014 年到 2016 年的 3 年间，全球区块链创业公司总计获得接近 150 亿美元的投资金额，2017 年一季度，全球区块链创业企业累计获得 15.7 亿美元的风险投资。资本快速涌入区块链领域，给区块链技术的发展带来了契机。

第四，早期领导机构坚守底线、守法合规。

中国区块链应用研究中心于 2017 年 8 月 16 日举办 ICO 专题恳谈会，与会者对监管干预、控制市场风险的诉求十分明确。2017 年 9 月 4 日，央行等七部委发布《关于防范代币发行融资风险的公告》。中国区块链应用研究中心全体理事对监管部门的决定一致表示赞同，并发表了自律声明，进行了联署。像中国区块链应用研究中心这样的早期领导机构在政府清理过程中高度配合，没有引发重大的风险事件，这反映了其坚守底线、维护大局的担当。

第五，政府部门特别是沿海地区的各地政府高度鼓励发展区块链。

国务院发布的《"十三五"国家信息化规划》非常重视区块链与大数据、人工智能、机器学习等新技术，这表明它们将成为国家未来的布局重点。

央行印发的《中国金融业信息技术"十三五"发展规划》明确提出要积极推进区块链、人工智能等新技术的应用研究。2017 年 10 月，工业和信息化部发布《中国区块链技术和应用发展白皮书》，这是国内第一份针对区块链的官方指导文件，它为区块链的发展奠定了基础。为了响应工业和信息化部的号召，央行目前正在积极探索以区块链技术为基础的国家数字货币试点。与此同时，政府部门尤其是沿海地区的各地政府，纷纷出台相关政策，并着手成立区块链实验室或者研究基地。目前，深圳、杭州、广州、贵阳、赣州等地的政府部门都在积极建立区块链发展专区，并为其提供特别扶植政策。

区块链面临诸多挑战

尽管区块链实现了突破性的技术创新，但始终存在质疑之声，区块链仍然面临着许多挑战。

第一，交易速度较慢。

区块链技术的交易速度与块复本的数量呈负相关。目前比特币每秒只能执行 7 次交易，这与集中式系统的处理速度相差甚远。银行和第三方支付公司的集中式系统每秒能执行数万笔交易，如维萨（Visa）的实验室测试数据为5.6万笔/秒，2015年"双11"高峰期间支付宝每秒可处理8.6万笔。要达到这一级别的交易速度，区块链技术还有很长的路要走。

第二，节点维护激励机制尚未形成。

区块链网络的稳定运行需要一定数量的节点来维护对网络的访问。然而，节点的运行需要一定的成本，需要合理的激励机制吸引节点的参与，从而保证交易的记录和维护。目前，这种激励机制尚未形成，节点的参与更多依赖其自愿性或随机性，而未构成有序的规则。

第三，达成数据共识的成本较高。

在一个开放的网络环境中，由于多个节点都可以记录新块，有必要解决块冲突和数据一致性问题，即"拜占庭将军"问题。为保证区块链数据的安全性和可靠性，有必要确保全球多个节点同时参与，但多节点的数据共享过程实际上是一个高能耗的过程。从目前的技术来看，比特币的"挖矿"仍然需要高昂的成本。由此可以看出，虽然区块链节约了集中成本，但也带来了用电成本，这将成为其发展的主要障碍。

第四，区块链应用中存在隐私保护问题。

大数据的发展在给人们带来诸多便利的同时也滋生了隐私风险，这引发了社会各界越来越多的关注。2018年年初，支付宝年度账单引起的隐私泄露问题又一次给我们敲响了警钟，人们对于个人隐私的保护意识越来越强。

区块链解决了多方建立信任的问题，但也带来了一个新问题：隐私如何得到保护？当所有的交易信息被暴露给公众时，若这些交易信息被恶意窃取和使用，用户的隐私将受到严重威胁。其中，数字货币的零钱地址，服务提供商的地址信息和公开的账簿都将导致个人用户的消费记录曝光。

也许大家会有一个疑惑：为何用户匿名的区块链技术会有个人信息泄露的风险？因为"化名"和"匿名"的意义是完全不同的。化名很好理解，例如，在比特币交易中，用户使用公钥哈希值作为自己的代号，这里的公钥哈希值可以代表用户的身份，所以我们可以说在比特币交易中，用户都使用化名。但是匿名是完全不同的，在计算机科学中，匿名指具有不可链接性的假名。所谓的不可链接性意味着从攻击者的角度来看，不可能将用户和系统之间的任何两种交互关联起来。在比特币交易中，因为用户每次交易都将公钥哈希值作为事务标识符，所以事务间可以建立关联。因此，比特币并不具备匿名性。

那么如何在保护隐私的前提下，实现区块链的匿名特点呢？达世币（Dash）、门罗币（Monero）、大零币（Zcash）都是最典型的匿名解决方案。受到市场热情追捧的大零币是目前所有加密货币中匿名度最高的。在大零币发行初期，单一货币价格估值高达数千比特币，即使在货币价值稳定后，价格也仅次于比特币。

区块链应用中的隐私问题一直受到多方争议。一方面，必须保护链上用户的隐私；另一方面，应该防止不法用户将区块链用作非法交易的平台。现在的匿名技术仍不能完全保证匿名性，这会给用户交易带来隐私上的风险。除了交易隐私之外，区块链技术（如以太坊）中的智能合约隐私也值得关注。但是，随着区块链技术的发展，我们相信这一问题会得到解决。

大数据与区块链的碰撞

区块链将给人们带来信心，使人们相信数据的完整性。随着区块链技术变得更加主流，不变的记录、共识驱动的时间戳、审计线索以及数据源的确定性都将成为可以改进的领域。大数据与区块链的结合带来了许多新突破。

数据安全：区块链让数据"安心"流动

区块链因为具备可靠、安全和不可修改的特点，可以释放更多数据。比如，基因测序大数据就是在区块链技术的推动下产生的。个人获取遗传数据有法律限制，基于区块链测序则可以使用私钥来限制访问权限，从而免受法律限制，并且使用分布式计算资源能够低成本地完成测序服务。区块链的安全性使对工业化解决方案进行排序成为可能，并可以实现世界范围的排序，进而促进数据的激增。

数据开放共享：区块链保障数据隐私性

政府部门拥有大量非公开、有价值且高密度的数据。将来，政府数据可能会开放，其对整个社会和经济的发展将起到巨大的推动作用。然而，在数据开放的过程中会面临这样的难题——开放数据和保护隐私能否共存。基于区块链的数据脱敏技术可以确保数据的安全性，这就为在开放数据的情况下保护用户隐私提供了思路。数据脱敏技术主要采用哈希处理等加密算法。举例来说，Enigma系统作为一个基于区块链技术的加密系统，可以实现在不访问原始数据的情况下对数据进行操作，保证了数据共享时信息的安全性。

数据存储：不可篡改、全历史、强信任背书

区块链技术通过网络中所有节点共同参与，彼此验证信息的真实性，使整个网络达成共识。因此，我们也可以把它当成一种数据库技术。当前，我国的大数据技术仍处于基础发展时期。区块链数据是基于整个网络的共识而存在的，它不可被篡改，同时也是全历史的。这样的强信任背书会将数据库的发展带入一个新纪元。

数据分析：区块链确保数据的安全性

数据分析是实现数据价值的核心。在对数据进行分析的过程中，如何保护个人隐私、保证核心数据不被泄露是重中之重。核心数据（如个人的身体健康数据等）一旦被泄露，后果不堪设想。区块链的加密技术可以避免这种情况的发生。当数据被放置在区块链中时，数字签名技术可用于允许授权人员访问数据。数据隐私由私钥保证。通过将数据保存在区块

链中，人们可以在不访问原始数据的情况下进行数据分析。例如，基于区块链技术，个人健康数据的隐私得到了保证，同时世界各地的科学机构和医生可以安全地共享分析后的数据。

数据流通： 区块链保障数据相关权益

无论是个人还是组织，都可以将自己宝贵的数据资产注册在区块链中。这样可以实现交易记录全网认可、公开透明并且可追溯。对于交易来说，这样可以明确大数据资产的来源、所有权、使用权和流通路径。区块链主要从以下两个方面影响数据流通。

一方面，区块链可以避免媒介复制数据，并创造一个可信数据资产的交易环境。数据的商品属性决定了传统的商品交易方式不能满足数据共享、交换和交易的需要。由于媒介具备复制和存储所有数据的条件和能力，数据创造者仅仅通过承诺是无法消除数据被复制和存储的风险的，这对于数据创造者来说是非常不公平的。同时，这些风险的存在已成为数据传播的主要障碍。具有去中心化特性的区块链可以消除这些风险，并且保证数据创作者的合法权益。

另一方面，可以通过区块链追踪数据动态，高效解决数据确权的难题。区块链参与数据的计算和记录须通过网络计算的多个节点来进行，此举不仅可以验证对方的信息是否有效，还可作为防伪措施，提供可追溯的路径。通过连接每个区块的交易信息可以产生一个完整的交易清单，这样每笔交易的细节都一目了然。除此之外，当人们对区块的价值产生疑惑时，通过回顾历史交易记录便可以确定该值是否正确，是否被篡改过。

有了区块链这把保护伞，大数据也会变得更加活跃。区块链技术的出现为解决数据孤岛问题提供了新的思路。区块链是当今最热门的创新之一，它被认为可能会颠覆未来的商业模式。从其本质来看，它就是一个去中心化的数据库，并且其功能不会被篡改。对于需要多方参与和信息交换的协作链来说，区块链技术具有重要意义。

第十章

聚焦人工智能,读懂下一个时代

第十章　聚焦人工智能，读懂下一个时代

如何更好、更全面地理解人工智能

人工智能的发展趋势

人工智能的发展现状

2017年是人工智能的应用元年，科技类的大事件基本都跟人工智能有关。我们可以简要回顾一下：5月，中国围棋选手柯洁连续对阵AlphaGo三场，皆以失败告终；7月，百度在AI开发者大会上公布用于搭建自动驾驶系统的开源平台——阿波罗；7月，以计算机视觉和深度学习为核心的人工智能独角兽企业商汤科技宣布完成4.1亿美元的B轮融资；9月，华为在柏林宣布推出新一代麒麟970芯片，该芯片是全球首款配备专用人工智能元件的手机芯片；10月，索菲亚正式获得沙特国籍，成为世界上第一个拥有公民身份的机器人……这些事件引发了公众极大的关注。高德纳公司（Gartner）的一份关于信息技术研究和分析的报告认为，人工智能将在未来10年内变得随处可见。

人工智能发展的趋势

人工智能的迅速发展引发了热议。那么在接下来的几年里，人工智能可能会呈现出怎样的发展趋势呢？

趋势1：人工智能技术进入商业化阶段。

华为将自主开发的人工智能芯片应用于智能手机产品中，苹果公司的iPhone X植入了基于人工智能技术的人脸识别等功能，三星（SAMSUNG）利用人工智能技术对语音助手Bixby进行升级……借此，人工智能越来越贴近人们的生活。日本软银公司（SoftBank）开发的仿人机器人 Pepper 畅销；零售巨头沃尔玛（WalMart）与机器人公司 Five Elements 合作，开发了可以导购以及自动跟随的人工智能购物车。从层出不穷的人工智能应用场景中，我们可以得出结论：人工智能技术已经进入商业化阶段。

趋势 2：人工智能的认知能力可能会媲美人类专家顾问。

高德纳公司曾指出，新兴技术"认知专家顾问"将在 2~5 年内成为主流。

过去几年，人工智能技术的快速发展主要得益于更强大的人工神经网络、更便宜的芯片和大数据这三个要素的融合，其中作为机器学习基础的神经元网络是对人脑的仿真，其学习能力的不断提升将使人工智能更接近人类专家顾问的水平。今后，它可能会取代人类专家顾问的地位。当然，这个过程需要不断地获取和积累大数据。

在美国，不仅那些新兴的科技公司，就连传统金融机构也开始关注人工智能给各行各业带来的巨大变化，并做出了相应布局。比如，高盛（Goldman Sachs）收购在线退休储蓄平台 Honest Dollar，苏格兰皇家银行上百名传统理财师的工作被智能投顾替代等。

趋势 3：人工智能更倾向实用主义。

人工智能与不同行业的结合有着深远的影响，由此可以看出，其实用化趋势越来越明显，这使人工智能逐渐成为同生活用品一样可以购买的商品。比如，在物流领域，京东开始使用机器人进行配送；在汽车领域，人们开始研发无人驾驶汽车；在环境领域，人们利用人工智能监测天气变化等。所有的这一切都意味着未来人工智能将倾向实用主义，这将给我们的生活带来诸多积极变化。

趋势 4：人工智能将给劳动密集型行业带来变革。

在科学技术领域中，包括比尔·盖茨（Bill Gates）、埃隆·马斯克（Elon Musk）、史蒂芬·霍金（Stephen Hawking）在内的许多知名人士都曾对人工智能的发展提出警告。虽然距离人工智能对人类产生真正的威胁可能还有很长一段时间，但可以肯定的是，人工智能正冲击着各行各业，尤其是劳动密集型行业，这些行业也许会迎来由人工智能发展带来的新一轮洗牌，大批从业者也许会因此失业。

事实上，全球已有机器人取代普通劳动者的案例发生。Knightscope 是一家位于硅谷的机器人保安公司。无论是高楼大厦，还是停车场等公共场所，都需要保安进行维护，而可以自动巡逻、能够识别人脸和车牌、每小时租金约为 7 美元的机器人保安正好可以大显身手。Knightscope 已与包括中国在内的 16 个国家签署了合同，这意味着机器人保安抢走了原本属于人类保安的工作和薪资。

未来几年，人工智能造成的大规模失业将成为劳动密集型行业变革的主导因素。例如，在机械制造业，价值创造主要依靠劳动力，而当技术成本低于劳动力成本时，劳动力被淘汰是一种必然趋势，机械制造企业的商业模式也将发生改变。

一看到人工智能这个字眼，我们总会情不自禁地把它和《变形金刚》（Transformers）、《我，机器人》（I, Robot）等电影联系在一起，然而，虚构的电影情节中有很多当前技术根本无法实现的应用，因此，我们对人工智能总是缺少一种真切的认知。如今，人工智能正逐渐深入我们的生活。展望未来，人工智能的发展会为我们人类带来一场真正意义上的变革。

人工智能的应用——打击金融犯罪

金融犯罪现状

长期以来，银行等机构一直都在不遗余力地打击洗钱等金融犯罪，然而金融犯罪案件数量仍日益增加。金融系统中沉积了大量的数据和信息，银行和保险公司收集的数据量大约每两年增加一倍。随着数据量的不断增加，数据类型和来源也越来越复杂。由于传统工具无法大规模访问这些数据，仅靠人力来处理这些不断增加的数据变得越来越困难。据联合国统计，全球每年洗钱金额约为全球国内生产总值的 2%～5%。此外，仅在 2016 年，就有近 1 540 万消费者的身份信息被非法挪用或盗窃，造成约

160亿美元的损失。人工智能的兴起为打击金融犯罪提供了一种新的思路。

目前对抗欺诈行为的方法

1. 规则引擎和信誉列表

由于自身所具备的特性，规则引擎和信誉列表现在常被用来打击欺诈行为。与专家系统相似，规则引擎和信誉列表自20世纪70年代首次进入人工智能领域后，一直发展至今。专家系统中的程序易于启动和运行，且具备类人的理解能力，但自身也存在灵活性比较低、人力成本高昂等限制。

规则引擎是指用来检测存在欺诈的账户和行为的逻辑语句。举例来说，可以对一项交易制定这样一个规则：如果一个账户一次性转账或消费的金额超过两万元，地点位于新加坡，登录时间小于12小时，就阻止该项交易。同样，信誉列表也是基于已知的不良行为来检测的。在信誉列表中有诸如IP地址、设备类型等的特征以及这些特征值对应的信誉评分，如果黑名单中记录的IP地址出现在账户中，系统就会自动拦截它。

在检测及防止欺诈行为方面，规则引擎和信誉列表都是比较好的方法。但现在网上注册账户过程的简化给一些不法分子提供了"钻空子"的机会。这些不法分子可以在短时间内创建成百上千个账户，然后使用这些账户来学习规则引擎和信誉列表，从而逃避信誉列表的检测。

2. 有监督机器学习

机器学习是人工智能领域的一个分支。研究人员希望机器能够主动从数据中获取信息，而无须手动编程（与专家系统不同）。机器学习从20世纪90年代开始取得重大进展，并在21世纪有效地被用于打击欺诈行为。

有监督机器学习不再仅仅通过简单的规则来查看所有账户特征，而是参考所有其他的数据特征和欺诈行为的发生情况，不断修正规则，进而打击欺诈行为。

这种方法也存在不足之处：有监督机器学习模型必须使用历史数据检测欺诈行为，然而历史数据有其自身的局限性——对新兴的特征无法预测。但无可否认的是，该模型可以扫描鉴别所有与账户相关的特征，进而做出决策。

3. 无监督机器学习

不同于有监督机器学习，无监督机器学习仅适用于个别领域。针对欺诈行为的无监督方法需要同时处理数亿个事件，目前来说这仍是一项挑战，有待未来继续深入探索。不过让人高兴的是，已有公司在这方面取得了重大进展。

无监督机器学习可以解析欺诈性攻击模式，因此可以被用于反欺诈检测。普通用户不会遵循一定的规律行动，但是欺诈者恰恰相反，他们通常会采用固定的攻击行为模式（无论他们是否意识到这点）。他们以一定的组织规模快速工作：从成千上万个账户中分别骗取少量金额，而不是从一个账户中骗取数十万美元。他们以为这种欺骗行为不会引人注目，但是他们采取大规模活动时难免会遵循常规的模式，而无监督机器学习可以监测到这些有规律且具备规模的攻击，进而打击这些欺诈行为。

无监督机器学习有天然的优势，不同于有监督机器学习，无监督机器学习不需要大量历史数据进行训练，并且可以在损失发生前发现新模式的攻击。这不仅避免了账户的损失，也提高了打击欺诈行为的效率和准确性。

实例应用

2017年10月，英特尔（Intel）推出Saffron AML（Anti-Money Laundering）Advisor，通过使用高透明度的关联记忆人工智能解决方案来检测金融犯罪，从而提高调查与分析人员的判断和决策能力。Saffron AML Advisor最大的特点就是它可以模仿人类大脑的学习方式。它可以通过连接各种数据来源的信息，发现异常值和相似性，而这对于人类调查员来说是非常困难的。

通过无监督的学习方法，Saffron AML Advisor利用关联内存，处理来自电子邮件、互联网等多个来源的结构化和非结构化数据,以发现洗钱迹象。在这个过程中,它是完全透明的,并能提供关于连接和建议的合理解释,确保使用该软件的金融服务机构符合监管标准。

那么它是怎样对付金融犯罪的呢?知识索引——将结构化和非结构化数据统一到单个实体级别的360度视图中,以便了解数据存储的边界模式;持续学习——与传统机器学习方法不同,它无须特定于某个领域的模型,也无须培训和再培训,从而节省了洞察时间;合规验证——银行须遵守各种规定来收集所需的数据,但由于人为错误或错过期限,往往不得不支付数十亿元的违规罚款,该产品可帮助银行实现合规,减少罚款并减少修改报告的时间。

科技巨头"军备竞赛"

如今我们可以看到,人工智能频繁出现在各大媒体或杂志的头条新闻中。人们开始思考人工智能与人类之间是否会存在竞争这样的问题。从目前来看,人类与人工智能之间并未达到竞争的程度,但是竞争已经出现在世界科技巨头之间。全球的科技公司正狂热地投资人工智能,为了在未来的商业竞争中占据更大的竞争优势、掌握更多的话语权,展开了一场火热的人工智能"军备竞赛"。微软、谷歌、IBM等国外科技巨头已经在人工智能领域拥有绝对优势,国内BAT(百度、阿里巴巴、腾讯)也逐渐把重心转移到了人工智能领域。

随着人工智能技术的发展,全球人工智能市场的规模将显著增长。据万德数据(Wind)粗略统计,目前国内已有30余家上市公司布局了包括软件算法核心系统、图像语音识别技术、计算机视觉及传感器等领域在内的人工智能产业链。

微软

微软在2016年开始重组拥有近5 000名计算机科学家和工程师的研

究团队。据统计，微软每年在研发领域上投入的资金有近百亿美元，其中很大的比例都集中在人工智能领域。近期，微软又计划将人工智能技术融入 Windows、Office 和 Azure 云这三大主力产品中。

谷歌

早在 2011 年，谷歌就成立了人工智能部门，目前包括谷歌搜索、Google Now、Gmail 等在内的近百个团队在使用人工智能技术，其开源安卓手机系统也开始大量注入人工智能功能。

可模仿人类大脑工作方式的 TensorFlow 已在许多领域开始使用，如语音识别、照片识别等，而谷歌智能助手更是语音识别、自然语音理解等方面的高手。最近，谷歌与 NASA（美国国家航空航天局）联手开发量子硬件并发布了张量处理单元（Tensor Processing Unit，简写为 TPU），正式进军芯片市场。

IBM

IBM 将未来十年的战略核心称为"智慧地球"计划。IBM 2014 年就开始关注人工智能并展开了相应部署，每年研发投入资金均超过 30 亿美元。IBM 曾一度在人工智能领域表现出色，如 1997 年深蓝计算机击败国际象棋冠军卡斯帕罗夫、2011 年沃森系统在美国智力竞赛节目中战胜其人类对手。

目前，IBM 一改之前的运营策略，将沃森功能分解成不同部分，每个部分都可被租借以解决特定业务问题。沃森系统在替客户提供创新解决方案的同时，也在不断吸收企业客户的数据，以实现自我训练和升级。

百度

百度最先提出"All in AI"，可见其布局人工智能的决心。近年来，研发实力雄厚的百度在全球设立了 3 个实验室，雇用了超过 2 000 名人工智能研发工程师，汇集了世界顶尖的人工智能精英。

凭借先发优势，百度目前已经有多款人工智能产品落地，覆盖范围广泛且全面。近期主要有两大产品独领风骚：一个是主要被用于语音、自然语言和图像识别领域的 DuerOS；另一个则是自动驾驶开源平台阿波罗，该平台的推出主要是为了降低自动驾驶的研发门槛，推动技术普及。此外，百度研发的深度语音识别系统也已经开始部署。

阿里巴巴

阿里巴巴庞大的电子商务业务量决定了它是世界上使用人工智能技术的最大公司之一，从旗下全球市场份额第四（3.2%）、中国市场份额第一（40.7%）的阿里云就可以看出它在人工智能上的"能量"。截至 2017 年 6 月，阿里云的付费用户量已经达到百万以上，并且其用户保留率非常高。

2017 年 12 月，阿里云正式推出集城市管理、工业优化、辅助医疗、环境治理等综合能力为一体的"ET 大脑"。而在同年 10 月的云栖大会上，阿里巴巴宣布成立承载"NASA 计划"的实体组织"达摩院"，计划在 3 年之内对新技术投资超过 1 000 亿元。此外，蚂蚁金服覆盖面非常广，付款数据超过 7 亿，如此庞大的数据量无疑是阿里巴巴布局人工智能领域的一大优势。

腾讯

相较于百度和阿里巴巴，腾讯虽然起步较晚，但也不甘落后。在布局人工智能的过程中，腾讯可以获得人工智能实验室和微信智能语音团队等的技术支持，同时，腾讯更关注人工智能领域中的应用场景、计算能力等，从自身业务出发，布局了游戏、社交网络和内容人工智能。

腾讯的人工智能已经广泛应用在诸多领域。目前，优图的人脸识别技术在性别识别上已达到 95% 的高准确率，而且年龄识别的误差不超过 5 年。在医学影像领域，腾讯推出的用于筛查早期食道癌的医学影像产品——腾讯觅影，食道癌检出率达到 90%。在游戏领域，腾讯开发的人工智能围棋——"绝艺"在"第 10 届 UEC 杯世界计算机围棋大会"上一展风采,拿到第一名的成绩。腾讯不仅注重自身研发水平的提升,也通过投资其他领域拓展其在人工智能领域的版图,为今后的发展奠定基础。

人工智能的未来——风险与机遇并存

人工智能技术与物联网、大数据等技术结合,构建出一个整合的信息物理世界。但与此同时,一些消极情绪也开始蔓延:人工智能将应用于越来越多的行业,很多人类的工作将被机器取代。麦肯锡全球研究院的一份报告指出:通过分析全球 800 多种职业所涵盖的 2 000 多个工作岗位,发现世界上近一半的工作可以通过改进现有技术实现自动化。这对整个人类来说是一个巨大的挑战,如何应对即将到来的困境值得人们深思。

新生事物的诞生总是伴随着机遇与挑战,抓住机遇、迎接挑战是当下的主要突破口。我们在很多领域都可以看见人工智能带来的变革,如在环保领域,人工智能通过分析气候特征以及其他因素,可以帮助人们更好地监测和应对气候变化,并降低这个过程中的能源消耗。

未来人工智能会发展到什么程度,我们不得而知。但是可以肯定的是,人工智能时代可能会迟到,但不会缺席,我们当下要做的就是做好充分准备,迎接人工智能时代的来临。

人工智能时代,数据是灵魂

大数据时代的来临

为什么人们常说大数据时代已经来临?从 PC 互联网发展到移动互联网,这个过程的一个显著特征就是数据量的激增。如今,许多人都拥有两到三个移动设备,这些移动设备每时每刻都贡献着大量的数据。总而言之，我们已经进入一个万物互联的时代。人与设备的联系、人与人的联系、设备与设备的联系都在产生数据，万物互联将促成大量数据无处不在的生态。

大数据——人工智能进步的催化剂

毫无疑问，大数据时代的来临将极大地推动人工智能的发展。无论是互联网巨头还是小公司，其数据量都还远远不够，人工智能需要用大量的数据进行学习。具体而言，机器不同于人类，人有主观思维，可以从主观上进行判断。但是机器需要根据输入的数据来进行判断，因此数据量在一定程度上决定了判断的准确度。目前人工智能还处在学习的初级阶段，仍需要不断增加知识（数据），不断依托积累的数据提高准确度。从这个角度来说，数据对于人工智能的重要性可想而知。

数据共享优化现有模型

人工智能模型的优化依赖大量数据，但数据的垄断阻碍了人工智能对数据的获取。去中心化或者数据共享将促使可用数据量倍增。数据越多，模型自然也会越完善，这一点可以通过以下例子来说明。在一个学校中，将来自不同学院和专业的数据通过区块链技术进行合并，可以降低学校管理成本，学校的各个职能部门若有了这些新数据，就能构建出比只能在某个学院层面构建的模型更好的人工智能模型，这些人工智能模型能够更准确地预测诸如学院资源等的使用情况。

数据共享催生新的模型

合并孤岛数据后，增加的数据量不仅可以优化之前的模型，还可以催生新的模型，为我们提供新的思路。这里我们通过鉴别宝石真假的例子来进一步说明。提供宝石保险的银行想构建一个能够识别宝石是否造假的分类器。世界上一共有四家著名的宝石认证实验室，它们都有各自的数据库。

如果该银行只能获得其中一家实验室的数据库，其构建的分类器就很可能将已经通过另外三家实验室鉴定的宝石判定为冒牌货，这种误报会造成损失，使该系统失效。此时，如果区块链促成四家实验室共享数据库，打破数据孤立的僵局，拥有所有合法的数据，分类器就可以鉴别所有的宝石，检测出真正的假冒伪劣产品，从而使保险提供商和认证实验室共同受益。

人工智能 DAO 实现自主决策

人工智能分类

按照智能程度的高低，我们可以将人工智能分成弱人工智能、强人工智能以及超人工智能三大类。

弱人工智能（Artificial Narrow Intelligence），是指只专注于某一个特定领域的人工智能。比如专注于打乒乓球的人工智能，它只会打乒乓球，如果你让它去打台球，可能就会失败。

强人工智能（Artificial General Intelligence），是指在各方面都能和人类比肩的人工智能，无论是思考问题、抽象思维、快速学习、从经验中学习，还是其他方面。

超人工智能（Artificial Super Intelligence），牛津哲学家和著名人工智能思想家尼克·博斯特罗姆（Nick Bostrom）把超人工智能定义为"在几乎所有领域都比最聪明的人类大脑更智能"的人工智能。正如其名，超人工智能将在各个领域超越人类，这也正是为什么人工智能这个话题总能引发人们对人工智能取代人类的担忧。

人工智能 DAO

DAO 是可以自动运行在去中心化基础架构上的计算进程，它具有资源管理能力，我们熟悉的比特币和以太坊网络就是一种 DAO。人工智能 DAO 具有可以访问资源、征用更多其他资源、拒绝人为干涉等特性。病毒就是一种去中心化程序，没人可以拥有或者控制它们，也没人能关闭它们，它们试图干扰其至破坏你的计算机。如今，借助更好的智能合约语言以及集中式的存储系统（区块链），去中心化的程序变得更加强大，可以实现更多的功能。

强人工智能是可以自发行动且建模成反馈控制系统的代理决策者。控制系统具备很多优越的特性，比如有强大的运算基础，能够通过传感器和执行机与这个世界交互，能够适应这个世界（通过内部模型与外部传感器来更新自己的状态）等。控制系统应用广泛，如恒温空调、降噪耳机、下围棋的 AlphaGo 等。

人工智能 DAO 是一种类似强人工智能的控制系统，它在去中心化的处理和存储底层上运行。其反馈回路是独立的，获得输入信息后，自我更新状态并获取资源以维持反馈循环。

既然人工智能 DAO 的性能如此优越，那么怎样获得人工智能 DAO 呢？有两个思路：第一，从人工智能（强人工智能代理）入手，只要通过一定途径让其实现去中心化即可；第二，从 DAO 入手，为它赋予人工智能决策功能。尽管这两种实现路径的难易程度不尽相同，但可以确定的是，无论哪一种实现方式都能在真正意义上实现人工智能 DAO。人工智能获取其缺失的一环——资源，DAO 获取其缺失的一环——自主决策。两者融合可能比单独的人工智能或者单独的 DAO 功能更强大。

实例应用——人工智能商务秘书 ViVi

在 2017 年的世界移动大会上海站，微位科技人工智能 DAO 项目——人工智能商务秘书 ViVi 进入人们的视野，这是国内第一个人工智能 DAO 的实例。

该产品可以帮助用户记录遇到的人员、与他们相关的业务以及应该关注的一些问题或事项，也可以搜集和整理相关业务数据等。

目前它可以通过 AR-OCR（增强现实-光学字符识别）技术来读取和解构名片信息，随后使用谷歌 TensorFlow 人工智能神经网络来分析和学习名片信息。与此同时，它的人工智能引擎还可以积极地在整个网络爬取相关的业务数据，从而提升自己在不同场景中的能力。

人工智能的进步取决于"养料"的补给，去中心化区块链架构让该产品获得更多数据源"喂养"，从而逐步提升对不同商业场景和维度的理解。去中心化的分布式部署机制，可以鼓励更多企业和商务人士加入数据共享网络，从而获得越来越多公司的业务数据，对于各自业务的提升意义较大。

下一个科技浪潮

作为目前最热门的两项技术，人工智能和区块链越来越受到各大机构尤其是科技公司的重视。它们一个是在封闭的数据平台上培育中心化的智能，另一个则是在开放的数据环境下促进去中心化的应用。实际上，人工智能的优化需要大量数据的支持，因此大数据时代的到来给人工智能带来了前所未有的进步。但是，目前的数据孤岛问题限制了两者结合的巨大潜力。可以想象，使用同时具备超级数据库和分布式账本的技术将给科技领域带来怎样的颠覆性变革。

人工智能如何影响区块链

区块链存在局限性。无论是技术方面还是行业文化方面，区块链在某种程度上都会受到人工智能的影响。

能源消耗：挖矿需要耗费大量的能源和金钱。而人工智能已经被证明是优化能源消耗的有效手段，把类似的技术应用在区块链上，将减少挖矿硬件方面的投资。

可扩展性：区块链以每10分钟1兆（MB）的速度稳步增长。人工智能可以采用新的分布式学习系统（如联合学习）来提高系统效率。

安全性：虽然区块链遭受攻击的可能性很低，但其更深层次的应用就没那么安全了（比如DAO）。近年来，机器学习取得了很大进展，人工智能成为区块链技术安全方面的有力保障。

隐私性：个人数据的隐私问题受到密切关注。同态加密技术（直接处理加密数据）、Enigma 系统和大零币等都是可能的解决方案，但这些解决方案涉及可扩展性和安全性问题。

效率：据德勤估计，每年在区块链上验证和共享交易数据的总运营成本近 6 亿美元。人工智能通过计算特定节点优先执行任务的概率，提醒矿工找寻其他路径，从而降低整体运算成本。此外，更高的效率和更低的能量消耗也可以减少网络延迟并加快处理速度。

区块链如何影响人工智能

区块链与人工智能互相影响。讨论完人工智能对区块链产生的影响，下面我们再看看区块链对人工智能的发展会产生什么样的影响。

助力人工智能追溯历史：人工智能的"黑盒问题"一直困扰着我们，区块链清晰的审计跟踪不仅可以提高数据和模型的可信度，还可以提供一条清晰的路径来追溯机器决策过程。

提高人工智能的有效性：数据共享可以使参与各方获得更多的数据，从而建立更好的模型、更好的方案。

降低市场进入壁垒：一方面，区块链将促进建立更加真实可信的个人数据；另一方面，区块链也会促进新市场的出现——从数据市场到模型市场，再到人工智能市场。安全的数据共享、新市场的产生以及区块链数据审查技术，可以减少小企业的参与障碍，降低科技巨头们的竞争优势。

减少灾难性风险：编码在 DAO 中的人工智能系统规则清晰明了，操作范围非常有限，只要是所需的操作就会被准确地执行。

区块链与人工智能的融合塑造未来

人工智能和区块链可以促进各行业的创新和转型，两者都有其自身的技术复杂性和商业价值。如果能将两种技术结合在一起,当下的许多技术、我们的生活方式等可能都会被重构。虽然仍在探索的过程中,但在不久的将来,这两大科技显然将被融合进每一个产品,并成为支撑所有产品的底层技术。下一个科技浪潮的核心将会是人工智能和区块链的融合。

下面我们结合美国人工智能公司 ObEN 的案例,来看看当人工智能遇上区块链,会被激发出怎样的潜力。

ObEN 是美国的一家初创公司,它将自己的 PAI(Personal AI,个性化人工智能)与区块链进行融合,在 2017 年 10 月的迪拜世界区块链峰会上,获得了创业大赛的第一名,备受瞩目。目前它已经获得了包括腾讯、软银等在内的投资机构的约 1 400 万美元 A 轮融资。简而言之,该公司希望每个人都能打造出无论是长相还是性格等都与本人相似的私人 PAI,它可以被用来进行社交或者管理自己待完成的任务。

作为一家典型的人工智能公司,ObEN 为什么要使用区块链技术呢?

一方面,区块链技术可以保证数据的准确性,公司创造的虚拟形象只有具备真实可信的特性才会获得公众的信任和认可。区块链可被视为一个诚信社区,通过互相认证,保证虚拟形象的真实性。另一方面,区块链技术可以保证数据的安全性和隐私性。用户需要不断提供数据,用于优化自己的人工智能虚拟形象。区块链技术的去中心化和协作特性允许用户获得数据的认证权和管理权,确保用户生成数据的隐私管理权、所有权和真实性,从而让更多的人可以放心地分享数据。区块链上的数据不会被篡改,可以用于解决信任和诚信问题,从而搭建起一个供用户使用的安全平台。

ObEN 只是人工智能与区块链融合的其中一个应用案例,随着区块链技术的进一步发展,人工智能与区块链一定会迸发更大的潜力。人工智能使区块链上的数据变得生动,通过数字资产的智能化,赋予数据生命,从而建立一个全新的人工智能体系。人工智能与区块链的融合一定会掀起下一个科技浪潮。

参考文献

[1] 人工生命 https://baike.baidu.com/item/%E4%BA%BA%E5%B7%A5%E7%94%9F%E5%91%BD/1436218?fr=aladdin.

[2] 冉叶兰."Ripple"区块链移动支付先驱[J].大数据时代,2017(1).

[3] 沈鑫,裴庆祺,刘雪峰.区块链技术综述[J].网络与信息安全学报,2016,2(11).

[4] 深入解析:分布式系统的事务处理经典问题及模型,https://blog.csdn.net/zh521zh/article/details/70446862.

[5] 林小驰,胡叶倩雯.关于区块链技术的研究综述[J].金融市场研究,2016(2):97-109.

[6] 沈园,陈为景.浅析金融科技对商业银行的影响[J].时代金融,2017(30):84-85.

[7] 李力,林懿伦,曹东璞,等.平行学习|机器学习的一个新型理论框架.自动化学报,2017,43(1):1-8.

[8] 李红,刘芳,杨淑媛,等.基于深度支撑值学习网络的遥感图像融合[J].计算机学报,2016,39(8):1583-1596.

[9] 刘德林.区块链智能合约技术在金融领域的研发应用现状、问题及建议[J].海南金融,2016(10):27-31.

[10] 邓云胜,刘莉亚.商业银行内部信用评级方法的比较研究[J].当代财经,2004(9).

[11] 谭宏卫,曾捷.Logistic回归模型的影响分析[J].数理统计与管

理，2013（5）.

［12］中国区块链应用研究中心.中国区块链行业发展报告2018［R］. 2018（3）.

［13］李志辉，李萌.我国商业银行信用风险识别模型及其实证研究［J］.经济科学同，2005（5）.

［14］张忠滨，刘岩松.区块链技术在征信业的应用实践及展望［J］.征信，2017（7）.

［15］陈芊汝.区块链与大数据技术的集合对互联网征信发展的启示［J］.金融视界，2016（11）.

［16］王强，卿苏德，巴洁如.区块链在征信业应用的探讨［J］.电信网技术，2017（6）.

［17］梁春丽.借助人工智能打击金融犯罪［J］.金融科技时代，2017（11）.

［18］翟振明，彭晓芸."强人工智能"将如何改变世界——人工智能的技术飞跃与应用伦理前瞻［J］.学术前沿，2016（7）.

［19］解艳华，赵林.借贷风险管理综述［J］.金融经济，2006（4）.

［20］茆诗松，程依明，濮晓龙.概率论与数理统计教程［M］.北京：高等教育出版社，2011.

［21］BIBI.解读玩客云［EB/OL］.比特币/区块链.2017（12）. https：//www.zhihu.com/appview/p/32196528.

［22］hackerleeooo8.区块链+大数据，将碰撞出什么样的火花［EB/OL］. CSDN.2018（3）.http：//blog.csdn.net/ooo123lll/article/details/79576763.

［23］刘新海.金融AI化|人工智能在征信业的发展与蓝海［EB/OL］.当代金融家.2017（12）.https：//www.iyiou.com/p/62784.

［24］区块链重塑供应链金融的模式及其应用［EB/OL］.生产/经营管理. 2018（3）.https：//wenku.baidu.com/view/318b235726d3240c844769eae009581b6ad9bd60.html.

［25］银行客户的信用评级模型1［EB/OL］.2016（12）.https：//wenku. baidu. com/view/06c833de48649b6648d7c1c708a1284ac850050d. html.

[26] Nicolas Dorier. An Efficient and Extensible Way to Scan the Blockchain, 31 Jan. 2015. https://www. codeproject. com/Articles/784519/nbitcoin-How-to-scan-the-Blockchain.